Gerhard Schneider

Gelungene Einstiege

GERHARD SCHNEIDER

Gelungene Einstiege

Voraussetzung für erfolgreiche Geschichtsstunden

Bibiliografische Information der Deutschen Nationalbibliothek
Die Deutsche Nationalbibliothek verzeichnet diese Publikation in der Deutschen Nationalbibliografie; detaillierte bibliografische Daten sind im Internet über http://dnb.d-nb.de abrufbar.

Die Reihe „Methoden Historischen Lernens“
wird herausgegeben von
Michele Barricelli
Peter Gautschi
Christine Gundermann
Martin Lücke
Vadim Oswalt

Die Reihe wurde gegründet von Klaus Bergmann, Ulrich Mayer, Hans-Jürgen Pandel und Gerhard Schneider

www.wochenschau-verlag.de

Umschlaggestaltung: Ohl Design
Umschlagbild: picture-alliance/dpa
Gedruckt auf chlorfrei gebleichtem Papier
Gesamtherstellung: Wochenschau Verlag
ISBN 978-3-89974124-7

Inhaltsverzeichnis

Meinem verehrten Kollegen
Wolfgang Hug

Aus dem Vorwort der 1. Auflage

Wer sich mit Fragen des Geschichtsunterrichts befaßt, weiß, daß die Diskussion der Unterrichtsmethodik weit hinter jener der Didaktik herhinkt. Seit 1973, als Kurt Finas „Geschichtsmethodik“ erschien, hat niemand mehr gewagt, ein Buch zur „Praxis des Lehrens und Lernens“ im Geschichtsunterricht vorzulegen. Allzu hochgesteckt waren die Lernziele, die die in jenen Jahren sich entfaltende neue Geschichtsdidaktik vorgab, und niemand traute sich oder sah sich imstande, eine dem Niveau der Theoriediskussion halbwegs entsprechende Geschichtsmethodik zu schreiben. Natürlich gibt es zahlreiche brauchbare Beiträge zu Einzelfragen des Geschichtslernens; aber ein Werk, das alle Fragen der Unterrichtsmethodik anspricht, fehlt bis heute. Ein solches Werk bleibt ein dringendes Desiderat. Die vorliegende Schrift ist der Versuch, wenigstens für ein Teilgebiet der Geschichtsmethodik Vorschläge für die Unterrichtspraxis vorzulegen. Die in dieser Veröffentlichung vorgestellten Beispiele für Unterrichtseinstiege sind zwar am Schreibtisch entwickelt worden, wurden aber im Unterricht mehrfach ausprobiert und wiederholt verändert.

Ich danke den Studierenden meiner Praktikumsgruppen für die Erprobung der verschiedenen Einstiegsvarianten und dem Mentor, dem Hauptschullehrer Burghart Kaiser (Kirchzarten), für seine hilfreichen Hinweise.

Das Büchlein widme ich Herrn Professor em. Dr. Wolfgang Hug, meinem Vorgänger an der Pädagogischen Hochschule Freiburg, in herzlicher Verbundenheit.

Freiburg, im Juli 1998 Gerhard Schneider

Vorwort zur ergänzten 4. Auflage

Das Büchlein hat bei Lehrerinnen und Lehrern und in der Referendarausbildung eine überaus wohlwollende Aufnahme gefunden. Die mir bekannt gewordene Resonanz auf die Einstiegsbeispiele hat gezeigt, daß sog. animative, d.h. sinnlich-anschauliche, mehrere Sinne zugleich ansprechende Einstiege bei Schülerinnen und Schülern am besten ankommen. Im Ergänzungskapitel der 4. Auflage werden daher vor allem solche Beispiele vorgestellt. Mit dem Beispiel „Internetrecherche als Einstieg“ wird der Vorschlag gemacht, sich dieses Informationsmediums mehr als bisher auch im Geschichtsunterricht zu bedienen.

Freiburg, im Januar 2004 Gerhard Schneider

Schulalltag

Es klingelt. Die große Pause ist zu Ende. Schüler stürmen in die Klasse. Frank wirft Jan noch schnell den Schwamm an den Kopf. Der Stuhl von Thorsten wird umgerissen. Die Lehrerin betritt die Klasse und begibt sich zum Tisch. Hans kommt durch die Tür. Gekichere allenthalben. Irgend etwas murmelnd, das wie eine Entschuldigung klingt, begibt er sich schlurfend zum Tisch. Es wird etwas ruhiger. Ines nimmt die Walkman-Stöpsel aus den Ohren. Es klopft. Ein Schüler betritt das Klassenzimmer und fragt, ob er den Overheadprojektor haben könnte, der in seiner Klasse befindliche sei defekt. Heftiger und lautstarker Widerspruch. Die Lehrerin erklärt, daß sie den Overheadprojektor jetzt selbst benötige. Sie fordert die Schülerinnen und Schüler auf, die Geschichtsmappe und das Geschichtslehrbuch vorzunehmen, aber nicht zu öffnen. Die Lautstärke nimmt wieder zu; Schultaschen werden auf den Tisch gedonnert. Sarah meldet sich: sie habe ihr Buch vergessen. Die Lehrerin gebietet Ruhe, weil sie jetzt anfangen wolle. Sie verteilt ein Arbeitspapier. Gestöhne: „Schon wieder ein Zettel." Die Unlust der Schüler ist mit den Händen zu greifen ... – Schulalltag?[1]

1. Vorbemerkung

Die Geschichtsdidaktik ist, so scheint es zumindest, eine hochentwickelte Disziplin: Wir verfügen mit der Neubearbeitung des Handbuchs der Geschichtsdidaktik über ein Werk, das, vorwiegend auf der Theorieebene, über alle Fragen des Geschichtslernens zuverlässig Auskunft gibt[2]; seit Jahren liegen mehrere Veröffentlichungen vor, die Aufschluß über die Geschichte unserer Disziplin geben[3]; das Handbuch „Medien im Geschichtsunterricht" enthält brauchbare Vorschläge für die Unterrichtspraxis[4]; mehrere Zeitschriften liefern den Geschichtslehrerinnen und Geschichtslehrern Anregungen für die tägliche Unterrichtspraxis[5]. Was allerdings immer noch fehlt, ist ein Handbuch zur Unterrichtsmethodik und ein Werk, das sich dem Lernen in verschiedenen Unterrichtssituationen und -phasen widmet. Zur Einstiegsphase finden sich in den grundlegenden Werken zur Theorie und Praxis des Geschichtsunterrichts – sieht man einmal von den Schriften Hugs und Glöckels ab – keine ausführlicheren unterrichtspraktischen Hinweise[6]. Nur wenig wissen wir über die sinnvolle Gestaltung, über den Ertrag (Effektivität) des Lernens, über erfolgversprechende Verfahren in der Eingangsphase[7] und in der Arbeitsphase, über Transfer und Hausaufgaben, über Wiederholung und Ergebnissicherung, über Unterrichtsverfahren, Sozial- und Arbeitsformen, über die Wirksamkeit und Brauchbarkeit der verschiedenen Unterrichtsmittel, über das ideale Unterrichtstempo usw. Wann eine Geschichtsstunde als erfolgreich bezeichnet werden kann, wie dieser Erfolg zuverlässig herbeigeführt wird, welche Voraussetzungen erfüllt sein müssen, damit wir von einem dauerhaften Lernertrag sprechen können, und wie dies alles zu überprüfen ist, darüber können zuverlässige Aussagen noch nicht gemacht werden. Schon vor über einem Jahrzehnt hat Bodo von Borries beklagt, daß die Geschichtsdidaktik Unterrichtspraxis und -methodik sträflich vernachlässige. „Die (progressive) Geschichtsdidaktik weiß nicht (oder kaum), was in der Unterrichtspraxis tatsächlich passiert und was in ihr bestenfalls oder schlimmstenfalls möglich ist." Daran hat sich seitdem kaum etwas geändert. Auch seine eigenen Vorschläge, etwa zu erforschen, „was eigentlich wirklich während des Geschichts- und Politikunterrichts hinter den Schultüren und (besonders wichtig!) in den Köpfen und Herzen der einzelnen Schüler (geschieht)" sowie „in ausführlichen Fallanalysen die Unterrichtssituationen möglichst ganzheitlich und umfassend als Kombination und Zusammenwirken der Methoden und Medien untereinander und mit anderen Strukturelementen des Unterrichts zu erfassen", sind weitgehend folgenlos geblieben[8]. Wahrscheinlich wird man die Gründe für erfolgreiches Unterrichten (und Lernen) dann am zuverlässigsten herausfinden können, wenn man der Wirksamkeit unterrichtlicher Strategien in kleinen Unterrichtsabschnitten nachgeht und nicht einer unbewiesenen Überzeugung nachhängt, daß als besonders fortschrittlich erachtete Globalkonzepte wie etwa Handlungsorientierung, Schülerorientierung oder Gruppenunterricht den Lernerfolg automatisch und sicher garantieren würden.

Nachstehende Überlegungen sind der Eingangsphase von Geschichtsstunden gewidmet, also jener Unterrichtsphase, in der es um Wiederholung, Einstimmung, Vorbereitung des neuen Stoffes, Hinführung, Anknüpfung, Zielangabe, Problemstellung, Hypothesenbildung, Motivation oder „Anwärmen geschichtlichen Interesses"[9] (neudeutsch: Warming up) geht – oder wie immer die Ziele genannt werden, die man in dieser üblicherweise als „Einstieg" bezeichneten Phase anstrebt. So, wie beim Schachspiel bereits die Eröffnung oft schon etwas darüber auszusagen vermag, ob eine Partie im Hinblick auf ihren späteren Ausgang erfolgversprechend begonnen wurde, so scheint auch der Erfolg einer Geschichtsstunde nicht unwesentlich von der Art und Weise abzuhängen, wie der Unterricht „eröffnet" wird. In dieser für den Erfolg einer Unterrichtsstunde mitentscheidenden Phase geht es zuallererst darum, die Schülerinnen und Schüler für den anstehenden Unterrichtsinhalt zu gewinnen und auf geeignete Weise ihre Lernbereitschaft herzustellen. Sind die Schülerinnen und Schüler vom Thema gepackt, ist ihr Interesse einmal geweckt und beginnen sie bereits schon in dieser Phase mitzuarbeiten, kann meist nicht mehr viel schief gehen. Doch gilt dies in jedem Fall? Ist also ein einmal als erfolgreich ausprobierter Einstieg dies auch bei jedem anderen Thema, bei jeder neuen Lerngruppe und zu jeder Zeit? Sicherlich nicht! Immer wieder stellt man erstaunt fest, daß ein Einstieg, ja, das Konzept einer ganzen Unterrichtsstunde in einer Klasse funktioniert, in einer anderen Klasse aber nicht, ohne daß man die Gründe hierfür präzise benennen könnte. Oft liegt es an äußeren Gründen, wenn ein Einstieg bzw. eine ganze Stunde mißlingt: Die Klasse ist nicht disponiert, weil sie gerade vor der Geschichtsstunde eine Klassenarbeit geschrieben, die Ergebnisse einer (schlecht ausgefallenen) Klassenarbeit zurückerhalten hat oder ein die Klasse bewegendes Ereignis (z.B. ein Schüler erhielt zwei Stunden Arrest „aufgebrummt", eine Strafe, die die Mehrheit der Klasse für ungerecht ansieht) eingetreten ist usw. Aber solche Beeinträchtigungen sind ja nicht sehr häufig und auch nicht in jedem Falle ausschlaggebend für das Mißlingen eines Einstiegs/einer

Stunde. Denn man kennt ja auch Fälle, daß eine Stunde ganz passabel „lief“, obwohl die Klasse unter den genannten Beeinträchtigungen litt. Viel öfter dürften andere Gründe dafür entscheidend sein, daß eine Stunde nicht „lief“: schlecht gewählte Medien; zuviel Stoff; falsche Zeitplanung; von den Schülern nicht angenommene Arbeits- oder Sozialformen; nicht angemessenes Lernniveau usw. Aber auch hier gilt: Was in der einen Klasse sich als ungeeignet erwies, muß nicht notwendig auch in einer anderen Klasse zum Scheitern führen.

Schließlich muß noch auf einen weiteren Umstand hingewiesen werden, der sich negativ auf einen Stundenablauf auswirken kann: Manche Lehrerinnen und Lehrer vergessen, daß Schüler über nicht wenige geschichtliche Ereignisse und Persönlichkeiten bereits einiges Vorwissen haben: Aus Fernsehsendungen, Kinder- und Jugendbüchern, Erzählungen von Eltern und Bekannten, Museumsbesuchen mit der Familie usw., natürlich auch dank des bereits genossenen Unterrichts (auch in anderen Fächern), haben sie für sich eine Vorstellung „von früher“ entwickelt, in der sie sich in Gedanken oft bewegen, die sie – aus welchen Gründen auch immer – von Zeit zu Zeit „aufsuchen“ und die sie auszubauen versuchen. Günstig für den Verlauf einer Unterrichtsstunde dürfte es sein, wenn bereits der Einstieg dem Schüler die Chance eröffnet, seine Welt der Vergangenheit weiter auszugestalten. Es sollte also beim Einstieg darauf geachtet werden, daß das in dieser Phase benutzte Material die Imagination der Schüler beflügelt.

2. Die Funktion der Einstiege in der geschichtsdidaktischen Diskussion

Bevor ich mich den verschiedenen Möglichkeiten des Einstiegs widme, ist zu fragen, welchen Zweck er erfüllen soll. Werfen wir zu diesem Zweck zunächst einen Blick in die Geschichte der allgemeinen Unterrichtslehre und des Geschichtsunterrichts. Nach den Herbart-Zillerschen Formalstufen[10], jener Theorie also, die von der zweiten Hälfte des 19. Jahrhunderts an bis weit in das 20. Jahrhundert hinein den Weg vorschrieb, wie im Unterricht eines jeden Faches nach einer festen Stufenabfolge Erkenntnisse gewonnen werden sollten, vollzieht sich der

Lernprozeß in fünf Stufen: von der Stufe der Anschauung (unterteilt in Analyse und Synthese) über die Stufe der begrifflichen Erfassung (unterteilt in Assoziation und System) zur Stufe der Methode. Gebräuchlich waren auch die Bezeichnungen: Vorbereitung, Darbietung, Verknüpfung, Ordnung und Anwendung. Der Einstieg ist demnach Bestandteil der Analyse bzw. Vorbereitung, jener Stufe also, auf der die bei den Schülern bereits vorhandenen Vorstellungen von dem neuen Lerninhalt abgerufen, wieder in Erinnerung gebracht, geordnet und ggf. geklärt werden.[11]

Hier liegen die Wurzeln für jenes schematisierte und noch bis in die jüngste Vergangenheit hinein praktizierte Verfahren, wonach in der Einstiegsphase allgemein zunächst an das in der vorhergehenden Stunde Gelernte angeknüpft werden sollte. Danach nennt der Lehrer das Thema der Stunde (meist verbunden mit einem entsprechenden Tafelanschrieb) und macht deutlich, welche Bedeutung dem neuen Lerngegenstand zukommt. In einer Geschichtsstunde, so noch in einer Geschichtsmethodik der sechziger Jahre, sei „ein Dreifaches zu leisten: Erstens ist der Anschluß an das vorher Durchgenommene durch eine Wiederholung zu sichern, sodann soll die Stunde in der Hauptsache die Schüler mit neuem Stoff bekannt machen, und endlich muß durch eine knappe Zusammenfassung oder eine präzise Hausaufgabenstellung das Arbeitsergebnis gesichert werden."[12] *Zweck des Einstiegs ist also die Wiederholung des „alten" Stoffes und seine Verknüpfung mit dem neuen.*

Andere Geschichtsmethodiken dieser Zeit empfehlen ein ähnliches Verfahren: „Der Unterricht kann beispielsweise damit beginnen, daß der Lehrer an ein früheres Thema anknüpft, die Ergebnisse der letzten Stunde wiederholt, einen Schüler über ein Zeugnis aus der Heimatgeschichte berichten läßt, oder daß er selbst durch eine anschauliche Schilderung ‚einstimmt'."[13] *Zweck des Einstiegs ist die Einstimmung und die Vorbereitung der Schülerinnen und Schüler auf den neuen Unterrichtsgegenstand.*

Dieses Verfahren wird seit geraumer Zeit auch in Geschichtslehrbüchern praktiziert, wo sog. Auftaktseiten eine Art Vorstrukturierung (advance organizer) des neuen Stoffes bieten sollen. „Die Vorstrukturierungen ermöglichen es den Schülern, für schwierige und unvertraute Inhalte ... ein übergeordnetes Konzept zu bilden und in dieses die folgenden Lerninformationen sinnvoll einzuordnen. Im Sinne dieses ‚Ankerkonzepts' leisten die Vorstrukturierungen die historische Einordnung (vorher-nachher), stellen die zentralen Entwicklungen und in diesem Zusammenhang wichtige neue Begriffe heraus, weisen auf Kontinuitäten und Diskontinuitäten hin, ordnen einen regionalen oder nationalen Sonderfall in einen größeren Zusammenhang ein u.ä. Richtig angewendet, führen die Vorstrukturierungen nicht dazu, Neuheit und Überraschung als motivationsfördernde Momente auszuschalten. Im Gegenteil: Sie fördern eine sinnzentrierte Einstellung zum Lernen sowie eine frühzeitige Aktivierung des Vorwissens. Sie unterstützen aber auch die gemeinsame Planung des Unterrichts durch Lehrer und Schüler, weil sie das Herausarbeiten von Untersuchungsfragen und -feldern erleichtern."[14]

In einer seinerzeit verbreiteten Geschichtsmethodik wird für die Einstiegsphase nicht nur empfohlen, die Ereignisse und Tatsachen aus der vorangegangenen Stunde zu wiederholen oder „das Endergebnis der letzten Stunde fest[zuhalten], indem wir nach den Folgen fragen, die dieses Ereignis gehabt hat"; es wird bereits auch schon ein „plötzlicher Einstieg durch Anknüpfen an ein aktuelles Ereignis oder an einen Fest- oder Gedenktag, eine Zeitungsmeldung, an ein Bild" angeregt. Darüber hinaus können Schüler in dieser Phase des Unterrichts „in freiem Gespräch ... alles bringen, was sie [über das Stundenthema, G.S.] wissen", oder „wir lesen ein Stück von dem neu durchzunehmenden Pensum und sind damit im Thema"[15]. *Hier erfüllt der Einstieg den Zweck, die Vorkenntnisse und Lernvoraussetzungen der Schüler in Erfahrung zu bringen und sie für den neuen Unterrichtsinhalt zu interessieren.*

All den genannten Zweckbestimmungen der Einstiege gemeinsam ist eine starke Abhängigkeit der Schüler von den Vorgaben des Lehrers. Die Entscheidung über den inhaltlichen Zugang, über mögliche Unterrichtsverfahren, über Schwerpunktsetzungen, über die Verwendung ganz bestimmter Medien usw. trifft der Lehrer meist ganz allein. Nur selten lassen die Vorschläge erkennen, daß die Schülerinnen und Schüler bereits in der Eingangsphase aktiv werden können. Genau an diesem Punkt setzt die neuere (Geschichts-)Didaktik an: Schülerinnen und Schüler sollen – beim Beginn einer Unterrichtseinheit ausführlicher, bei jeder Einzelstunde knapper – über Planung und Durchführung des Unterrichts diskutieren, ihre Einstellungen und Vorurteile zu einem Thema artikulieren, schon vorhandene Kenntnisse, Erfahrungen und Wünsche bezüglich des anstehenden Themas äußern, Verfahren vorschlagen, wie der Unterricht ablaufen sollte usw. Am Ende der Einstiegsphase sollen die Schülerinnen und Schüler eine Vorstellung davon haben, was wie warum und wie lange (d.h. wie intensiv) im Unterricht behandelt werden soll. Diese partielle Beteiligung der Schülerinnen und Schüler in der Einstiegsphase impliziert die Bereitschaft des Lehrers und der Lehrerin, ihre häuslichen Vorbereitungen bezüglich der Durchführung des Unterrichts zu modifizieren, ggf. auch zu verwerfen, falls

Schüleräußerungen dies nahelegen sollten. Wenn die Unterrichtenden den Einstieg ernst nehmen und den Beitrag der Schüler nicht als bloße Garnierung der eigenen Intentionen nehmen, müssen die in dieser Phase des Unterrichts getroffenen Festlegungen für den weiteren Verlauf des Unterrichts verbindlich bleiben. „Der Einstieg hat insofern integrierende Funktion; er verhindert, daß der Unterricht, wenn er komplizierter wird, eine eigene Dynamik entfaltet, die sich von dem löst, was ursprünglich eigentlich geklärt werden sollte."[16] (Auf die über die gesamte Unterrichtseinheit oder Unterrichtsstunde fortdauernde Bedeutung etwa von Hypothesen, die von Schülern in der Motivationsphase aufgestellt werden, wird weiter unten noch eingegangen.)

Vieles von dem, was die älteren Geschichtsmethodiker in inhaltlicher und methodischer Hinsicht einst gefordert haben, gehört auch heute noch zum Repertoire vieler Geschichtslehrerinnen und -lehrer. Manches davon hat, wie ein Blick in die allgemeine Unterrichtsmethodik zeigt, einen neuen Namen und eine gewisse Ausweitung seiner Bedeutung bekommen.

In einer verbreiteten allgemeinen Unterrichtsmethodik heißt es zur Funktion des Einstiegs: *„Der Unterrichtseinstieg soll – mit unmittelbarer oder mittelbarer Hilfe des Lehrers – die Schüler für das Thema und das Thema den Schülern erschließen."*[17] Dieses „Erschließen" vollzieht sich auf unterschiedliche Weise: bei Schülern soll „eine Fragehaltung" geweckt, sie sollen neugierig gemacht und ihre Aufmerksamkeit auf das neue Thema, das zu lösende Problem, auf die zu erwerbende Qualifikation gelenkt werden; der Einstieg müsse über den Unterrichtsverlauf informieren, Vorkenntnisse und Vorerfahrungen zum Thema in Erinnerung rufen, die Verantwortungsbereitschaft der Schüler wecken und sie zur Mitplanung anregen; er soll sie provozieren und ggf. vertraute Vorstellungen verfremden; schließlich soll der Einstieg das schon Bekannte mit dem Neuen verknüpfen und so eine Vernetzung von Ergebnissicherung und Neuanfang leisten.[18] Diese theoretische Funktionsbestimmung des Einstiegs, so zutreffend sie auf solch allgemeiner Ebene auch sein mag, bedarf der fachspezifischen und unterrichtspraktischen Ausformulierung, wenn sie eine Hilfe für den Fachunterricht sein soll. Für die Geschichtsdidaktik hat Wolfgang Hug aufgeschlüsselt, welcher Voraussetzungen es bedarf, damit sich beim Schüler Lernbereitschaft einstellt.[19] Der Schüler brauche „eine aufgeschlossene Haltung zur Sache, ... eine aufgeschlossene Haltung zum Ziel, ... schließlich eine aufgeschlossene Beziehung zum Verfahren". Das Interesse des Schülers für den Unterrichtsgegenstand müsse geweckt werden; er müsse „Fragen und Erwartungen an das Thema" stellen; das Thema müsse ihm „aus einer Perspektive begegnen, die ihm den Zugang dazu öffnet"; die Sache, die im Unterricht verhandelt werden soll, müsse ihm „lernenswert" sein; ferner müsse er die Schwierigkeiten einschätzen können und eine Chance sehen, „wie er sein Ziel erreichen kann."

Nach neueren geschichtsdidaktischen Veröffentlichungen ist der historisch-politische Unterricht in mehrere Phasen unterteilt: Motivationsphase als Einstieg, Arbeitsphase, in der der neue Stoff erarbeitet werden soll, und abschließende Phase, in der die Schülerinnen und Schüler die Handlungsrelevanz des Gelernten in Erfahrung bringen sollen bzw. das Gelernte bei der Bearbeitung anderer Probleme oder bei aktuellen (politischen) Entscheidungen sinnvoll anwenden können (Transfer).[20] Nicht nur sollen in der Einstiegsphase die Vorkenntnisse und Einstellungen der Schüler zum Lerngegenstand bzw. gängige Vorstellungen hierzu in der Gesellschaft festgestellt werden; der Einstieg (vor allem in eine mehrstündige Unterrichtseinheit) soll auch bereits die in der Arbeitsphase angestrebte Informationser- und -verarbeitung sowie die Wege, die zur Urteilsbildung führen können, vorplanen und die späteren Arbeitsschritte strukturieren. *Der Einstieg erfüllt hier den Zweck eines Planungsgesprächs.*

Als ein Hauptproblem nicht nur des Geschichtsunterrichts gilt seit geraumer Zeit die Motivation der Schülerinnen und Schüler. Dabei meint Motivation nicht nur „Einstimmung" in ein neues Unterrichtsthema oder „Weckung des Schülerinteresses". Wenn wir bereits in der Eingangsphase die Aktualität des Themas aufzeigen oder einen Gegenwartsbezug[21] zum Ausgang der Begegnung mit dem Vergangenen machen, dann ist das mehr als das Anknüpfen an ein aktuelles Thema, das irgendwie mit dem neuen Unterrichtsstoff in Beziehung gesetzt werden kann, wie dies bereits von Schlegel gefordert wurde. Was kann bzw. was muß geschehen, um die Lern- und Informationsbereitschaft der Schülerinnen und Schüler anzubahnen und zu erhalten, sich mit dem Lerninhalt als Ganzes bzw. mit den angebotenen Unterrichtsmaterialien im einzelnen auseinanderzusetzen?[22] Sicherlich spielt dabei die „Beliebtheit" des Faches und des dieses Fach unterrichtenden Lehrers eine nicht unerhebliche Rolle. Aber auch die Hoffnung auf Anerkennung (seitens der Lehrer bzw. der Mitschüler), die richtige „Passung" der Aufgabenstellung etwa hinsichtlich des Lernalters und des Vorverständnisses der Schüler (keine Über- oder Unterforderung), die Aktualität, Lebensnähe und Alltagsrelevanz des Themas („Betroffenheit")[23], die Möglichkeit zu selbstgesteuertem Lernen, um nur einige Gesichtspunkte zu nennen, können Motivation bewirken. Daß sich dieses Problem nicht nur für die Einstiegsphase stellt, liegt auf der Hand, denn in jeder

Phase des Unterrichts müssen geeignete Wege und Mittel gefunden werden, um das allmählich erlahmende Interesse der Schüler immer wieder neu zu beflügeln. Gleichwohl dürfte feststehen, daß es von entscheidender Bedeutung für das Gelingen einer Geschichtsstunde ist, ob die Schülerinnen und Schüler in der Einstiegsphase auf den Lerngegenstand neugierig gemacht und für ihn interessiert werden können oder nicht. Unbekanntes und Überraschendes, Verblüffendes oder Stutzigmachendes, etwas im Werden Begriffenes[24] und Unentschiedenes, „Lebendiges", Rätselhaftes und Geheimnisvolles können das Interesse und die Neugier von Schülern eher anregen als Bekanntes, Fertiges, „Totes" und Vertrautes. Zweifel, Unklarheiten oder doch Ungereimtheiten am Anfang einer Unterrichtsstunde bieten allemal eine erfolgversprechendere Ausgangsbasis für historisches Lernen als Gewißheiten und Sicherheit. Gerade wenn es in der Einstiegsphase gelingt, durch geeignetes Material (kontroverse Quellen, einen Sachverhalt zugespitzt oder überzeichnet darstellende Karikaturen, ein provokatives Bild oder Plakat u.ä.) widersprüchliche, dem Allgemeinempfinden widersprechende, ggf. auch empörende Eindrücke zu vermitteln und noch unentschiedene, in ihrem Ausgang noch ungewisse Sachverhalte oder solche, die eine überraschende Entwicklung genommen haben, vorzustellen, darf mit länger anhaltender Motivation bei Schülern, gar mit Lust an „Exploration" und Entdeckerfreude gerechnet werden. *Der Einstieg soll demnach Motivations- und Aktivierungsfunktion haben.* Beachtet werden muß allerdings, daß das vorgelegte Material die Schüler nicht derartig in Verwirrung stürzt und sie so weit auf Abwege lenkt, daß die in der Arbeitsphase dann nachfolgende „ruhige" historische Aufklärung der Sachverhalte wegen der zuvor ausgelösten starken Reize nicht mehr gelingt. Die Einstiegsphase darf kein derartiges Übergewicht und keine solche Dynamik (ggf. auch Überzeugungskraft) gewinnen, daß die Arbeitsphase ihr gegenüber abfällt.

Um die Schüler für einen Unterrichtsgegenstand zu interessieren, müssen bereits in der Einstiegsphase (etwa mit Hilfe geeigneter Medien oder aufgrund aktueller öffentlicher Auseinandersetzungen um einen Sachverhalt) solche Fragen aufgeworfen werden, die es Schülerin wie Schüler sinnvoll und nützlich erscheinen lassen, sich mit dem betreffenden Sachverhalt auch über einen längeren Zeitraum zu beschäftigen. Dabei erscheint es nicht notwendig, daß auf diese Fragen bereits zu diesem Zeitpunkt eine allseits befriedigende Antwort gefunden wird. Viel ergiebiger, weil die Lernmotivation dauerhafter erhaltend, ist es, wenn sich aus den sich möglicherweise widersprechenden Fragen bzw. Behauptungen der Schüler kontroverse Hypothesen ergeben, die für die

Schüler den Anreiz beinhalten, der Sache auf den Grund gehen zu wollen. Hierzu können auch (kontrollierte) Provokationen führen, die etwa mit Hilfe solcher Medien herbeigeführt werden, die aus dem zeitlichen und thematischen Umfeld des Unterrichtsgegenstandes stammen. In eine ähnliche Richtung zielt der Versuch, in der Einstiegsphase bei Schülern fest verwurzelte Vorurteile und Voranahmen, vertraute und liebgewonnene Klischees und Deutungsmuster (die der Lehrer natürlich genau kennen muß) durch Gegenpositionen zu erschüttern, um die Schüler auf diese Weise zum Argumentieren oder doch wenigstens zu fruchtbarer Nachdenklichkeit anzuregen.[25] *Der Einstieg soll durch Anbahnung kontroverser Diskussionen, ggf. auch durch Provokation, zur „Entwicklung von Arbeitshypothesen"*[26] *führen.*

3. Einstiege – so oder so? Kontroversen über die Einstiegsphase

Die Entscheidung über „die Konstruktion des Anfangs eines Lernprozesses"[27], also über Art und Weise des Einstiegs, fällt in der häuslichen Vorbereitung des Unterrichtenden. Zurecht wurde darauf hingewiesen, daß erst die Funktion des Einstiegs geklärt sein muß, bevor man sich für eine bestimmte methodische Form entscheidet.[28] Der Unterrichtende muß also wissen, was er in und mit der Einstiegsphase bezwecken will, um danach das passende Verfahren zu wählen. Auf der Praxisebene gibt es allerdings keine hundertprozentige Passung zwischen Zielsetzung des Einstiegs und einer bestimmten, damit korrespondierenden Verfahrensweise. In den meisten Fällen verhilft die Wahl eines bestimmten Verfahrens zur Erreichung gleich mehrerer, in der Einstiegsphase angestrebter Ziele.

Im folgenden werde ich verschiedene Beispiele für Einstiege vorstellen, wie sie an verschiedenen Schulen der Sekundarstufe I erprobt wurden. Ich ergebe mich damit nicht dem apodiktischen Vorschlag von Jochen und Monika Grell, auf alle Motivationskünste zu verzichten, um statt dessen auf dem Weg des ausschließlich informierenden Einstiegs sofort „zur Sache" zu kommen. Dies erscheint mir für Lehrer und Schüler gleichermaßen langweilig und ermüdend[29] und würde ohne Not

Chancen preisgeben, Schüler über die Nutzung der Formenvielfalt unterschiedlicher Einstiege für einen Lerngegenstand zu gewinnen. Die Kritik daran, daß es manche Autoren mit ihren Einstiegen geradezu darauf anlegten, die Schüler zu verblüffen, zu verunsichern, sie mit Ungewöhnlichem und Außergewöhnlichem (den Schülern den Lerngegenstand, wie Grell/Grell sagen, „lieber gleich heimlich und von hintenherum zu präsentieren") zu konfrontieren, ja, daß „prunkvoller Motivationszauber am Stundenbeginn" die Schüler „allzu oft auf eine falsche Fährte" locken würde,[30] teile ich nicht.

Ganz ähnlich wie bei Grell/Grell wird von anderer Seite unter Verweis auf die Semantik des Begriffs Einstieg, der ja unter anderem einen kriminologischen Gehalt hat, behauptet, Lehrer würden sich bei der Planung des Unterrichtsbeginns den Kopf darüber zerbrechen, „wo und wie sie sicher – von Schülern unbemerkt – in deren Erfahrungs- und Themenhorizonte einsteigen können." Dazu würden sie raffinierte Ablenkungsmanöver entwerfen und – für den Fall der Entdeckung – eine seriöse Legitimation vorbereiten. Hinter alldem stünde die Absicht, „ein bestimmtes Thema zu implantieren, von dem angenommen wird, daß die Betroffenen es bei vorzeitiger Bekanntgabe ablehnten. Möglicherweise resultiert dies Bemühen aus den enttäuschenden Erfahrungen, am Haupteingang wiederholt abgewiesen worden zu sein." Unterrichtsanfänge solcher Art seien „didaktische Kuckuckseier", weil fremde Themen als eigene ausgegeben würden. Man möge es doch statt dessen „mal wieder am Haupteingang versuchen"[31]. Was aber, wenn der Unterrichtende (um im Bild zu bleiben) beim Gang durch den Haupteingang immer wieder gegen die Glasscheibe läuft oder ein Schild „Zutritt nicht erwünscht!" vorfindet? Wenn unter dem, was hier als „Ablenkungsmanöver" bezeichnet wird, tatsächlich vollkommen themenfremde, nur um der bloßen Effekthascherei willen gewählte Einstiegsfiguren gemeint sind, ist gegen die vorgebrachte Kritik nichts einzuwenden. Doch welcher Lehrer, welche Lehrerin tut dies?! Wenn hingegen damit jedweder Einstieg gegeißelt werden soll, der mit geeignetem Material zum (meinetwegen auch „wilden") Denken anregt, provoziert, verblüfft, in Erstaunen versetzt und damit bei den Schülern Fragen aufwirft, Widerspruch auslöst, vorhandene Kenntnisse aktiviert, Vorurteile bei sich selbst und bei anderen erkennen läßt, Forschungs- und Erkundungsdrang entfacht oder Lustgewinn verheißt, dann ist der vorgebrachten Kritik entschieden zu widersprechen.

Einige der nachstehend vorgeschlagenen Einstiege streben genau die soeben genannten Reaktionen der Schüler an. Mit einer „Gag-Didaktik", zu der von anderer Seite[32] allzu spektakuläre, animationsartige

Einstiege gezählt werden, hat dies aber nichts zu tun. Jedoch zu hoffen, daß dann, „wenn den Schülern deutlich wäre, was genau sie lernen oder üben sollen, ... sie ihre Denktätigkeit und ihr bewußtes Wollen einschalten, um die angestrebten Ziele zu erreichen“[33], ist genau so ein frommer Wunsch wie die Hoffnung der von Grell/Grell so sehr gescholtenen Motivationstheoretiker, man könne „Motivationszustände bei Schülern entweder von außen einschalten“ oder aber bewirken, „daß sie (die Motivationszustände, G.S.) der einzelne Schüler von sich aus ‚innerlich‘ einschaltet“[34]. Geschichtslehrer und Geschichtslehrerinnen ganz normaler Hauptschulklassen (um gerade die Schulform zu nennen, in der das Motivationsvermögen der Lehrer besonders gefordert ist) wissen, daß die bloße Verdeutlichung dessen, was gelernt oder geübt werden soll, die Bereitschaft der Schüler zur Mitarbeit und zum Lernen nur höchst selten auslöst, daß der Unterrichtsinhalt selbst oder die anstehende Lernaufgabe sie nur selten zu fesseln vermögen, daß vielmehr Phantasie und Abwechslung in der Eingangsphase, gelegentlich gar ein Schock, unabdingbar sind. Was Walter Benjamin für die breite Masse der Bevölkerung gesagt hat, dürfte auch für die meisten Schüler seine Gültigkeit haben: „Die Masse will nicht belehrt werden. Sie kann Wissen nur mit einem Chock in sich aufnehmen, der das Erlebte im Inneren festnagelt“. Daraus hat Gottfried Korff gefolgert: Der „Chock“ könne zweierlei leisten: „Erstens verhindert der ‚Chock‘ die [bloße, G.S.] Kontemplation, zweitens sorgt er für didaktische Überraschungseffekte“, um dann wieder mit Walter Benjamin fortzufahren: „Verdummend würde jede Anschauung wirken, der das Moment der Überraschung fehlt.“[35]

Wenn es stimmt, daß menschliches Handeln (also auch das von Schülern) von Anziehungs- und Anreizkräften von außen bzw. von inneren Antrieben beeinflußt ist, wenn es also Schub- und Zugfaktoren für die Motivation gibt (die Migrationsforschung spricht von Push- und Pullfaktoren), dann müssen in der Einstiegsphase solche Materialien zum Einsatz kommen, die genau auf die Aktivierung dieser Voraussetzungen für das Handeln abzielen.

Und noch eins: Bei aller Ablehnung der verschiedenen Einstiegsrituale – von Grell/Grell auch als „ritualisiertes Duell“ zwischen Lehrern und unwilligen Schülern bezeichnet[36] –, warum will man denn das Kind mit dem Bade ausschütten?! Natürlich ist es nicht damit getan, die Schüler zu Beginn einer Stunde – ggf. auch auf spektakuläre Weise – für ein neues Thema zu interessieren und zu hoffen, daß das so gewonnene Interesse der Schüler dann eine ganze Stunde anhält. Jeder Unterrichtende weiß, daß das Interesse der Schüler schnell erlahmt und in jeder Phase des

Unterrichts immer wieder von neuem gewonnen werden muß. Aber es schadet nicht, wenn Schüler zu Beginn der Stunde auf den neuen Stoff neugierig gemacht werden, wenn sie sich über ihre Vorkenntnisse, auch über ihre Vorurteile klar werden, wenn sie, von dem vorgestellten Material verblüfft, ein Problem oder doch eine Frage erkennen, die zu lösen sie für notwendig oder nützlich, ggf. auch für spannend erachten. Daß danach eine klare Zielansprache (ggf. mit Problematisierung) kommen muß, daß Schüler als vernünftige Wesen ernst genommen werden müssen, wird doch kein vernünftiger Lehrer und keine vernünftige Lehrerin in Abrede stellen wollen. Und um diese Auseinandersetzung abzuschließen: Wie stellt der Lehrer es denn an, daß die Schüler bei der Vorstellung des Plans der Stunde „lecker [sic!] werden oder sich freuen"? Wie sieht ein „nicht trockener" und „nicht langweiliger" informierender Unterrichtseinstieg aus, bei dem die Schüler „gefühlsmäßig angesprochen" werden?[37] Die von Grell/Grell vorgestellten Beispiele[38] jedenfalls haben mich in dieser Hinsicht nicht überzeugt!

Ganz entgegengesetzt zu dem, was Grell/Grell vorschlagen – fast möchte man annehmen, die beiden Kritiker aller kreativen Einstiegsfiguren hätten ihn sich als Reibefläche auserkoren –, sind die Vorschläge für Einstiege, die Horst Rumpf im Anschluß an Martin Wagenschein vorstellt. Um das, was seiner Meinung nach Einstiege leisten können und sollen, deutlich zu machen, genügt es fürs erste, jene Qualitäten zu benennen, die nach Rumpf Einstiege auszeichnen sollten:[39]

Der Einstieg ist „ein irritierendes, ein aufstörendes Phänomen"; er soll so geartet sein, daß die Schüler „zu imaginativem Hinschauen" veranlaßt werden; sie sollen beim Betrachten eines als Einstieg gewählten (naturwissenschaftlichen) Versuchs und der daraus resultierenden Reaktionen „auch ohne dirigierende Lehrerfragen ins Sinnieren, ins laute Denken kommen" und sich „von diesem unvermittelt anbrandenden Phänomen treffen lassen"; dabei kann es bei den Schülern zu (durchaus erwünschten) Irritationen kommen: „Man weiß nicht recht, woran man ist, man tastet ins Leere, die nachdenkende Einbildungskraft knüpft gewissermaßen Netze, die das Frappierende nicht etwa liquidieren, sondern in Zusammenhänge rücken helfen"; der Einstieg kann durchaus „den Charakter einer abrupt auftauchenden, überraschenden und von Unbekanntheiten durchsetzten Initiation" haben; der Einstieg, als Initiation verstanden, ist „eine Inszenierung, die eine erstaunliche Gegebenheit in ihrer Skurrilität, in ihrer Unglaublichkeit und Befremdlichkeit stark macht und auf hinführende Kommentare deshalb verzichtet, weil das Phänomen nicht schon vorgeklärt sein soll, bevor es überhaupt auftaucht." In der Einstiegsphase sollen jedoch nicht „der Beliebigkeit Tür und Tor" geöffnet, sondern „Geist und Sinne und Imaginationskraft, Einbildungskraft der Lernenden" herausgefordert werden. „Das Bewußtsein muß auch Sprünge machen können, muß zu Sprüngen herausgefordert werden, wenn es denn wirklich um eindringliche Lernprozesse geht." Hingegen zielten die „Belehrungsgebärden unserer Schultradition" durchweg darauf ab, „Fremdheiten wegzuschaffen, Ritzen und Brüche ... in den Lerninhalten zuzustopfen, vielerlei Illustrationen und Lernhilfen aufzutischen und unter allen Umständen die fertigen und approbierten Kenntnisse rüberzubringen". Demgegenüber seien „ganz unterentwickelt die Lehrkünste des Weglassens, des Schweigens, des Entstehenlassens von leeren Räumen, des Arbeitens mit Hilfe der eigenen Imagination, die sich am Wenigen, am Kargen, am intensiv Betrachteten entzünden, die Dinge neu und wie zum ersten Mal zu sehen sich unterfangen". Diese Lehrkünste „sympathisieren mit dem Auftakt der Konfrontation". Der weitere Verlauf des Unterrichts sei dann „ein Gang der Vertiefung in das Initiationsphänomen, dem nicht von vornherein Trittsteine, Treppen und Geländer eingebaut sind, damit nur jeder risikolos den Weg zum avisierten Lernziel findet". „Die Arbeit des Imaginierens und Reflektierens" dürfe nicht „zugunsten der Stofferledigung" zerstört werden. Genau wie Wagenschein plädiert Rumpf für den unkonventionellen Einstieg, „der nicht brav und anständig auf den vorgesehenen Wegen in ein Gebäude führt, sondern unorthodox, evtl. durchs Fenster mitten hineinsteigt und ohne Treppenhaus und Flur mit einem Raum und nicht vorherzusehenden Begebnissen konfrontiert". Man müsse beim Einstieg „nicht unbedingt von ganz ‚unten', vom ‚einfachen' her", beginnen; man solle sich vielmehr „sofort eine relativ komplexe und damit die Spontaneität des Kindes herausfordernde Frage" vornehmen. Systematik wird dabei von Rumpf nicht verworfen, aber sie sei das Ziel und nicht als „Geleise" zu verstehen. Man müsse sie „aus dem Chaos aufspüren lassen." Ebenfalls nach Wagenschein empfiehlt Rumpf, „alltägliche und vertraute Erscheinungen so ins Blickfeld" zu bringen, „daß sie unvertraute Züge gewinnen." Wieder wird im Anschluß an Wagenschein ein verblüffender physikalischer Versuch geschildert. Die Beobachtung dieses eigenartigen Phänomens solle nicht etwa Schüleräußerungen nach der Art provozieren, „der Lehrer solle doch schleunigst bekanntgeben, was da denn los sei, worauf er denn hinauswolle, damit die Sache möglichst schnell abgetan sei". Es solle vielmehr eine Atmosphäre erzeugt werden, die das Hinschauen, Beschreiben und Vergleichen begünstigt und der freien Äußerung Raum läßt. „Erstaunliche Phänomene" des Einstiegs sollen nicht zerredet werden; Schüler sollen vielmehr das Erstaunliche beobachten und dann benennen und auf den Begriff bringen können. „Wagenscheins Oeuvre bietet viele ausgearbeitete Beispiele für die Arbeit an solchen Einstiegen, die verstehen lehrt, ohne das Erstaunliche und Frappierende der Phänomene schulmeisterlich wegzuerklären." Rückgriffe auf „intuitives Alltagswissen" als Folie für Befremdliches seien in der Eingangsphase möglich und sinnvoll (so etwa, wenn eigenartig klingende Redeteile mit unseren heutigen Formulierungen in Beziehung gesetzt werden: „Wir sind tief durchdrungen von der erhabenen Aufgabe ... ." Wer spricht so zu wem, in welcher Situation und warum? Wie würden wir das Gemeinte ohne Sinnverlust heute ausdrücken? usw.). Und schließlich: „Karge Einstiege ohne Kommentare und didaktisch abpuffernde Vorinformationen sind ein Heilmittel gegen die Verstopfung der Köpfe mit Bildern und Informationen. ... Einstiege wecken, wenn sie gelingen, die Suchlust."

Auch wer den aus diesen Sätzen hervorstechenden Enthusiasmus nicht zu teilen vermag, weil sein Engagement im Unterrichtsalltag häufig nur wenig Resonanz bei den Schülern findet, wird doch schnell erkennen, daß Einstiege mehr sein sollen (und müssen) als bloße Themenansage und Planungshinweise für den Ablauf der Stunde und die angestrebten Lernziele. Rumpfs Empfehlungen eröffnen Möglichkeiten für vielfältige Einstiegsvarianten. Allerdings bleibt unbestritten – und hier ist Giesecke wie Grell/Grell zuzustimmen –, daß ein Einstieg, der in keinem Zusammenhang mit dem nachfolgenden Unterrichtsthema steht, zu verwerfen ist, weil das daraus resultierende Schülerinteresse nur kurz aufflackern würde, um dann ins Leere zu laufen. Auch schon der Einstieg ist Teil des Unterrichtsgegenstandes, der in der betreffenden Stunde behandelt werden soll, und nicht etwa eine Garnierung oder ein vordergründiger Reiz ganz ohne Beziehung zum Thema. Da bereits hier das Denken der Schüler auf bestimmte, vom Lehrer ggf. in Zusammenarbeit mit den Schülern fixierte Ziele gelenkt werden soll, die ja nicht losgelöst vom Unterrichtsgegenstand der Stunde sind, ist eine enge Verzahnung von Eingangsphase und späterer Arbeitsphase unabdingbar. Und gerade dieser Übergang erweist sich in der Praxis als nicht zu unterschätzende Schwierigkeit. Auf die zu Beginn der Stunde aufgeworfenen Fragen und Probleme sollte in den nachfolgenden Unterrichtsphasen immer wieder Bezug genommen werden, um zunächst ganz einfach festzustellen, was bereits erarbeitet wurde und wie weit man gekommen ist, zum anderen aber, um etwa herauszufinden, welche der in der Eingangsphase aufgestellten Hypothesen sich im Verlauf des Unterrichts als haltbar erwiesen haben oder verworfen werden müssen. Nichts ist motivierender als Erfolg und Bestätigung, und wenn die

Schüler erkennen, daß sie die in der Einstiegsphase aufgekommenen Fragen durch Arbeit an Quellen und Materialien in einer sie befriedigenden Weise beantworten können, ist schon viel gewonnen. Ein Einstieg, der sich vom weiteren Unterrichtsgeschehen löst und vielleicht sogar eine eigene Dynamik entwickelt[40], muß vermieden werden.

Hinter all dem steht die Frage, was Menschen (und natürlich auch Schülerinnen und Schüler) bewegt, etwas zu tun, was nicht nur Grundbedürfnisse befriedigt. Und, so fragt sich jede verantwortungsbewußte Pädagogin und jeder Pädagoge, was ist zu tun, damit Schülerinnen und Schüler sich veranlaßt sehen, sich mit Dingen zu beschäftigen, die ihnen jenseits der Grundbedürfnisse Befriedigung, Lust und Freude bereiten? Es geht also nicht um extrinsische Motivation, um sachfremde Anreize wie etwa Druck des Elternhauses, Furcht vor Strafe oder schlechten Zensuren, Befriedigung des Bedürfnisses nach Anerkennung, Geltung und Zustimmung oder Wunsch nach guten Noten. All dies spielt in schulischen Lernprozessen natürlich immer eine Rolle. Zu fragen ist vielmehr, was Menschen bewegt, strapaziöse und mit Opfern verbundene Dinge mit Lust und Freude zu tun, die ihnen augenscheinlich nichts eintragen, jedenfalls nichts von dem, was extrinsische Motivation bewirkt. Warum, so fragt der ungarisch-amerikanische Soziologe Mihaly Csikszentmihalyi, spielt jemand Schach oder klettert im Gebirge herum, obwohl diesem Tun ja kein materieller Ertrag beschieden ist und – jedenfalls solange dies nicht als Hochleistungssport mit Medaillen und Rekordlisten betrieben wird – auch keine öffentliche Anerkennung einträgt? Die Tätigkeit selbst scheint es zu sein und die Art und Weise, wie sie betrieben wird, die Menschen solch scheinbar nutzlose und materiell unergiebige Dinge tun lassen. Diese Tätigkeitsfreude, dieses erhöhte Lebensgefühl, diese Höherspannung der Gefühle bei gleichzeitiger Entspannung vom Alltagsfrust nennt Csikszentmihalyi das „Flow-Erlebnis“.[41] Was ist nun die pädagogisch-politische Botschaft Csikszentmihalyis? Menschen sind offensichtlich in der Lage, für sich selber wie für andere Arbeitsbedingungen und Arbeitsprozesse so zu gestalten, daß sie die Arbeit gerne tun. Für den Unterricht heißt dies: Das Lernen kann so organisiert werden, daß Schülerinnen und Schüler die ihnen gestellten oder selbst gefundenen Aufgaben gerne ausführen und lösen.

Natürlich beanspruche ich mit meinen Einstiegsbeispielen nicht, den Schlüssel zum Flow-Erlebnis im Geschichtsunterricht gefunden zu haben. Die nachstehenden Beispiele für Einstiege in den Geschichtsunterricht enthalten unterschiedliche Stimulationsniveaus; es ist Sache der Unterrichtenden herauszufinden, welches Einstiegsbeispiel über das den Schülern am besten entsprechende Einstiegsniveau verfügt und diesen den (neuen) Stoff am ehesten auf anregende Weise offeriert. Mit manchen Beispielen wird versucht, die Schüler zu der Erkenntnis zu führen, daß sie den Fortgang ihrer Beschäftigung mit dem historischen Stoff selbstbestimmt angehen wollen und daß sie selbst „Urheber ihres Tuns“ sind – und sei es auch, daß diese weitere Beschäftigung mit dem historischen Thema große Anstrengungen, gelegentlich gar Plackerei zur Folge haben wird. Andere Einstiege wollen die Lust am Unbekannten stimulieren bzw. haben „Herausforderungscharakter“. Etwas entdecken wollen, ohne danach zu fragen, warum man dies will und tut, einer Sache nachgehen, ohne sogleich zu überlegen, ob der eingeschlagene Weg auch der richtige ist, das sind die kleinen Momente, die durch ein entsprechendes Einstiegsritual angebahnt werden können. Einstiege sollten jenen Reiz auslösen, der eine weitere Beschäftigung mit einem Thema als lohnend und belohnend erscheinen läßt. Drohende Langeweile oder Unlust, die von den Schülern schon in der Einstiegsphase empfunden werden, führen unweigerlich zum Scheitern des Unterrichts. Daß Schüler bereit sind, sich über die Maßen zu engagieren, Zeit zu investieren und dabei gar ihre üblichen Alltagsbeschäftigungen zu „vergessen“, lassen nicht wenige Beiträge erkennen, die Schülerinnen und Schüler in den letzten 25 Jahren zum Schülerwettbewerb Deutsche Geschichte um den Preis des Bundespräsidenten eingereicht haben. Und nur in den seltensten Fällen wird die Aussicht auf einen Preis des Bundespräsidenten die Teilnahme veranlaßt haben.[42] Ich kann mir nicht vorstellen, daß Schüler ihre oft monatelangen Recherchen, die sie nicht selten noch über den festgesetzten Abgabetermin der Beiträge hinaus weiterführten, betrieben haben, wären sie nicht vom Thema gepackt worden oder – anders gesagt – wenn sie nicht „flow“ erlebt hätten!

All diesen planerischen Überlegungen liegt die Überzeugung zugrunde, daß keine Unterrichtsstunde nach dem Motto begonnen werde darf, daß, keine Methode zu haben, gleichsam der kreative Königsweg erfolgreichen Unterrichtens sein würde und man als Lehrer nur der glücklichen Eingebung des Augenblicks zu Beginn der Unterrichtsstunde vertrauen möge, und schon würde sich der richtige, weil spontane Einstieg von selbst ergeben. Daß dies einmal, ja, mehrmals gut gehen kann, wird niemand bestreiten wollen. Einer völligen Beliebigkeit des Einstiegs, das hat schon Martin Wagenschein festgestellt, kann nicht das Wort geredet werden; vielmehr ist er die „Plattform“ (auch dies ein Begriff Wagenscheins), von der aus wir „hinab ins Elementare“ steigen.[43]

4. Was Einstiege leisten sollen

Der Einstieg ist ein immer wiederkehrendes Ritual zur Eröffnung einer Unterrichtsstunde oder einer Unterrichtseinheit. Er ist Bestandteil einer jeden Unterrichtsplanung und integrativer Teil des Unterrichtsgegenstandes, zu dem er hinführt. Einstiege, die mit dem Thema der nachfolgenden Stunde inhaltlich nichts zu tun haben, sind, wie bereits mehrfach betont, ungeeignet. In jedem Fall steht das, was den Schülerinnen und Schülern in der Einstiegsphase an Material, Bild, Spiel, Text, mündlicher Information usw. angeboten wird, thematisch in engem Zusammenhang mit dem Lerngegenstand der Arbeitsphase. Materialien, die diese Voraussetzung nicht erfüllen, sind zu verwerfen. Dabei kommt es nicht darauf an, daß der Einstieg den Schülern bereits eine abgerundete Vorstellung des zu behandelnden Unterrichtsgegenstands liefert. Ganz im Gegenteil! Nur wenn der Einstieg den Schülern Freiraum für Spekulationen läßt, wenn sie spontan Fragen stellen und Probleme entdecken, wird Spannung aufgebaut, wird das „Wissenwollen“ aktiviert, das sich günstig auf das Einsteigen in den Lerngegenstand auswirken wird. „Neugier wecken“, „Staunen hervorrufen“, „Identifikation ermöglichen“ und „Problembewußtsein schaffen“ sind nach Hug[44] jene Impulse, die die Schüler in der Eingangsphase am besten mit dem Unterrichtsgegenstand in Beziehung bringen. Wenn als Ergebnis der Einstiegsphase bei den Schülern Unsicherheit entsteht, die nach Vergewisserung drängt, wenn es hier gelingt, Schüler so zu provozieren, daß sie sich zur argumentativen, d.h. durch historische Erkenntnis abgesicherte Parteinahme herausgefordert fühlen, und wenn ihnen schließlich auch schon in dieser Phase des Unterrichts erwünschter Kompetenzerwerb winkt, der ihnen überzeugende Argumente für Diskussionen mit anderen verheißt, dürfte eine gute Basis für die weitere Arbeit am Unterrichtsgegenstand gelegt sein. So lebendig, phantasievoll, verfremdet, ungewöhnlich, abwechslungsreich und ggf. auch schul- und unterrichtsfern sich manche Einstiegsphase auch ausnehmen sollte, an ihrem Ende müssen die Lernenden genau wissen, was in der betreffenden Stunde behandelt werden soll.

Einstiege können und sollen mehr sein als nur kognitive Zugangswege zu einem historischen Sachverhalt. In der Eingangsphase sollen immer auch die Gefühle und Stimmungen, Werthaltungen, Voreinstellungen und Vorurteile, die der ins Auge gefaßte Unterrichtsinhalt bei Schülern auslöst, angemessene Berücksichtigung finden. Es soll also erreicht werden, daß sich die Schüler auch emotional mit dem historischen Sachverhalt beschäftigen. Damit dies gelingt, kann es notwendig werden, Einstiegsfiguren regelrecht zu inszenieren: Verfremdung durch Rollenspiel, Polarisierung durch Streitgespräche, Provokation durch Vorspielen einer (vorbereiteten) Szene, in der zwei oder mehr Schüler sich Stereotypen oder verbreitete Vorurteile an den Kopf werfen. In der Eingangsphase des Unterrichts muß die Voraussetzung dafür geschaffen werden, daß sich Schüler dem Neuen öffnen, daß sie neugierig werden auf das, was kommt, daß sie sich „historisch anstecken“[45] lassen und daß sie sich nicht hinter der verbreiteten Attitude verschanzen, ohnehin durch nichts mehr (vor allem durch nichts mehr, was die Schule ihnen bietet) irritiert, erfreut, erschüttert oder verunsichert werden zu können. Auch wenn man „historische Ansteckung“ nicht mehr, wie einst Heinrich Roth, als ein „Gefangenwerden von dem Geist früherer Zeiten“ versteht, „das zu einem spielerischen Sichhineinversetzen führt in Form von phantasierten Wiederholungen des damaligen Lebens“ – heutige Schüler werden sich hierzu allenfalls noch in der Grundschule führen (verführen?) lassen –, wenn es wenigstens gelänge, den Schülern mit Hilfe von Medien, die uns die vielfältigen Zeugnisse der Vergangenheit vermitteln, eine Vorstellung von den Geschehnissen und Verhältnissen der Vergangenheit zu verschaffen und sie zum Nachdenken darüber zu animieren, wäre schon viel gewonnen. Dabei scheinen mir die Zugänge mittels objektivierbarer Materialien geeigneter als über historische Kinder- und Jugendbücher und Lehrererzählungen, wie sie seinerzeit von Heinrich Roth favorisiert wurden. Der Begriff „historische Ansteckung“ ist trotz dieses Einwandes weder diskreditiert noch verbraucht!

Wo immer möglich, empfiehlt es sich, bereits in der Eingangsphase eine Verbindung von Kopf- und Handarbeit herzustellen. Das angestrebte Ziel eines jeden Einstiegs soll es sein, Schülerinnen und Schülern auf geeignete Weise neben kognitiven auch affektive und psychomotorische Zugänge zu den Unterrichtsinhalten zu eröffnen.

Einstiege sollen überschaubar und zeitlich auf wenige Minuten begrenzt sein. Die Einstiegsphase sollte im allgemeinen nicht länger als fünf bis acht Minuten dauern. Nur wenn ein mehrstündiges Projekt geplant wird, kann es sinnvoll sein, die Einstiegs-/Planungsphase auszudehnen.[46] An ihrem Ende kennen die Schüler den Lerngegenstand der Stunde; sie sollten darüber hinaus wissen, auf welche Art und Weise das Ziel der Stunde erreicht werden soll.

In der Einstiegsphase soll nicht nur ein Zugang zum Unterrichtsinhalt gefunden werden; auch in methodischer Hinsicht soll der Einstieg

Zugänge schaffen: Er soll z.B. die emotionale Beschäftigung mit dem Unterrichtsinhalt anbahnen, prozeßorientiertes Verständnis anregen, methodisch-zielgerichtetes Untersuchen vorbereiten usw. Die Wirksamkeit der hierzu verwendeten Medien bemißt sich daran, inwieweit sie die Aktivität der Schülerinnen und Schüler befördert, ihnen Empathie und Identifikation ermöglicht, die Anschaulichkeit der Inhalte bewirkt usw.

Noch etwas ist zu beachten: Die Eingangsphase darf weder in inhaltlicher noch in methodischer Hinsicht überfrachtet werden. Abgesehen davon, daß kein Lehrer in der Lage sein wird, jede Stunde mit besonders zugkräftigem Material zu beginnen, muß auch darauf geachtet werden, daß die in der Eingangsphase ausgelösten Reize nicht in allzu großem Kontrast zu der dann doch sehr viel nüchterneren Arbeitsphase stehen. Eine „Anfangslastigkeit"[47] der Unterrichtsstunde ist kontraproduktiv, weil Schüler, zunächst – wodurch auch immer – für ein Thema gewonnen, schnell das Interesse verlieren, wenn die nachfolgenden Unterrichtsphasen gegenüber dem Einstieg abfallen. So, wie ein Menu mit einem amuse-bouche, einem appetitanregenden Häppchen, beginnt, dem dann nach weiteren entremets das besonders genußreiche Hauptgericht folgt, so sollte auch der Einstieg nur ein Auftakt sein, dem die Hauptsache erst noch nachfolgt.

Ziele, Typen und Medien des Einstiegs in grafischer Darstellung (s. Grafik S. 26)

Bei den in der Grafik genannten vier Einstiegstypen handelt es sich nicht um „reine" Typen; zumindest die Typen 1 bis 3 berühren sich in vieler Hinsicht. So soll natürlich auch bei Typ 3 das Schülerinteresse geweckt werden, und auch bei der Wahl eines Einstiegs nach Typ 1 wird es nie ganz ohne Problematisierung des Unterrichtsgegenstandes abgehen. Ähnliches gilt auch für die Zuordnung der Medien: Natürlich läßt sich auch ein Film zur Weckung des Schülerinteresses einsetzen, und autobiographische Texte sind nicht nur bei der Entscheidung für Typ 1 zu gebrauchen. Auch Typ 4 steht nicht wirklich ganz isoliert da, sondern hat aufgrund seiner animativen Zielsetzung einige Berührungspunkte mit Typ 1. Die Graphik soll einen – sicherlich nur sehr formalistischen – Überblick über die verschiedenen Einstiegsfiguren geben; sie unterscheidet die Typen nach den hauptsächlichsten Zielen, die in der Einstiegsphase angestrebt werden, und ordnet diesen Typen der besseren Übersichtlichkeit wegen jeweils nur die bei der Verfolgung der Ziele am geeignetsten erscheinenden Medien zu.

Ziele, Typen und Medien des Einstiegs in grafischer Darstellung

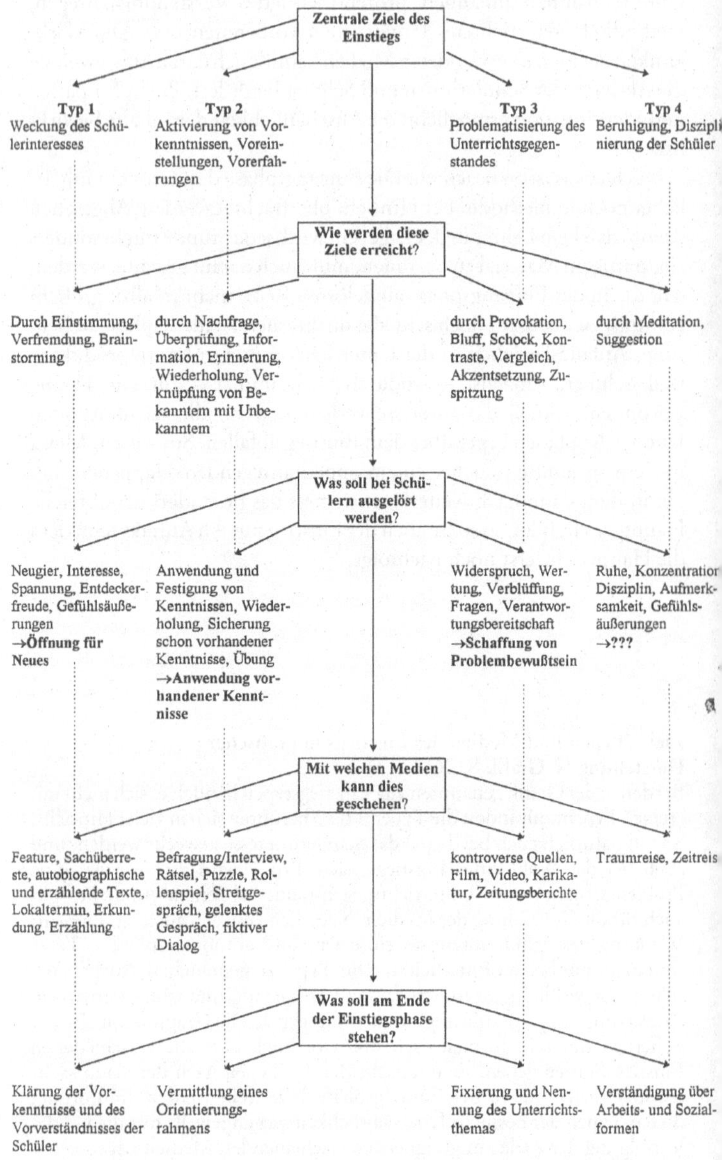

5. Praxisbeispiele

Ich habe die nachstehenden Vorschläge für Einstiege in Geschichtsstunden und die entsprechenden Materialien unter Überschriften gruppiert, die sich einerseits auf die verwendeten Materialien beziehen, die andererseits aber auch auf die Intentionen hinweisen, um die es bei den jeweiligen Einstiegsfiguren in erster Linie gehen soll. Dabei sind letztere nicht in jedem Falle trennscharf; denn wenn z.B. Material vorgestellt wird, das einen Einstieg mit dem Ziel der Provokation ermöglichen soll, dann schließt dies nicht aus, daß dasselbe Material etwa auch der Einstimmung dienen kann (und umgekehrt). Und manche Texte und Materialien, die hier für einen ganz bestimmten Einstiegstyp ausgewählt wurden, lassen sich sicherlich auch in anderen Phasen des Unterrichts oder in einem anderen Einstiegskontext verwenden:

- So könnten etwa die Texte zum Jahr 1945 (S. 94-98), die den Schülerinnen und Schülern eine Vorstellung davon vermitteln sollen, wie Menschen am Ende des Krieges ihre Zukunftschancen eingeschätzt haben, auch im Zentrum der Arbeitsphase einer Unterrichtsstunde zum Kriegsende (zur „Stunde Null") stehen.
- Wenn es am Ende einer Unterrichtseinheit zum Zweiten Weltkrieg darum gehen soll, sich zu vergegenwärtigen, wie die Zeitgenossen ihre eigenen Lebensperspektiven und die Zukunftsperspektiven Deutschlands als ganzes zum Zeitpunkt der Kapitulation eingeschätzt haben, dann könnten diese Texte auch am Ende dieser Unterrichtseinheit Verwendung finden.
- In einer Unterrichtseinheit zur Frühgeschichte der Bundesrepublik Deutschland (bis etwa 1957), in der auch der von fast niemand erwartete wirtschaftliche Aufschwung („Wirtschaftswunder") thematisiert wurde, könnten dieselben Texte am Ende dieser Unterrichtseinheit stehen. Mit ihnen ließe sich noch einmal ein Spannungsbogen schlagen von der von den Zeitgenossen im Jahr 1945 tief empfundenen Depression ob der großen Zerstörung und der zu befürchtenden Behandlung Deutschlands durch die Siegermächte hin zu der dann eingetretenen unerwartet erfolgreichen Entwicklung. Eingeleitet mit der Frage: „Wie verhält sich die in den Texten aus dem Jahr 1945 geäußerte Befürchtung der Zeitgenossen zur tatsächlichen Entwicklung?" könnten noch einmal zusammenfassend all jene Punkte zusammengetragen werden, die diese Entwicklung ausgelöst und begünstigt haben.

Es kommt also jeweils auf die Intentionen der Unterrichtenden und deren beabsichtigte Schwerpunktsetzung an, wie mit dem Material verfahren werden soll. Auch versteht es sich von selbst, daß manche Textangebote, je nach Schwerpunktsetzung der Unterrichtenden, gekürzt werden müssen. Wenn also (etwa beim Thema „Zigeuner", S. 42-47) sehr ausführliche Textvorschläge gemacht werden, so hat dies seinen Grund darin, daß ausreichend Material überhaupt erst vorhanden sein muß, damit die Unterrichtenden eine ihren Intentionen entsprechende Schwerpunktsetzung und Auswahl treffen können. In anderen Fällen wird es oft ausreichen, zwei oder drei der vorgestellten Text- oder Bildvarianten auszuwählen (z.B. im Falle der kontroversen Interpretationen der Französischen Revolution, S. 38-39, der Abbildungen von Wohnsituationen im Kaiserreich, S. 54-61, oder der Lebensformen im Mittelalter, S. 62-65), um dann bei einer späteren Wiederholung derselben Stunde vielleicht die anderen Beispiele auszuprobieren. In jedem Falle gilt: Die Speise sollte dem Gast schmecken, nicht notwendig auch dem Koch.

Bereits ein flüchtiger Blick auf die nachstehenden Praxisbeispiele macht deutlich, daß nicht alle Vorschläge für alle Schulstufen und alle Schularten gleichermaßen geeignet sind. Die Mehrzahl der Vorschläge bezieht sich auf Unterrichtsvorhaben in der Sekundarstufe I; andere werden wohl vor allem im Sachunterricht der Primarstufe bzw. in der gymnasialen Oberstufe Verwendung finden. Dies liegt nicht so sehr am Anspruchsniveau der Zielsetzung, sondern vielmehr daran, daß es ganz offensichtlich schülernähere und schülerfernere Medien und Methoden gibt und die Nähe oder Ferne der Medien und Methoden etwas mit Alter, Vorkenntnissen, Zusammensetzung der Klasse usw. zu tun hat. Solange lern- und motivationspsychologische Untersuchungen speziell für historisch-politisches Lernen fehlen, die uns Aufschlüsse über die Eignung bestimmter Einstiegsfiguren für ein ganz bestimmtes Lern- oder Lebensalter geben, müssen wir Unterrichtenden uns bei der Wahl des Einstiegs auf unsere Intuition bzw. auf unsere Erfahrung verlassen.

5.1 Einstieg zur Festigung des Gelernten

1. Beispiel: Schüler fragen Schüler

Der folgende Vorschlag lehnt sich an jene Einstiegsfigur an, die in der Vergangenheit die vorherrschende gewesen sein dürfte. Aber anders als in der Vergangenheit, als die Lehrer in der Eingangsphase üblicherweise den Unterrichtsstoff der vergangenen Geschichtsstunde auf oft quälende

Art und Weise abfragten, könnten Schüler die traditionelle Lehrerrolle übernehmen und ihre Mitschüler in regelmäßigen Abständen nach dem befragen, was „hängengeblieben“ ist. Dies kann folgendermaßen geschehen: Nach Beendigung der Geschichtsstunde werden zwei oder drei Schüler beauftragt, sich für die nächste Stunde Fragen zum gerade durchgenommenen Unterrichtsinhalt zu überlegen. Diese Fragen stellen sie dann ihren Mitschülern zu Beginn der nächsten Geschichtsstunde. Da sie sich ja nicht nur Gedanken über sinnvolle *Fragen* machen sollen, sondern auch über die entsprechenden (richtigen) *Antworten*, sollten sie in der Lage sein, die Antworten ihrer Mitschüler zu beurteilen und ggf. zu korrigieren oder zu ergänzen. Dieses Verfahren kann so modifiziert werden, daß der auf eine Frage seines Mitschülers (richtig) antwortende Schüler nun seinerseits eine Frage an einen anderen Schüler richtet usw. Man wird wohl nicht erwarten können, daß ein solches Verfahren schon gleich beim ersten Versuch gelingt. Daher muß es in regelmäßigen Abständen immer wieder durchgeführt werden. Erhofft wird, daß diese partnerschaftliche Form der Festigung und Wiederholung von Schülern eher akzeptiert wird als die vom Lehrer gelenkte, traditionelle Form der Wiederholung.

2. Beispiel: Kombination von Text und Bild

Ebenfalls auf Vertiefung des Unterrichtsstoffes zielt ein vergleichbares Verfahren: Bestimmte Begriffe, Aussagen (Zitate) oder Namen, die in den vergangenen Unterrichtsstunden als bedeutsam bezeichnet worden waren, sollen zu Beginn der Stunde Abbildungen aller Art (Photographien, Gemälde, Zeichnungen, Karikaturen, Plakate) zugeordnet werden. Diese müssen vom Lehrer/der Lehrerin bereitgestellt werden. Während erstere, auf eine Folie geschrieben, an die Wand projiziert werden, könnten die Abbildungen (als Kopie, möglichst vergrößert) an geeigneter Stelle im Klassenzimmer angebracht werden, falls sie nicht auch mit Hilfe eines zweiten Overhead-Projektors ebenfalls an die Wand geworfen werden. Dies Verfahren ließe sich auch umkehren: Den an die Wand projizierten Abbildungen sollen die Schülerinnen und Schüler die zuvor ungeordnet an die Tafel geschriebenen Begriffe, Zitate oder Namen zuordnen.

3. Beispiel: Lückentexte[48]

Eine weitere Möglichkeit, sich als Lehrerin/als Lehrer über den Kenntnisstand der Schüler zu vergewissern, stellen Lücken- oder Lügentexte dar. Ein vorbereitetes Arbeitspapier faßt das Wichtigste der vergangenen Stunde zusammen. In verbliebene Textlücken sollen die Schüler die fehlenden Begriffe oder Namen eintragen. So könnten in einer Graphik, die die Verfassungsstruktur des Deutschen Reiches von 1919 wiedergibt, einige Beschriftungen, die auf Verfassungsorgane verweisen, fehlen, die von den Schülern eingefügt werden müßten. Oder: Säulendiagramme veranschaulichen die Sitzverteilung, die sich aus dem Ausgang einer Reichstagswahl (etwa jener vom März 1933) ergeben haben. Unter den einzelnen Säulen fehlen die Namen der Parteien, die von den Schülern einzutragen sind. Oder: Ein Bündnissystem wird als Graphik skizziert. Für die an diesem Bündnis beteiligten Staaten sind entsprechend viele Kästchen vorgesehen; es fehlen allerdings die Pfeile, die erkennen lassen, wer mit wem gegen wen verbündet ist. Die Schüler sollen sowohl die Namen der beteiligten Staaten als auch die Pfeile in die Graphik einfügen. (Natürlich kann diese Aufgabe dadurch erleichtert werden, daß entweder die Pfeile oder die Namen der Staaten vorgegeben werden.)

4. Beispiel: Lügentexte

Ähnlich kann man mit Lügentexten verfahren. Sie enthalten einige falsche Angaben, die von den Schülern festzustellen und zu korrigieren sind. Die Anzahl der im Text enthaltenen falschen Angaben ist anzugeben. Um eine Verfestigung von Fehlern zu vermeiden, ist folgende Variante denkbar: An einer bestimmten Stelle auf einem die Ergebnisse der letzten Unterrichtsstunde(n) zusammenfassenden Arbeitspapier werden zwei Textvarianten angeboten. Nur eine der beiden Aussagen ist zutreffend. Es ist Aufgabe der Schüler, die falsche Aussage zu streichen.

5. Beispiel: Wiederholung (Vorgeschichte, Verlauf und Ergebnisse der Französischen Revolution)

Wiederholungsstunden in Geschichte sind heute leider nur selten möglich. Sie sind – vor allem, wenn sie als solche angekündigt werden – bei Schülern wenig beliebt. Es scheint für Schüler wenig reizvoll zu sein, (in Wiederholungsstunden) Kenntnisse beweisen zu können. Allenfalls wenn ein Test angekündigt wird, raffen sich manche Schüler zu mehr oder weniger intensiver Wiederholung auf, weil sie wissen, daß der Ausgang des Tests ausschlaggebend für die Halbjahresnote sein kann. Im allgemeinen werden sich Wiederholungen darin erschöpfen (müssen), daß bei der Beschäftigung mit neuen Inhalten, wo immer dies vom Stoff her sinnvoll ist, Kenntnisse aus früheren Unterrichtseinheiten reaktiviert werden (immanente Wiederholung). Dennoch erscheint es mir wichtig, gelegentlich wenigstens einen Teil einer Unterrichtsstunde für eine systematische Wiederholung einzuplanen.

Wie man in der Sekundarstufe I in eine solche Stunde einsteigen könnte, will ich an nachfolgendem Beispiel demonstrieren.[49] In drei Stunden wurden Vorgeschichte und Verlauf der Französischen Revolution (bis 1795) durchgenommen. Als Übergang zur Ära Napoleons erscheint es sinnvoll, die Ergebnisse der Französischen Revolution den Schülern noch einmal klar vor Augen zu stellen und zu festigen. Auf der aufgeklappten Tafel hat der Lehrer/die Lehrerin drei Rubriken/Spalten angezeichnet. Diese sind überschrieben mit: „Vor der Revolution" – „Veränderungen im Verlauf der Revolution" – „... und danach?" (s. S. 32). Alle Rubriken sind noch leer. In schwächeren Klassen können in der linken Rubrik „Vor der Revolution" bereits die wichtigsten Fakten eingetragen sein. Die Schüler haben ein Arbeitsblatt mit denselben Rubriken/Spalten vor sich liegen. Im Lehrer-Schüler-Gespräch sollen die Lebens- und Rechtsverhältnisse der Menschen vor 1789 und die danach eingetretenen Veränderungen in Erinnerung gerufen und an der Tafel bzw. auf dem Arbeitsblatt in der linken und mittleren Spalte festgehalten werden. Dabei kommt es nicht darauf an, daß die Schüler in chronologischer Abfolge zunächst die Fakten aus der Zeit vor 1789 benennen, um danach die eingetretenen Veränderungen zu vermerken. Es kann durchaus der Fall sein, daß ein Schüler zuerst eine wichtige Errungenschaft der Französischen Revolution nennt und erst danach (ggf. auf Rückfrage des Lehrers/der Lehrerin) der entsprechende Zustand vor 1789 in Erinnerung gerufen wird. Sollte das Gespräch nicht recht in Gang kommen, empfiehlt es sich, mit Hilfe des Overhead-Projektors geeignete Bild- oder Textdokumente an die Wand zu werfen, um die Erinnerung der Schüler zu aktivieren. Solche Dokumente könnten sein: Das Schmuckblatt mit dem Abdruck der Menschen- und Bürgerrechte, zeitgenössische Karikaturen, die die Bedrückung der Bauern demonstrieren bzw. ihre Zukunftshoffnungen zum Ausdruck bringen usw. Sind die beiden Spalten gefüllt (Dauer: ca. 10 Minuten), wird der Unterricht mit dem Herrschaftsantritt des Direktoriums, den ersten militärischen Erfolgen Napoleons, dem von Napoleon betriebenen Sturz des Direktoriums, seiner Machtübernahme als Erster Konsul (1799) und seiner Kaiserkrönung (1804) fortgesetzt. Hierbei sollen vor allem die von Napoleon veranlaßten inneren Reformen (Umgestaltung der Verwaltung und Einführung der Départements, innere Befriedung des Landes durch Aufhebung der den Adel diskriminierenden Gesetze und durch Abschluß eines Konkordats mit dem Vatikan, Schaffung eines bürgerlichen Gesetzbuches, des „Code civil") behandelt werden, während der Zweite Koalitionskrieg mit dem Frieden von Lunéville (1801) und dem Reichsdeputationshauptschluß (1803) bis hin zur

Vor der Revolution	Veränderungen im Verlauf der Revolution	... und danach?
• absolutistischer Staat • Ständegesellschaft • Generalstände • 1. und 2. Stand (Adel und Klerus) sind bevorrechtigt und weitgehend von Steuerzahlungen befreit; sie können den 3. Stand überstimmen • Verschwendung am Hof des Königs • Desolate Finanzlage des Staates (auch wegen der Beteiligung Frankreichs am amerikanischen Unabhängigkeitskrieg)	• Verfassungsstaat (konstitutionelle Monarchie; Gewaltenteilung, Zensuswahlrecht, Pressefreiheit) • neue, bürgerliche Gesellschaftsordnung • Die Vertreter des 3. Standes erklären sich zu alleinigen Vertretern des französischen Volkes, zur Nationalversammlung • Abschaffung der Vorrechte von Adel und Geistlichkeit (Aufhebung der Leibeigenschaft der Bauern; Grundherren verlieren die Gerichtsbarkeit, Abschaffung des Zehnts usw.) • Verkündung der Menschen- und Bürgerrechte • „Freiheit – Gleichheit – Brüderlichkeit" • Radikalisierung der Revolution mit der Durchsetzung einer republikanischen Verfassung (allgemeines und gleiches Wahlrecht, Volksentscheid bei grundlegenden Gesetzen und Kriegserklärungen, Verkündung von Grundrechten (Recht auf Arbeit, Fürsorge, Bildung) • Neuer Kalender in Frankreich eingeführt • Dechristianisierung • Die vom Wohlfahrtsausschuß ausgeübte Staatsgewalt führt zur Schreckensherrschaft	Bedeuteten die Bestimmungen der neuen Verfassung von 1795 und die Errichtung des Direktoriums nicht eine Zurücknahme der von den Bürgern während der Revolution errungenen Freiheitsrechte? Was kann man von einem General Napoleon erwarten bzw. was muß man von ihm befürchten, wenn er, ohne das Direktorium zu befragen, Frieden schließt und sich immer größere Macht aneignet? Bedeutet die Alleinherrschaft Napoleons nicht die Beseitigung der in der Revolution errungenen parlamentarisch-demokratischen Institutionen und Rechte?

Gründung des Rheinbundes (1806) der nächsten Stunde vorbehalten bleiben sollen. Am Ende der Stunde soll noch so viel Zeit zur Verfügung stehen, daß die rechte Spalte auf der Tafel bzw. auf dem Arbeitsblatt ausgefüllt werden kann. Natürlich wird es nicht möglich (und an dieser Stelle auch nicht nötig) sein, hier detailliertere Angaben zu machen. Dazu wissen die Schüler noch zu wenig über Napoleon. Sie sollen nur dafür sensibilisiert werden (und dieses in einem Satz, einer Vermutung oder einer Frage zum Ausdruck bringen), daß mit dem Beginn der Alleinherrschaft Napoleons manche Errungenschaften der Französischen Revolution wieder verloren zu gehen drohten (z.B. Wiedereinführung eines indirekten Zensuswahlrechts). Der sehr detaillierte Vorschlag für das Tafelbild kann je nach Verlauf des vorherigen Unterrichts modifiziert bzw. gekürzt werden.

6. Beispiel: Wiederholung (Deutschland im 19. Jahrhundert)

Nach einer längeren Phase des fortschreitenden Unterrichtens ist es sinnvoll zu überprüfen, was bei den Schülerinnen und Schülern an Kenntnissen noch vorhanden ist und inwieweit diese Kenntnisse auch angewendet werden können. Eine solche Wiederholungsstunde, in der wichtige Sachverhalte des 19. Jahrhunderts rekapituliert werden sollen, kann mit der Graphik auf S. 34 begonnen werden. Was Schülerinnen und Schüler schnell ermüdet und bei ihnen zu Unlustreaktionen führt, nämlich das Abfragen von Fakten im Lehrer-Schüler-Gespräch, wird vermieden, wenn diese Graphik mit der bloßen Frage vorgelegt wird: „Wie erklären sich die Schwankungen, die diese Graphik erkennen läßt?" Wenn die Schüler die Bestimmungsfaktoren und die Verlaufsformen der Überseeauswanderung benennen können, werden sie fast zwangsläufig auf wichtige wirtschaftliche, politische und soziale Gegebenheiten und Probleme des 19. Jahrhunderts zu sprechen kommen: Wird nach dem Grund des Anstiegs der Auswandererzahlen nach 1830 gefragt, dann wird man auf die Auswirkungen des Pauperismus, den Bevölkerungsdruck in Verbindung mit den wirtschaftlichen Reformen und deren Folgen (Lastenablösungen, Gemeinheitsteilungen, Bodenzersplitterung als Folge der Realerbteilung in manchen Teilen Deutschlands, auf Gewerbefreiheit, Teuerungs- und Ernährungskrisen, Übersetzung in vielen Produktionsbereichen, Unterbeschäftigung, Arbeitslosigkeit, ohne daß Fabriken schon das Überangebot an Arbeitskräften hätten aufnehmen können) zu sprechen kommen. Diese Ursachen waren noch nicht beseitigt und wirkten noch kräftig nach, als das Scheitern der politischen Reformen in der Revolution von 1848/49 und die nachfolgende Reaktionszeit zur Massenauswanderung mit dem Gipfel im Jahr 1854 (239 246 Auswanderer) führte, auch wenn es sich nicht in erster Linie um eine politisch motivierte Massenauswanderung handelte. Führten der amerikanische Bürgerkrieg, der deutsch-französische Krieg und die Große Depression (1873-1895), die in ihrer ersten

Deutsche Überseeauswanderung 1830-1914

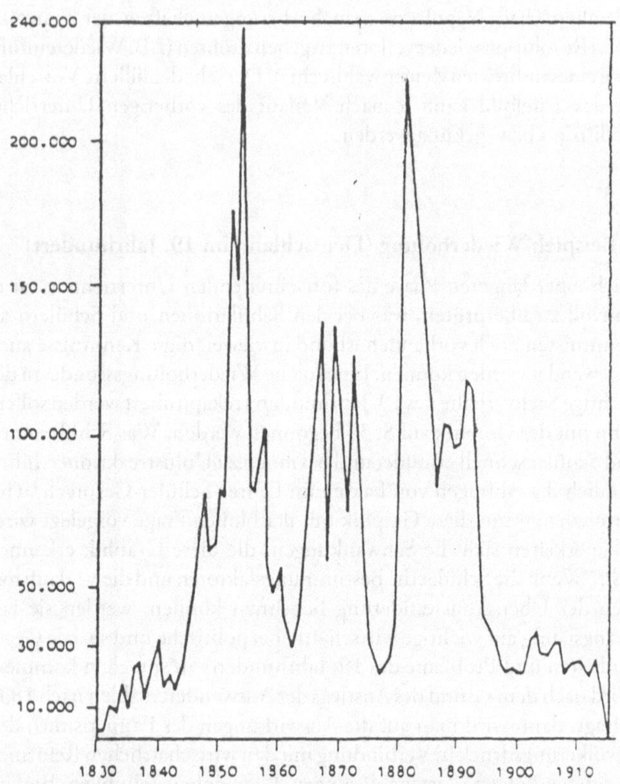

Aus: Klaus J. Bade: Die deutsche überseeische Massenauswanderung im 19. und frühen 20. Jahrhundert: Bestimmungsfaktoren und Entwicklungsbedingungen, in: Ders. (Hrsg.): Auswanderer-Wanderarbeiter-Gastarbeiter, Bd. 1, Ostfildern, 2. Aufl. 1985, S. 264 (leicht modifiziert).

Phase (1873-1879) die deutsche und die amerikanische Wirtschaft gleichermaßen betraf, zunächst zu einem zeitweisen Rückgang der Auswandererzahlen, so folgte nach Abklingen der ersten Rezessionsphase im Jahr 1879 ein weiterer gewaltiger Auswanderungsschub. Von

1880 bis 1885 wanderten fast 900 000 Menschen aus Deutschland nach Übersee aus. In der Hochkonjunkturphase nach 1895 mit der in Deutschland stark forcierten Aufrüstung schwächte sich die Auswanderung stark ab, um mit dem Kriegsbeginn 1914 ganz zu versiegen.[50] Gleichzeitig mit dieser Überprüfung der im Unterricht erworbenen historischen Kenntnisse erfährt der Lehrer/die Lehrerin auch, inwieweit die Schülerinnen und Schüler in der Lage sind, eine Graphik richtig zu „lesen" und zu interpretieren.

7. Beispiel: Wiederholung (Die Spanier erobern das Aztekenreich)

Vor Beginn der Stunde werden auf dem Mittelteil der Tafel mehrere Begriffe, Namen und Daten angeschrieben, die in der vorausgegangenen Stunde erarbeitet wurden. Die Schüler hatten sie – mit Erläuterungen versehen – am Ende der letzten Stunde als Ergebnissicherung in ihr Heft eingetragen. Mit Beginn der Stunde wird die Tafel aufgeklappt. Ohne weitere Erklärungen seitens des Lehrers/der Lehrerin rekapitulieren die Schüler das, was sie zu den angeschriebenen Begriffen, Namen und Zahlen noch wissen. Dabei kommt es nicht darauf an, daß eine bestimmte Reihenfolge eingehalten wird: die Schüler wählen einen Begriff, einen Namen, eine Zahl, zu denen ihnen etwas einfällt. Es ist auch nicht von besonderem Belang, daß die Schüler genau jenen Wortlaut rekapitulieren, den sie in der Stunde zuvor in ihr Heft eingetragen haben. Wichtig ist vielmehr, daß sie überhaupt richtige Antworten geben können. Wird auf eine gewisse Systematik der Schüleräußerungen Wert gelegt, kann der Lehrer der Reihe nach auf bestimmte Begriffe usw. zeigen und hierzu die entsprechenden Schülerantworten einholen. Folgende Begriffe wurden an die Tafel geschrieben (in Klammern die Schülerantworten, die ich bei meinem Unterrichtsversuch in einer Hauptschule erhalten habe):

Azteken (Indianer in Mexiko, die Menschen opferten) – *Mexiko* (liegt in Mittelamerika) – *Montezuma* (Häuptling der Azteken) – *1519* (in diesem Jahr kam Cortez mit seinen spanischen Soldaten nach Mexiko) – *Krieg* (zwischen Spaniern und Azteken) – *Spanier* (kamen als Eroberer nach Mexiko und wurden als Götter empfangen) – *Sklaven* (...) – *Cortez* (Anführer der Spanier) – *Krankheiten* (wurden von den Spaniern eingeschleppt).

Zum Begriff „Sklaven" wußten die Schüler keine Angaben zu machen. Am Ende der Stunde wurde nachgetragen: Viele Azteken wurden von den Spaniern als Sklaven in die Bergwerke gesteckt.

5.2 Der Einstieg als Reflexion des Unterrichtsgeschehens

Liegt es an dem dicht gedrängten Stoffplan, daß gerade den Fachlehrern der sogenannten kleinen Fächer mit maximal zwei Stunden in einer Klasse jenseits der Stoffvermittlung nur selten Zeit bleibt, mit den Schülern gemeinsam über „atmosphärische“ Dinge zu diskutieren? Es wäre einer produktiven Lernatmosphäre sicherlich förderlich (und – nebenbei gesagt – diente es auch der Festigung des Stoffes), wenn Lehrer und Schüler zu Beginn der ersten Stunde nach Abschluß einer Unterrichtseinheit in partnerschaftlichem Einvernehmen sich noch einmal Gedanken über den Ablauf der letzten Geschichtsstunden machten. Hierbei wird es weniger um die Lerninhalte gehen als vielmehr um folgende Sachverhalte:

- Hat die Beschäftigung mit dem Unterrichtsgegenstand Spaß gemacht (Frage nach dem Gelingen der Motivation)?
- Waren das Unterrichtsthema bzw. bestimmte Aufgaben im Schwierigkeitsgrad angemessen?
- Wie qualifizieren die Schülerinnen und Schüler die vom Lehrer/von der Lehrerin gewählte Unterrichtsmethode? Bot sie ihnen genügend Möglichkeiten zur selbständigen Mitarbeit?
- Gibt es seitens der Schüler Wünsche, das Thema (ggf. außerhalb des Unterrichts) etwa durch einen Museumsbesuch oder durch eine Exkursion zu vertiefen? Wünschen Schüler Hinweise auf geeignete Kinder- und Jugendliteratur, die ihnen eine eigenständige Weiterbeschäftigung mit dem Thema ermöglichen?

Ein solcher Erfahrungsaustausch zwischen Schülern und Lehrern verbessert das Arbeitsklima und kann zu einer effektiveren Vermittlung der Unterrichtsinhalte beitragen.

5.3 Einstieg mit kontroversen Quellen

Die Arbeit an möglichst kurzen, kontroversen Quellen, die unterschiedliche (begründete) Standpunkte, Behauptungen, Vermutungen, Sichtweisen oder Entscheidungsmöglichkeiten dokumentieren oder auf bestehende oder sich anbahnende Interessenkonflikte schließen lassen, soll bei Schülern Fragen und Behauptungen provozieren, sie zur Formulierung – auch gewagter – Hypothesen veranlassen oder ihnen zumindest zu der Ahnung verhelfen, daß in bestimmten historischen Situationen für die Protagonisten nicht nur Sachzwänge für ihr Handeln entscheidend waren, sondern ihnen, wenn auch manchmal nur in eingeschränktem Maße, freie Entscheidungsspielräume offen standen, entweder das eine oder das andere zu tun. Aus diesen Konstellationen, so die Hoffnung, soll für die Schüler soviel Spannung erwachsen, daß sie, neugierig geworden, sich nachhaltig dafür interessieren herauszufinden, wie die betreffende Angelegenheit weiterging, welche Entscheidungen tatsächlich getroffen wurden, ob die eigene Hypothese zutraf usw. Bei der Auswahl der Textquellen ist darauf zu achten, daß diese einen hinreichenden Schwierigkeitsgrad haben, d.h., daß sich die Arbeit nicht darin erschöpft, der Aussage der Quelle umstandslos zuzustimmen oder sie abzulehnen. „Eine Quelle, deren Aussagegehalt von vornherein feststeht und die nicht eine gewisse Mehrschichtigkeit und Mehrdeutigkeit aufweist, dürfte in der Regel überflüssig sein.“[51]

1. Beispiel: Französische Revolution[52]

Kein Lehrer/keine Lehrerin wird darum herumkommen, gemeinsam mit den Schülern die Französische Revolution als ein epochales Ereignis der Menschheitsgeschichte zu würdigen und zu werten. Üblicherweise geschieht dies in der die entsprechende Unterrichtseinheit abschließenden Unterrichtsstunde. Derartige Stunden, in denen es darum geht, noch einmal auf einen bereits behandelten Gegenstand zurückzuschauen, sind bei Schülern nicht sehr beliebt, weil es hier nicht um einen „neuen Stoff“ geht, sondern um „Anwendung“ oder Wiederholung des Gelernten. Um so größere Bedeutung kommt daher der Einstiegsphase einer solchen abschließenden Stunde zu. Was das nachstehende Beispiel „Französische Revolution“ angeht, muß für die Bearbeitung der Texte mehr Zeit (ca. 15 Minuten) eingeräumt werden, als üblicherweise für eine Einstiegsphase veranschlagt wird. Denn dieser Einstieg geht bruchlos in die Arbeitsphase über, in der dann die Pro- und Contra-Gesichtspunkte, die schon immer die Einschätzung dieses epochalen Ereignisses bestimmt haben, systematisch gesammelt und gewertet werden sollen. Bei der Diskussion dessen, was für die eine oder andere Beurteilung der Französischen Revolution spricht, sollen die Schüler ihre Aufzeichnungen aus den vergangenen Stunden und ggf. auch das Schulbuch verwenden sowie Entscheidungen und Entwicklungen der Jahre ab 1789 benennen, die für die eine oder andere Beurteilung als Beleg herangezogen werden könnten (ca. 20 Minuten). Abschließend könnte dann nach dem vermeintlichen Schicksal der Revolution gefragt werden: Was mußte getan werden, um die Errungenschaften der Revolution zu sichern? Wer konnte ein Interesse haben, die revolutionären Veränderungen zu revidieren? Was hat man im Ausland wohl über die Entwicklung der Französischen Revolution gedacht? Dieser auf begründete Mutmaßungen der Schüler abzielende „Ausblick“ hat, obwohl am Ende der Stunde stehend, seinerseits selbst wieder motivationale Kraft und bietet die Chance, in der folgenden Stunde unmittelbar mit einer „historischen Aufklärung“ über die ab 1795/1799 eintretenden Ereignisse zu beginnen.

Die Diskussion kontroverser Positionen soll die Schüler also in die Lage versetzen, zwischen unterschiedlichen Einschätzungen eines historischen Ereignisses oder einer Persönlichkeit zu unterscheiden.[53] Daraus resultierend soll ein Anreiz geschaffen werden nachzuprüfen, was für die eine oder andere Ansicht spricht. Eine derartige Vorgehensweise ist sowohl mit Texten als auch mit Bildern möglich.

Auszug aus einem Brief Friedrich Schillers an den Herzog Friedrich Christian von Augustenburg vom 13. Juli 1793:
„Der Versuch des französischen Volkes, sich in seine heiligen Menschenrechte einzusetzen und seine politische Freiheit zu erringen, hat bloß das Unvermögen und die Unwürdigkeit desselben an den Tag gebracht, und nicht nur dieses unglückliche Volk, sondern mit ihm auch einen beträchtlichen Teil Europas und ein ganzes Jahrhundert in Barbarei und Knechtschaft zurückgeschleudert. Der Moment war der günstigste, aber er fand eine verderbte Generation, die ihn nicht wert war und weder zu würdigen noch zu benutzen wußte. Der Gebrauch, den sie von diesem großen Geschenk des Zufalls macht und gemacht hat, beweist unwidersprechlich ..., daß derjenige noch nicht reif ist zur bürgerlichen Freiheit, dem noch so vieles zur menschlichen fehlt.“

Friedrich Schiller: Sämtliche Werke, 10. Bd., München/Leipzig 1927, S. 102

Aus einer Schrift des Jenaer Geschichtsprofessors Karl Griewank (1900-1953):
„Die Revolution von 1789 bis 1799 hat in Frankreich die bürgerliche Gesellschaft geschaffen, die durch alle folgenden politischen Wandlungen hindurch erhalten geblieben ist und für die übrigen Länder im 19. Jahrhundert vorbildhaft wurde. ... Die Entwicklung der modernen Nationalstaaten und ihrer politischen Parteien, aber auch die Ausbildung neuer revolutionärer Theorien und Ziele im 19. und 20. Jahrhundert ist nicht denkbar ohne diese Revolution, die zum ersten Male völlig Ernst damit machte, den Staat auf der Gesamtheit der Bürger eines großen Landes und deren gemeinsamer Nationalsouveränität zu begründen. ... Denn was man ihr auch immer an Fehlern und Verkehrtheiten nachweisen mag: Es ging ihr, neben allem Zeitbedingten, um prinzipielle Auseinandersetzungen, die nicht nur für einen bürgerlichen Staat, sondern für jedes neuzeitliche Gemeinwesen ihre Bedeutung haben. Es ging darum, eine Gemeinschafts- und Gesellschaftsordnung ... bewußt und planmäßig zu erneuern und zu schaffen und sie

dabei wahrhaft, d.h. der jeweils bestehenden sozialen Wirklichkeit und Möglichkeit gemäß, auf Freiheit und Gleichheit zu begründen."

Karl Griewank: Die Französische Revolution 1789-1799, Köln/Wien, 8. Aufl. 1984, S. 113f.

Aus einer Schrift des Professors für Neuere Geschichte an der Pariser Sorbonne, Albert Soboul (1914-1982):
„Die Französische Revolution steht damit im Zentrum der modernen Weltgeschichte, am Kreuzweg verschiedener gesellschaftlicher und politischer Strömungen, welche die Nationen entzweit haben und noch weiterhin entzweien werden. Ihr Enthusiasmus begeistert die Menschen, die sich an die Kämpfe für Freiheit und Unabhängigkeit und an ihren Traum von der brüderlichen Gleichheit erinnern – oder löst Haßgefühle aus. Ihr aufgeklärter Geist lenkt die Angriffe gegen Privileg und Tradition oder reißt die Vernunft durch ihre großen Bemühungen mit fort, um die Gesellschaft auf rationale Grundlagen zu stellen. Ob bewundert oder gefürchtet – die Revlution lebt im Bewußtsein der Menschen fort."

Albert Soboul: Die Große Französische Revolution. Ein Abriß ihrer Geschichte [1789-1799], Frankfurt/M. 5. Aufl. 1988, S. 574; zuerst frz. 1962

Die Revolutionsinterpretation des französischen Historikers François Furet (1927-1997) aus der Sicht eines deutschen Historikers:
„Furet sieht drei gleichzeitige Revolutionen ‚teleskopartig' ineinandergeschoben. Fortschrittlich bei diesen dreien sei nur die bürgerlich-politische, die beiden anderen (die der unteren städtischen Schichten und die der Bauern) seien rückschrittlich gewesen . ... Das Zusammenwirken aller drei Bewegungen in der Jakobinerzeit sieht Furet also vor allem als verhängnisvolles Gegeneinanderarbeiten, als Entgleisen der fortschrittlichen Richtung (dérapage), damit als Entgleisen der gesamten Revolution. ... Vor allem die dérapage-These hat heftige Opposition ausgelöst. Furet scheint dadurch zu neuen, plausibleren Maßstäben angeregt worden zu sein... Seine neuen Maßstäbe zeigen sich nun darin, daß er das Problem der Französischen Revolution als sozialgeschichtlichen Umbruch vom Problem des Jakobinismus stärker trennt. Sozialgeschichtlich handelt es sich nach dieser – verbreiteten – Anschauung bei der Französischen Revolution eigentlich gar nicht um einen Umbruch oder um einen Bruch, sondern nur um eine etwas bewegtere, teils beschleunigende, teils auch hemmende Phase innerhalb einer längerfristigen Entwicklung von etwa 1750 bis 1830. Der Bruch ist (sozusagen ‚nur') in der Politik und im Bewußtsein festzustellen."

Ernst Schulin: Die Französische Revolution, München 1988, S. 46f.

2. Beispiel: Die Sklaverei und ihre Folgen

An mehreren Stellen des Geschichtscurriculums besteht die Möglichkeit, die Folgen der Sklaverei bis in die Gegenwart hinein zu thematisieren. Seltener geschieht dies im Zusammenhang mit den Entdeckungsreisen im 15. und 16. Jahrhundert. Üblicherweise wird der Sklavenhandel im Zusammenhang mit der Gründung der Vereinigten Staaten von Amerika oder mit dem Sezessionskrieg behandelt. Denkbar ist es auch, darauf noch einmal im Zusammenhang mit den Rassenunruhen in den USA in den sechziger Jahren dieses Jahrhundert zurückzukommen. Auf der gymnasialen Oberstufe gehört das Thema in den Kontext „Menschenrechte". Die nachstehenden Quellen könnten dabei in der Oberstufe eine Stunde einleiten, in der das neue Bewußtsein der Schwarzen Amerikas und ihr neu erwachtes Bedürfnis, sich ihrer afrikanischen Wurzeln zu versichern, behandelt werden sollen.[54] Schon wegen der Länge der Texte muß hier eine längere Bearbeitungszeit einkalkuliert werden, es sei denn, man gibt die Texte in der vorhergehenden Stunde zur häuslichen Lektüre auf.

Stellungnahme des Afroamerikaners Joe Ritchie, eines ehemaligen Redakteurs der „Washington Post" und der „Detroit Free Press" und jetzigen Lehrers für Journalismus an einer Universität in Florida (1997):

„Afrika – eine Lehre für uns

Wie viele schwarze Amerikaner hatte ich zwiespältige Gefühle, als Jesse Jackson [schwarzer US-Politiker und mehrfacher Präsidentschaftskandidat der Demokratischen Partei, G.S.] vor einigen Jahren dafür eintrat, daß wir uns ‚African Americans' nennen sollten. Ich fürchtete, daß wir über die Diskussion um unseren Namen wieder einmal die grundsätzlicheren Probleme von Armut und Ungleichheit vernachlässigen könnten. Tatsächlich sind wir über die Jahre als Neger, Farbige, Schwarze, Afroamerikaner bezeichnet worden; nun also ‚African Americans'.

Für mich beinhaltet die Identifikation mit unseren Wurzeln keine romantische Vorstellung. Deshalb kann für mich keine Welt zusammenbrechen – wie etwa für meinen ehemaligen Kollegen Keith Richburg [s. nachfolgenden Text, G.S.] –, wenn sich Afrika vor Ort nicht als der Kontinent idealistischer Träume erweist. Ja, es gibt Elend in Afrika. Aber doch nicht nur dort, auch in Asien zum Beispiel. ... Und hier in den USA haben viele Bürger – vor allem Schwarze – keinen Anteil am gegenwärtigen Wirtschaftsaufschwung.

Indem wir uns zum Kontinent unserer Vorfahren bekennen, bestimmen wir, wer wir sind: Wir sind Amerikaner wie auch Afrikaner, die vor weniger als zehn Generationen mit Gewalt aus ihren Dörfern entführt wurden... Praktisch alle afrikanischen Kulturen gehen davon aus, daß die Ahnen bestimmen, wer wir sind. Die Vorstellung ist bei den meisten Afroamerikanern nicht verlorengegangen, trotz der Sklaverei. Um ihre Verbindung zur Kultur der Vorfahren zu dokumentieren, haben viel schwarze Amerikaner afrikanische Namen angenommen..."

Aus: DER SPIEGEL Nr. 34/1997, S. 152

Aus dem Buch „Out of America" des schwarzen Amerikaners Keith B. Richburg, Journalist und drei Jahre lang Afrikakorrespondent der „Washington Post" mit Sitz in Nairobi:

„Afrika, nein danke!

Ich bin es leid weiterzulügen. Ich bin diese Ignoranz und Heuchelei über Afrika satt. Ich habe drei Jahre lang zwischen seinen Leichen gelebt. Ich bekam eine AK-47 gegen meine Schläfe gedrückt; ich sprach mit macheteschwingenden Hutu-Milizen, deren T-Shirts noch vom Blut ihrer Opfer bespritzt waren; ich erlebte eine Cholera-Epidemie in Zaire, eine Hungersnot in Somalia, einen Bürgerkrieg in Liberia. Ich sah Städte zu Schutt gebombt und andere Städte zu Müllhalden reduziert – weil ihre Führer sie verrotten ließen, beschäftigt damit, Milliarden von Dollar auf ihre Auslandskonten zu transferieren.

Afrika, Mutter Afrika, wird uns Afroamerikanern oft als eine Art schwarzes Walhalla vorgehalten, wo die Abkömmlinge von Sklaven begeistert willkommen geheißen würden und schwarze Männer und Frauen in wahrer Würde leben könnten. Ach ja? Erzählen Sie mir etwas über Afrika und meine schwarzen Wurzeln, und ich spucke Ihnen die Worte zurück ins Gesicht. ...

Glauben Sie mir, ich hasse Afrika und seine Menschen nicht. Was ich hasse, ist die Brutalität, die Vergeudung menschlichen Lebens, die Ungerechtigkeit, mit der diktatorische Regime den Menschen ihre Würde rauben. ...

Ich kann in Kinshasa oder Khartum in ein Meer von schwarzen Gesichtern eintauchen, in die Anonymität des Nicht-Erkennbaren. Doch ich bin keiner von ihnen, ich bin aus einer anderen Welt. Schon wahr, meine Vorfahren kamen von hier, und die Menschen sind wohl so etwas wie meine entfernten Vettern. Aber eine Kluft hat sich aufgetan, eine Kluft von 400 Jahren und 10000 Meilen. Ich bin ein schwarzer Amerikaner, geboren in Detroit. Nichts in meiner Vergangenheit, nichts in meiner Erziehung hat in mir eine Vorstellung davon geweckt, wie es sich anfühlen müßte, ein Afrikaner zu sein. In Amerika bin ich mir öfter mal als Fremder vorgekommen, in Afrika aber bin ich ein Fremder.

Die USA sind meine Heimat. Es ist für mich sinnlos, über die ‚Rückkehr' nach irgendwo zu reden, die Suche nach fehlenden ‚Wurzeln' weiterzutreiben. ... Ich danke Gott, daß meine Vorfahren es geschafft haben, diesen Kontinent zu verlassen, ihre Reise zu überleben. Statt dem Mythos nachzuhängen, daß wir irgendwo anders hingehören, sollten wir schwarzen Amerikaner lieber alle unsere Energien darauf verwenden, die Vereinigten Staaten, dieses unvollkommene Land, zu einem besseren Land zu machen."

Aus: DER SPIEGEL Nr. 34/1997, S. 154.

Unmittelbar vor Abschluß meines Manuskripts erschien das Buch von Keith B. Richburg auf deutsch (Jenseits von Amerika. Eine Konfrontation mit Afrika, dem Land meiner Vorfahren, Stuttgart 1998). Der nachstehende Auszug aus einer soeben in der „Frankfurter Allgemeinen Zeitung" erschienenen Rezension von Günter Krabbe bietet sich als Ergänzung der obigen Gegenüberstellung an.

„Es gibt viele rassistische Bücher über Afrika. Es lohnt nicht, sie zu lesen. Auch dieses Buch ist so eines. ... Als Schwarzer in Detroit aufgewachsen, versucht er [Richburg, G.S.], vom weißen Teil der Gesellschaft akzeptiert zu werden. ‚Untersteh dich, mit diesen schwarzen Kindern auf der Straße zu spielen. Die sind nichts für dich', zitiert er seinen Vater.
Auch in Afrika gibt Richburg sich nicht mit den Schwarzen ab. Sie sind nur Staffage für sein Bühnenstück ‚Die Unfähigkeit der Afrikaner'. Ihr Elend, ihre Unzulänglichkeiten, Bürgerkriege, Traditionen, mangelnde Schulbildung, Andersartigkeit geben ihm Gelegenheit zu schmissigen Formulierungen. Wenn er überhaupt mit Afrikanern gesprochen hatte, ‚gingen sie zurück in ihre Welt und ich in meine'. Die Kluft zwischen ihm und ihnen sei ‚zu groß', er ‚konnte sie nie überwinden'.
Keine Kluft gab es angeblich zwischen ihm und diversen anderen amerikanischen und britischen, zynischen und trinkfesten Journalisten. Für diese von ihm mit Namen genannten Kollegen sind Aids und Krieg ‚normale Risiken in Afrika'. ... Diese Lehrmeister weisen ihm gleich die Richtung. Als Richburg seinen Vorgänger im Korrespondentenbüro bei der Ankunft in Nairobi auf den üblen Geruch in einem Vorort anspricht, entgegnet dieser: ‚Der Gestank? Zum Teufel, das ist Afrika!'...
[Im folgenden erwähnt der Rezensent mehrere sachliche Fehler im Buch von Richburg.] Nach diesen und noch vielen anderen Unrichtigkeiten wirkt peinlich, daß der Autor sich über ‚die totale Unkenntnis in der schwarzen Elite Amerikas über Afrika' mokiert. Er sei ‚wirklich unvoreingenommen' nach Afrika gekommen, schreibt er, und behauptet doch gleich darauf, er ‚wollte Afrika mögen, die Menschen mögen'. Enttäuschte Liebe ist ungerecht.
So beschreiben seine Schreckensbilder denn auch nicht Afrika. ‚Typisch Afrika' sagt sich leicht; man muß dabei nicht nachdenken. Würde Richburg, um Geschehnisse an seinem neuen Posten Hongkong zu charakterisieren, auch ‚typisch Asien' schreiben und damit alles von Israel und der Türkei über Afghanistan und Japan bis zu den Philippinen einschließen? ‚Wenn ich irgendwo hingehöre – falls es auf der Erde einen Ort gibt, wo ich kein Fremder bin –, dann sollte es hier sein, in Afrika. Und ich verabscheue es.' ...
Richburg irrte sich, als er meinte, in Afrika müsse alles schon deswegen gut, harmonisch, positiv sein, weil es afrikanisch sei. Dieser Ansatz geht durch sein ganzes Buch. Aber ein Journalist, weiß oder schwarz, der die unsinnige Rassenfrage für wichtiger hält als die kulturellen Unterschiede zwischen Völkern, kann über Afrika nicht informativ berichten. Dieser Reporter verkörpert alles das, was schlecht ist am amerikanischen Journalismus: die flotte Schreibe ist ihm wichtiger als erst die Kenntnis und dann die Vermittlung von Tatsachen."

Aus: Frankfurter Allgemeine Zeitung Nr. 102 v. 4. Mai 1998, S. 10

3. Beispiel: „Zigeuner"

Das Thema „Zigeuner" taucht meines Wissens in keinem bundesrepublikanischen Curriculum als eigenständiger Unterrichtsgegenstand im Fach Geschichte auf. Dennoch bieten sich mehrere Gelegenheiten an, auf diese Bevölkerungsgruppe im Unterricht einzugehen: Im Kontext spätmittelalterlicher Unterrichtsthemen, wenn man auf die „Internationalität“ der in den damaligen Fernhandelsstädten und Seehäfen anwesenden fremden Bevölkerungsgruppen eingehen möchte, aber auch im Zusammenhang mit der Verfolgung und Vernichtung sog. Minderwertiger seitens der Nazis wird man auf die „Zigeuner“ zu sprechen kommen. Besonders bei der Behandlung der Menschenrechte oder wenn man in bestimmten Unterrichtszusammenhängen das Verhältnis der Mehrheitsbevölkerung zu den ausgegrenzten Randgruppen thematisiert („wir und die anderen“), kann die Geschichte der „Zigeuner“ in Deutschland als Beispiel für eine solche Randgruppe behandelt werden.[55] Hier wird das Thema gewählt, um an ihm ein Unterrichtsverfahren zu demonstrieren, das sich auch für vergleichbare Unterrichtsgegenstände anbietet: Schüler werden aufgefordert, für die nächste Geschichtsstunde (oder für einen späteren Zeitpunkt) in neuen und älteren Lexika (Schulbibliothek, Stadtbibliothek, Universitätsbibliothek, häusliche Bibliothek) unter dem Stichwort „Zigeuner“ nachzusehen, die entsprechenden Artikel zu kopieren oder aus ihnen die markantesten Passagen herauszuschreiben. Zu Beginn der Geschichtsstunde lesen die Schüler dann nach einem kurzen Hinweis des Lehrers/der Lehrerin zur Funktion von Lexika die von ihnen ausgewählten Textpassagen vor. Es ist darauf zu achten, daß die Schüler auf das Erscheinungsjahr des Lexikons hinweisen, aus dem sie ihren Text entnommen haben. Natürlich werden gerade in kleineren Gemeinden ältere Lexika nicht zur Verfügung stehen; hier muß der Lehrer/die Lehrerin aushelfen. Nachdem die Schüler sich spontan zu den gehörten Texten geäußert haben, sollten diese für die weitere Beschäftigung in einer Arbeitsphase als Abzüge zur Verfügung stehen. Die Schüler sollen auf diese Weise nicht nur die in den Texten zum Ausdruck kommenden Vorurteile erkennen, sondern auch auf die Zählebigkeit von Stereotypen aufmerksam werden (s. etwa S. 46 den problematischen Schlußsatz im Herder-Lexikon).

Die nachstehenden Auszüge aus Lexikonartikeln haben Angebotscharakter und müssen entsprechend den Zielsetzungen des Lehrers/der Lehrerin gekürzt werden. Sie können den Schülern auch zur häuslichen Vorbereitung gegeben werden.

Johann Heinrich Zedler: Großes vollständiges Universal-Lexicon aller Wissenschafften und Künste..., 62. Bd., Leipzig/Halle 1749 (Nachdruck: Graz 1964), Sp. 520-544:

„Ziegeuner, Zigeuner..., ein umschweiffendes und zusammen gelauffenes Gesindel, das sich fast in die gantze Christenheit geschlichen und unterschiedlich genennet wird. ... Den Nahmen Zigeuner leiten einige aus dem

Deutschen her, und soll er so viel heissen, als Ziehteinher, weil dieses Volck keinen gewissen Sitz hatte, sondern von einem Ort zum andern zog. ... Was den Ursprung der Zigeuner betrifft, darüber hat man sich zur Zeit noch nicht vergleichen können. Eine gewisse und ausgemachte Sache aber ist es, daß die im 15ten Jahrhunderte, unter der Regierung Kayser Sigismunds, zuerst in Deutschland gesehen worden. ... Uebrigens waren die Zigeuner von Farbe schwärtzlich, und nicht gar zu reinlich in Kleidern und übrigen Aufführung. Sie wollten Christen seyn, und gaben vor, daß sie aus Klein-Egypten kämen. ... Von der Ursache ihrer Reise schwatzten sie den Leuten vor, wie sie das Christenthum verleugnet, und 7 Jahre lang das Heydenthum angenommen, solche Sünde wollten sie durch eine siebenjährige Wallfahrt büssen. ... Bey dem allen aber ist doch ausser Zweifel, daß viele würckliche Zigeuner im Lande geblieben, zu welchen sich allerhand ruchloses Volck geschlagen hat. Ob die ersten Zigeuner redlicher gewesen, als ihre Nachkommen, läßt sich so eben nicht sagen. ... Sie waren doch wenigstens Betrüger die sich mit allerhand Lügen von ihren Umständen zu behelffen suchten. Doch können ihre Nachkommen immer schlimmer geworden seyn, wie es bey solchen Land-Streichern zu gehen pflegt. Sie waren unverschämte Bettler, die, was sie mit Güte nicht erhalten konnten, mit List oder Gewalt an sich brachten, wie sie denn vortrefflich darauf abgerichtet waren, durch allerhand Griffe und Betrügereyen die Leute ums Geld zu bringen. Zu dem Ende legten sie sich aufs Wahrsagen und beschweren [=Beschwören], gaben auch viele medicinische Geheimnisse vor, womit es aber eitel Tand und Betrug war. Wollte die List nicht helffen, so brauchten sie wohl Gewalt, mit Rauben, Morden und Plündern. Man giebt ihnen gar Schuld, daß sie der Türcken Spionen gewesen. ... Sie gaben sich zwar vor Christen aus, und liessen ihre Kinder tauffen, aber das geschahe nur in der Absicht, damit sie dadurch das gewöhnliche Pathen-Geld gewinnen möchten. ... Jedoch heut zu Tage ist mehr als zu bekannt, daß diese Ziegeuner nichts anders seyn, denn ein zusammen gelauffenes böses Gesindel, so nicht Lust zu arbeiten hat, sondern von Müßiggang, Stehlen, Huren, Fressen, Sauffen, Spielen u.s.w. Profeßion [=sich zum Beruf] machen will. ... Uebrigens ist gewiß, daß die Ziegeuner jederzeit gottlose böse Leute gewesen, die mit allem Recht verfolget werden. ... Bey Tage schicken sie Weiber und Kinder auf die benachbarten Dörfer zum Stehlen aus, welches sie unter dem Vorwand des Bettelns und Wahrsagens durch Entwendung von Kleidern, Waaren und leinenen Geräths aus den Bauer-Häusern, Abfangung der Hüner und Gänse, oder was ihnen sonst zu mausen vorkömmt, sehr meisterlich und behände zu verrichten wissen."

Brockhaus' Konversations-Lexikon, 14. Aufl., Bd. 16, Leipzig/Berlin/ Wien 1898, S. 969-973:

„Zigeuner, ein eigenartiges Wandervolk, das in fast ganz Europa und in einzelnen Teilen von Asien, Afrika und Amerika angetroffen wird. Die Herkunft der Z. ist lange rätselhaft geblieben. ... In Deutschland lassen sie sich ... zuerst 1417 nachweisen. ... Sie fanden in vielen Städten freundliche Aufnahme und reichliche Unterstützung. Bald aber erkannte man sie als

Diebe und Betrüger; viele wurden gefangen und gehenkt. ... Der Z. ist in der Regel von mittlerer Gestalt, fast stets wohlgebaut, schlank, mit kräftigen, muskulösen Gliedern. Die Farbe der Haut ist braungelb, das Haar dicht und schwarz. Die Frauen sind in ihrer Jugend oft von angenehmem Äußern, stehen aber in der Regel hinter den Männern zurück und altern ungemein schnell. Männer und Frauen haben blendendweiße Zähne; vor allem aber zeichnet sie das große schöne Auge mit den langen, schwarzen Wimpern aus. ... Die Wohnung ist in der Regel ein elendes Zelt, das der Z. überall mit sich führt. ... In der Wahl der Nahrung ist der Z. nicht heikel. Am liebsten ißt er recht fettes Fleisch, besonders Schweinefleisch, und vor allem den Igel, das Nationalgericht. Pferdefleisch verschmäht er im allgemeinen, nimmt aber keinen Anstand, sogar Aas zu essen. Von Getränken liebt er am meisten den Branntwein. Er ist auch ein leidenschaftlicher Verehrer des Tabaks in allen Gestalten. Man hat die Z. auch, jedoch mit Unrecht, beschuldigt, Menschenfleisch zu essen. Ebenso ist der professionsmäßige Kinderraub der Z. ein Märchen. In Wahrheit sind nur äußerst wenige Fälle von Kinderraub einigermaßen bezeugt. ... Die Z. heiraten sehr früh; die Mädchen sind bei der Hochzeit gewöhnlich 14-16 J. alt, die Männer wenig älter. Fast überall wird die Hochzeit mit großem Lärm, unmäßigem Essen und Trinken gefeiert. Die Ehe ist leicht löslich; es genügt eine Anzeige bei dem Hauptmann, daß man sich trennen wolle. Die Ehe ist meist mit vielen Kindern gesegnet. Der Z. läßt sie gern taufen, möglichst oft an verschiedenen Orten, um Patengeschenke herauszuschlagen. ... In früherer Zeit war es allgemeine Sitte, daß alte lebensmüde Z. lebendig begraben wurden oder freiwillig einen andern Tod wählten. ... Echte Religion besitzt der Z. nicht. Er führt zwar beständig den Namen Gottes im Munde; wenn ihm aber ein Unglück geschieht, überhäuft er Gott mit Schimpfworten. ... Fremde Sprachen lernen die Z. leicht. Aus ihrem Wanderleben erklärt es sich auch, daß sie trotz ihrer Anlagen in Kunst und Wissenschaft nichts geleistet haben. ... Nur in einer Kunst leisten die Z. wirklich etwas Hervorragendes: in der Musik. ... Das Lieblingsinstrument des Z. ist die Geige, mit der schon Kinder von 6 bis 7 Jahren geschickt umzugehen wissen. Die Zigeunermusik ist wild und hinreißend, unter Umständen aber auch zart und wehmütig. ... Die Geschichte der Z. ist eine Geschichte menschlichen Elends und menschlicher Rohheit. Zahllos sind die Edikte, die in aller Herren Länder gegen sie erlassen worden sind, und grausam die Verfolgungen, denen sie ausgesetzt waren. Versuche, größere Massen mit Güte oder Gewalt anzusiedeln, sind stets gescheitert."

Der Große Brockhaus. Handbuch des Wissens in 20 Bänden, 15. Aufl., 20. Bd., Leipzig 1935, S. 630-632:
„Zigeuner, ein unter allen Kultur- und Halbkulturvölkern der Erde (außer unter Japanern und Chinesen) verbreitetes, unstetes, sprachlich zu den Indogermanen gehörendes Wandervolk, das trotz innigster Berührung mit europ. Gesittung diese ablehnt und seine völkische Ursprünglichkeit und Eigenart mitten unter den hochzivilisierten Völkern bewahrt. ... Anthropologisch gehören die Zigeuner zu dem ind. Rassegemisch. Eine auch nur

einigermaßen ausreichende anthropol. Untersuchung der verschiedenen Zigeunergruppen Europas fehlt noch: Sie sind durchweg dunkelhaarig, dunkeläugig und haben braune Haut. Die Körpergröße schwankt um ein Mittel von 163 cm herum. Die Kopfform dürfte nach der Langschädligkeit zu neigen, im Durchschnitt mittellang sein. Auch die Verteilung der Blutgruppen unter den Z. weist nach Indien. Die sprichwörtliche Schönheit der Zigeunerin verblüht sehr rasch; Kinderreichtum ist sehr groß, nicht minder aber auch die Kindersterblichkeit. Körperpflege kennen sie so gut wie gar nicht, ein bestimmter Körpergeruch ist ihnen eigen, der das Wirtsvolk abhält, sich mit Zigeunerinnen ehelich zu verbinden, außerdem verbietet den Z. ihre strenge Sitte, sich mit Nichtzigeunerinnen zu verheiraten. Gewaltsame Entführung von Kindern der Gastländer kommt höchst selten vor. ... Geistig sind die Z. äußerst rege, immer heiter und lustig. Singend, tanzend und spielend durchziehen sie aller Herren Länder. ... Seit 1899 setzte im Deutschen Reich eine syst. Zigeunerbekämpfung ein, die durch gesetzl. Verordnungen deutsche Z. zur Seßhaftigkit erziehen will. Seit 1906 besteht in Preußen eine Zigeunergesetzgebung, seit 1926 in Bayern das Arbeitsscheuengesetz, das mit rücksichtsloser Schärfe auch gegen die alteingesessenen Z. vorgeht. Die Zigeunerpolizeistelle in München ist zugleich Reichszentrale."

Der Große Herder. Nachschlagewerk für Wissen und Leben,
5. Aufl., 9. Bd., Freiburg 1956, S. 1442:

„Zigeuner, ein in kleinen Gruppen (Familien- und Sippenverbänden) über Europa, Nordafrika u. Vorderasien verbreitetes Wandervolk, heute auf ca. 2 Mill. Menschen geschätzt. Vorfahre der Z. ist die ind. Kaste der *doms,* daher ihre Selbst-Bz. *róm.* Trotz mancher Vermischung läßt sich der urspr. indide Rassentypus (schlank, mittelgroß, braune Haut, schwarze Haare, dunkle Augen, eigentüml. Augen- und Nasenform) nachweisen. Die Sitten, Lebensformen u. Rechtsbegriffe der meist intelligenten, geschickten u. musikal. Z. sind vielfach altertüml.; es besteht eine strenge Geschlechtsmoral; höchstes Ansehen genießen die Stammesältesten; die Stellung der Stammesmutter zeigt Spuren mutterrechtl. Anschauungen. Die Problematik der Z. liegt darin, daß sie als Nomaden kaum in die seßhaften Kulturen der Wirtsvölker eingegliedert werden können (deshalb vom nat.-soz. Regime verfolgt u. teilweise nach Polen deportiert und ausgerottet)..."

Meyers Enzyklopädisches Lexikon, Bd. 25,
Mannheim/Wien/Zürich 1979, S. 713f.:

„Zigeuner, hpts. in Europa verstreut lebendes Volk indischer Herkunft. Wichtigster Zeuge der Herkunft aus Indien ist ihre Sprache. ... Die Westwanderung [der Zigeuner, G.S.] erreichte um 1400 Mitteleuropa (1407 Hildesheim, 1414 Basel), bald nach 1500 dann England und 1715 Nordamerika. Polit. (Verfolgungen in den Aufnahmeländern) und ökonom. Gründe veranlaßten die Migration. ... Ihr Rassentypus ist durch ihre Vermischung mit Menschen aus wohl allen durchzogenen Ländern beeinflußt, bei manchen Gruppen so stark, daß sie kaum noch indiden Einschlag zeigen. ... Zahlenangaben über Z. sind durchweg fragwürdig und umstritten. Seit 25 Jahren wird die Zahl der Z. und der ihnen nahestehenden nichtseßhaften Bevölkerung in der Bundesrepublik Deutschland unverändert auf 50 000 geschätzt (heute muß man vermutlich mit etwa 70 000 rechnen). ... Ebenso zweifelhaft und unsicher wie die zahlenmäßige Einschätzung bleibt die Erfassung der Z. nach ethn., sprachl. oder sonstigen sozialen Merkmalen. Trotz weitgehender Vermischung mit den Völkern der Gastgeberländer blieb die relative Eigenständigkeit der Z. v.a. in der Sprache erhalten. ... Im Gegensatz zu den Sinti, den seit Jh.en hier lebenden dt. Z.n (bis heute v.a. in Südwestdeutschland), hatten die seit 1870 über Ungarn eingewanderten Róm keine dt. Staatsbürgerschaft und waren schon bald einer strengen Überwachung durch die Behörden (z.B. Z.polizeistelle München ab 1899) ausgesetzt; die Unterdrükkungs- und Verfolgungsmaßnahmen erreichten ihren Höhepunkt mit der bis zum rassist. Völkermord gesteigerten Kampagne der Nationalsozialisten. ... Die Zahl der in Konzentrationslagern ermorderten Z. kann nur geschätzt werden (etwa 400 000; darüber hinaus wurden viele in Osteuropa, z.T. auch durch Einheimische, umgebracht). ... Nichtseßhaftigkeit gilt gemeinhin als typ. für Zigeuner. Abgesehen davon, daß sie auch früher schon Winterquartiere bezogen, haben heute fast alle dt. Z. einen festen Wohnsitz. Das Nomadisieren war hpts. durch die Art ihrer Erwerbstätigkeit bedingt (Zurschaustellen exot. Tiere, Wanderzirkus, Puppentheater, Wahrsagerei, Pferdehandel, Korbflechten, Hausiererei, Teppichhandel; gelegentl. auch Bettelei und Diebstahl). Planendes Wirtschaften und (fortgesetzte) abhängige Arbeit sind der Natur des Z.s jedoch fremd. Seßhaftmachung konnte daran bisher kaum etwas ändern. ... Aus der Staatenlosigkeit erwachsen nichtseßhaften Z.n auch heute noch Schwierigkeiten: Kein Land will sie aufnehmen. Der unvereinbare Widerstand der ökonom. Interessen hat immer wieder grausame Verfolgungen der Z. ausgelöst. ..."

5.4 Einstieg mit diachronen Vergleichen

Diachrone Vergleiche, also die Gegenüberstellung von mindestens zwei Bildern, Karten oder Texten, die ein Vorher und ein Nachher darstellen, veranlassen Schüler im allgemeinen zu spontanen Äußerungen. Bekannt sind den Schülern derartige Gegenüberstellungen bereits seit der Grundschulzeit, in der im Sachunterricht gerne mit den auf die Zerstörung eines gewachsenen Stadtbildes oder der Landschaft verweisenden Wandbildern gearbeitet wird[56]. Ohne große Nachhilfe seitens des Lehrers werden Schüler die entscheidende Frage stellen: Was sind die Ursachen für die erkennbaren (teilweise spektakulären) Veränderungen?

1. Beispiel: Vergleich dreier Stadtansichten

Als Beispiel ausgewählt werden hier drei Ansichten Dortmunds (S. 48), die die Entwicklung der Stadt von der frühen Neuzeit bis in die erste

Dortmund um 1570. Kupferstich von Franz Hogenberg

Dortmund um 1847. Aquarell von Wilhelm Müller

Dortmund um 1860. Nach einer Zeichnung von W. Riepstael

Stadtansichten von Dortmund um 1570, um 1847, um 1860
Aus: Geschichtsbuch 3: Von der Industriellen Revolution bis zum Ende des Ersten Weltkrieges, hrsg. v. Hilke Günther-Arndt und Jürgen Kocka, Neue Ausgabe, Berlin 1997, S. 25.

Phase der Industrialisierung verdeutlichen können. Alternativ bzw. ergänzend hierzu könnte auch der Vergleich zweier Stadtpläne als Einstieg gewählt werden (s. Geschichtsbuch 3, Von der Industriellen Revolution bis zum Ende des Ersten Weltkrieges, hrsg. v. Hilke Günther-Arndt und Jürgen Kocka, Neue Ausgabe, Berlin 1997, S. 24, 26).[57] Daraus würde deutlich werden, wie gewaltig sich eine Stadt wie Dortmund im Zuge der Industriellen Revolution verändert hat.

2. Beispiel: Landkartenvergleich[58]

a) Der Versailler Vertrag

Die Beschäftigung mit dem Thema „Der Versailler Vertrag" kann damit beginnen, daß den Schülern mit Hilfe einer Folie das Staatensystem Mitteleuropas bei Ausbruch des Ersten Weltkrieges gezeigt wird. Mit einer darübergelegten zweiten Folie (Technik des Over-lay) werden die Grenzen sichtbar gemacht, wie sie sich aus den Regelungen des Vertrags von Versailles ergeben haben (s. Karten S. 50). Deutlich treten die Gebietsabtretungen Deutschlands, die Gebietsverluste Österreich-Ungarns und die Entstehung neuer Staaten in Ostmitteleuropa hervor. Die Schüler äußern sich spontan zu den innenpolitischen Auswirkungen dieser Verluste, zur daraus resultierenden veränderten Stellung des Deutschen Reiches und Österreichs im Konzert der großen Mächte, zum „Wert" der verlorenen Gebiete usw.

b) Imperialismus

Das Thema „Imperialismus" könnte man damit beginnen, daß man am Beispiel Afrikas (auch das Beispiel Asien wäre denkbar) zeigt, wie sich die Aufteilung dieses Kontinents innerhalb weniger Jahrzehnte vollzogen hat. Zu diesem Zweck werden den Schülern zu Beginn der Stunde zwei Landkarten des afrikanischen Kontinents präsentiert, die die koloniale Aufteilung Afrikas um 1870 und um 1914 deutlich machen (S. 51/52). Es wird erwartet, daß die Schüler sich spontan dazu äußern. Etwa:

- Wie kam es dazu, daß Afrika innerhalb von knapp 50 Jahren unter die europäischen Mächte aufgeteilt wurde?
- Warum haben England und Frankreich dabei den Löwenanteil erobert?
- Ging die Gründung dieser Kolonien friedlich ab, bzw. wie verhielten sich die dort wohnenden Menschen zu den europäischen Eroberern?
- Welche europäische Großmacht kam bei der Aufteilung Afrikas am schlechtesten weg?

Europa vor und nach dem Ersten Weltkrieg

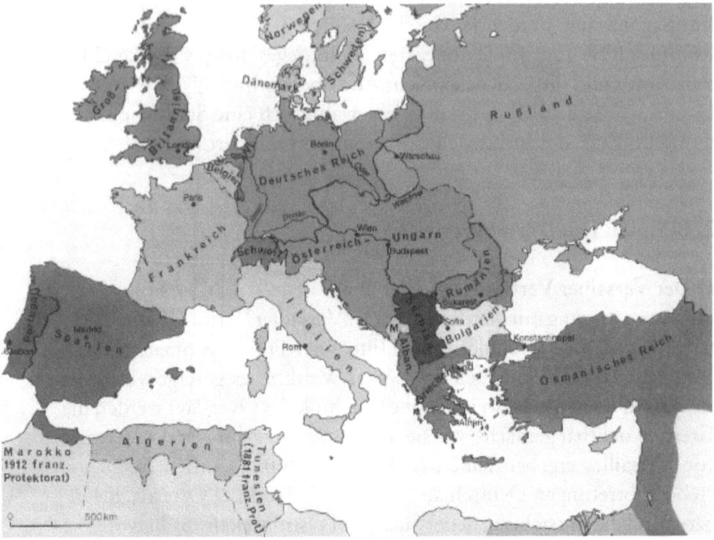

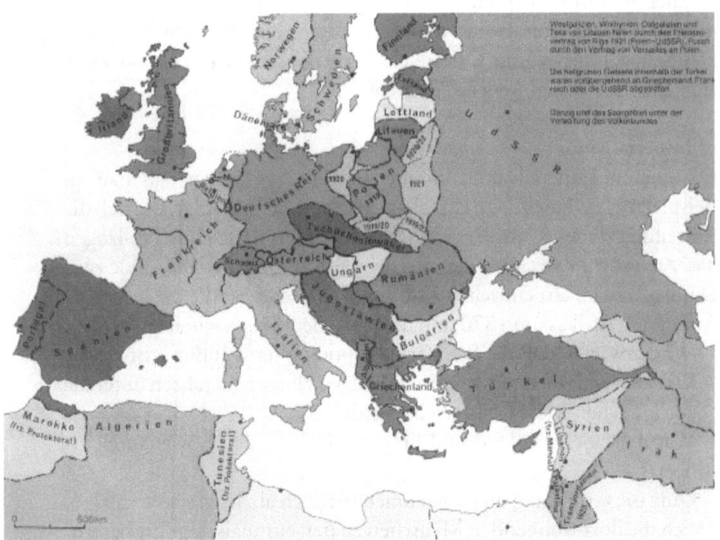

Aus: Fragen an die Geschichte, hrsg. v. Heinz Dieter Schmid, Bd. 4, Frankfurt/M. 1978, S. 16.

Die Aufteilung Afrikas 1870/1914

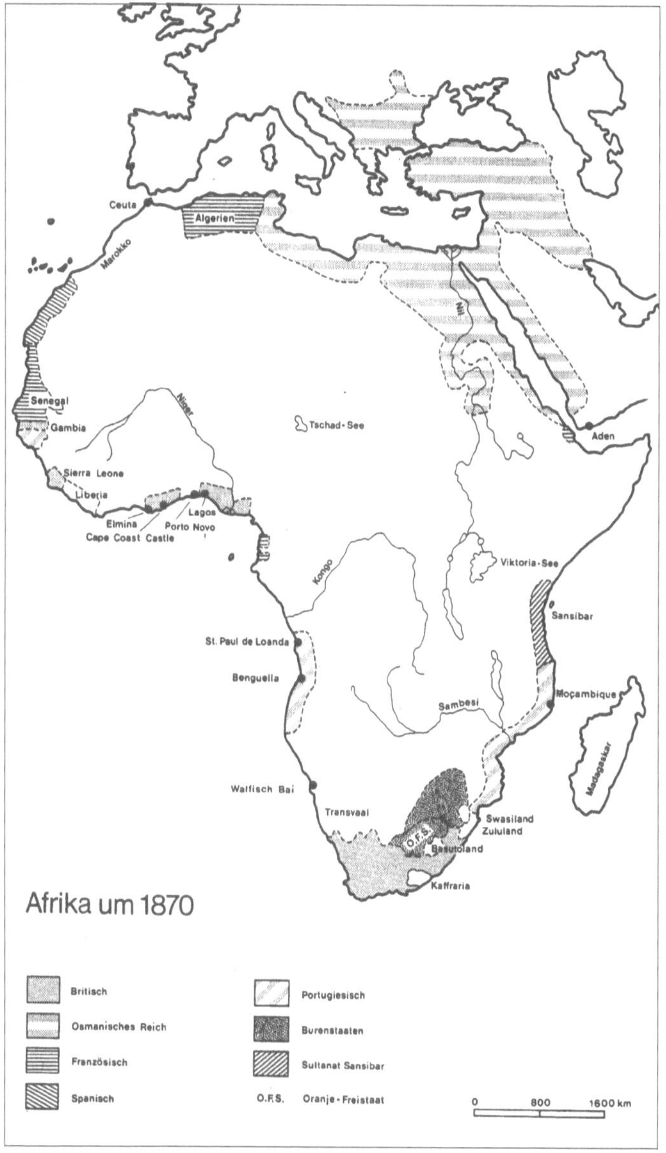

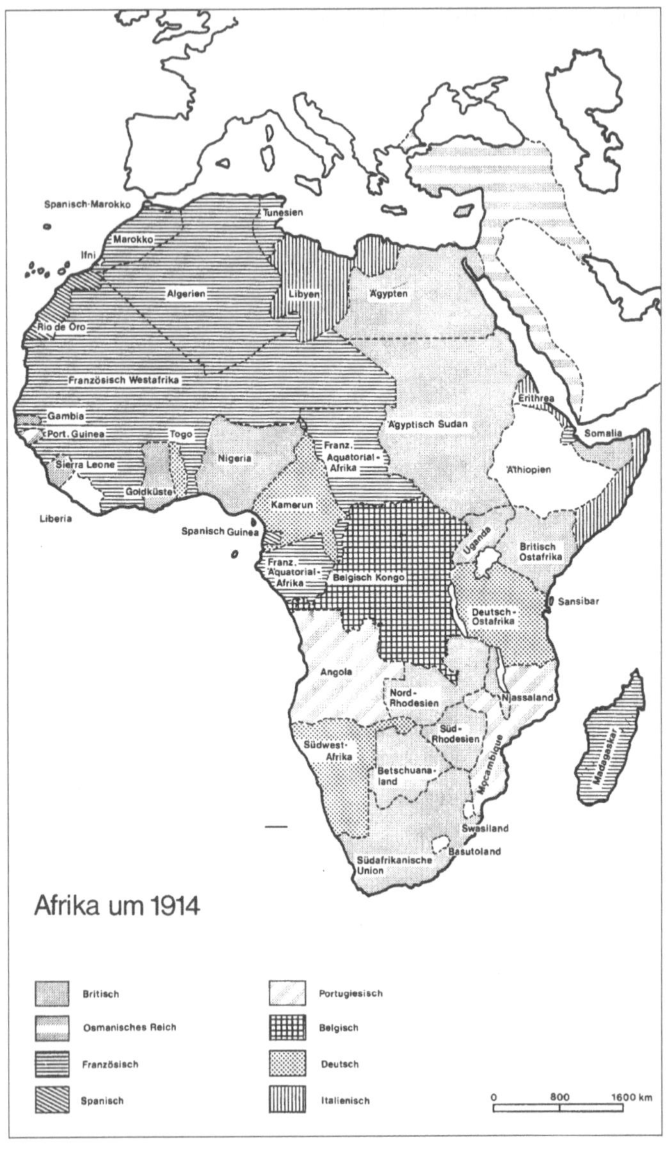

Karten auf S. 50/51 aus: Peter Alter: Der Imperialismus. Grundlagen, Probleme, Theorien, Stuttgart 1996, S. 52/53

5.5 Einstieg mit synchronen Vergleichen

Während mit diachronen Vergleichen gezeigt werden soll, welche Veränderungen im Laufe der Zeit eingetreten sind, zielen synchrone Vergleiche darauf ab, gleichzeitige Erscheinungen miteinander in Beziehung zu setzen.

1. Beispiel: Wohnsituationen im Kaiserreich (Häuser und Quartiere)

Zunächst wird Bildmaterial vorgestellt, das zu Beginn einer Unterrichtsstunde zum Thema „Auswirkungen der Industriellen Revolution" eingesetzt werden kann (S. 54-61). Natürlich lassen sich auch Texte finden, die das unterschiedliche Wohnen im späten 19. Jahrhundert dokumentieren. Bilder lassen aber die unterschiedlichen Wohnsituationen sehr viel plastischer hervortreten als Texte und werden von den Schülern auch sehr viel schneller aufgefaßt. Für die Einstiegsphase sind sie daher besser geeignet. Gleichsam als stiller Impuls werden nacheinander oder – falls technisch machbar – nebeneinander Folien, die die Wohnungssituation am Ende des 19. Jahrhunderts dokumentieren, auf den Tageslichtprojektor gelegt. Die, ohne daß es erklärender Worte bedürfte (auch Bildunterschriften sollten unterbleiben), ins Auge springenden Kontraste sollen Fragen nach den Mietern/Besitzern der Wohnung, den Ursachen und Verursachern dieser eklatanten Unterschiede, nach den Auswirkungen solchen Wohnens auf Lebensgefühl, Gesundheit und Hygiene der Bewohner usw. provozieren. Natürlich könnten solche Vergleiche auch mit Abbildungen von Familien (oder Kindern) verschiedener Klassenzugehörigkeit[59], mit Hausplänen für unterschiedliche Häuser[60], Bildern von Kleidung, Spielzeug[61] und Fest- und Feierabendbräuchen[62] unterschiedlicher sozialer Klassen und anhand von Puppenstuben[63] angestellt werden. Die nachstehenden Abbildungen zeigen zunächst unterschiedliche Wohnquartiere (Innenstadt, Stadtrandlage, Arbeitersiedlungen[64] und Elendsviertel, ländliche Kleinstadt[65]; Abbildungen von Wohnungsinnenansichten können ergänzend mitherangezogen oder alternativ an die Stelle der Abbildungen von den Wohnquartieren treten. Wo es lokales Bildmaterial gibt, ist dieses dem hier vorgestellten vorzuziehen.

Innerstädtischer Gebäudekomplex in Berlin 1869/73 (Kyllmann und Heyden, Kaiserpassage, Ecke Friedrich- und Behrensstraße)
Aus: Aspekte der Gründerzeit. Ausstellung in der Akademie der Künste [Berlin], 8. 9. bis 24. 11. 1974, Berlin o.J. [1974], S. 160

Bürgerliches Wohnhaus in Stadtrandlage im Westen Berlins (Gründerzeit)
Aus: Puppe, Fibel, Schießgewehr. Das Kind im kaiserlichen Deutschland. Ausstellung in der Akademie der Künste (Berlin), Berlin 1977, S. 130.

Kleinstadt auf dem Lande (spätes 19. Jahrhundert)
Aus: Puppe, Fibel, Schießgewehr, a.a.O., S. 147

Häuser am Herrengrabenfleet in Hamburg (Neustadt-Süd) bei Ebbe (um 1890)
Aus: Praxis Geschichte 4/1997, S. 23 (Landesmedienzentrum Hamburg)

Hinterhof in Berlin (Ende 19. Jahrhundert)
Aus: Puppe, Fibel, Schießgewehr, a.a.O., S. 143 (bpk)

„Die Brutstätten der Cholera in Hamburg". Holzstich von E.H.A. Schlitte nach einer photographischen Aufnahme (1893)
Aus: Winfried Ranke: Vom Milljöh ins Milieu. Heinrich Zilles Aufstieg in der Berliner Gesellschaft, Hannover 1979, S. 117 (Ausschnitt)

2. Beispiel (Alternative): Wohnsituationen im Kaiserreich (Interieurs von Wohnungen)

Fast mehr noch als die Außenansichten von Häusern, Straßenzügen und Quartieren ermöglichen die Innenansichten von Wohnungen Rückschlüsse auf soziale Gegensätze. Auch hier wird aus Gründen größerer Lebensnähe, Authentizität und Eindringlichkeit einer Photodokumentation der Vorzug gegenüber Plänen und Texten gegeben. Die Strichzeichnung eines Pariser Mietshauses (S. 58) wird deshalb gewählt, weil sie das auf einen Blick zu zeigen vermag, was ansonsten nur durch die Gegenüberstellung mehrerer Abbildungen erreicht werden kann: die Dokumentation unterschiedlicher Wohn- und Lebensqualität unter einem Dach bzw. die „soziale Topographie" des Wohnens je nach dem, auf welchem Stockwerk ein Mieter wohnt.

Eine Gartenlaube als Behausung für fünf Personen, Berlin um 1920
Aus: Praxis Geschichte 5/1988, S. 30 (AKG)

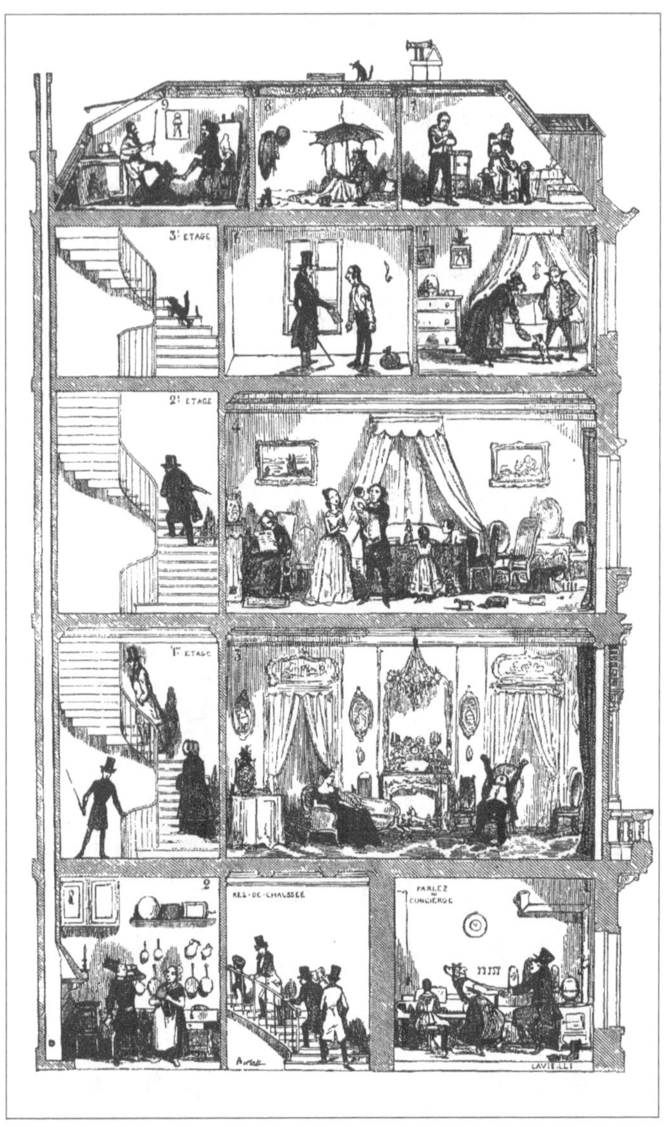

Wohnverhältnisse in einem Pariser Mietshaus um die Mitte des 19. Jahrhunderts
Aus: Praxis Geschichte 5/1988, S. 34

Wohnung eines Bankdirektors in Berlin (um 1885)
Aus: Aspekte der Gründerzeit. Ausstellung in der Akademie der Künste [Berlin] vom 8.9. bis 24.11.1974, Berlin o.J. [1974], S. 159 (bpk)

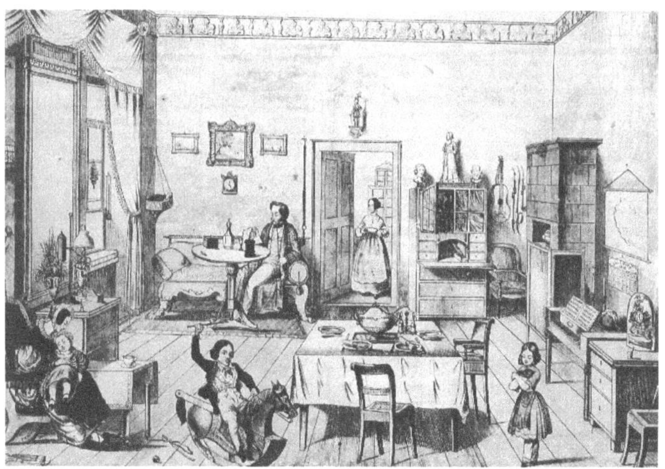

Bürgerliches Wohn- und Empfangszimmer (2. Hälfte des 19. Jahrhunderts)
Aus: Praxis Geschichte 5/1988, S. 43 (Bayerisches Nationalmuseum, München)

3. Beispiel: Wohnsituationen im Kaiserreich (Karikaturen)

Alternativ zu den hier vorgestellten Photographien lassen sich als Einstieg in dieses Thema auch Karikaturen aus derselben Zeit verwenden. Das Werk Heinrich Zilles bietet hierfür eine breites Spektrum entsprechender Zeichnungen, und zwar sowohl für das Interieur als auch für das Exterieur der Wohnungen um die Jahrhundertwende. Allerdings muß man in Rechnung stellen, daß Schüler den Aussagen solcher Karikaturen, die keine deutlich politische Aussage enthalten – wie dies bei den trotz aller bitteren Untertöne zum Schmunzeln animierenden Zeichnungen Zilles ja der Fall ist –, nicht mit dem gewünschten Ernst begegnen.

Drei Berliner Ansichten
Aus: Winfried Ranke: Vom Milljöh ins Milieu. Heinrich Zilles Aufstieg in der Berliner Gesellschaft, Hannover 1979, S. 174, 216

Berliner Hinterhof
Aus: Ranke: Vom Milljöh, a.a.O., S. 102

4. Beispiel: Lebensformen im Mittelalter

Während sich heute städtische und ländlich-dörfliche Lebensformen weitgehend einander angeglichen haben und adlige und religiöse Lebensformen kaum noch eine Rolle spielen, machte es bis weit in die Neuzeit hinein einen großen rechtlichen, kulturellen und sozialen Unterschied, ob man auf dem Land oder in der Stadt, auf einer Burg oder im Kloster lebte. Diese Unterschiede lassen sich – zumindest in Ansätzen – bereits an den unterschiedlichen Wohnstätten ablesen. Als Einstieg in eine Unterrichtsstunde, die auf einen solchen Vergleich abzielt, werden verschiedene Ansichten von Dörfern, Städten, Burgen[66] und Klöstern aus der Zeit des Spätmittelalters zur Auswahl angeboten.

Auf dem Lande um 1500: Die Drahtziehmühle an der Pegnitz (Gemälde von Albrecht Dürer)
Aus: Hartmut Boockmann: Die Stadt im späten Mittelalter, München 1986, S. 17 (bpk)

Zwei Ansichten vom Leben auf dem Lande
Aus: Stundenbuch des Herzogs von Berry. Ausgemalte Handschrift des frühen 15. Jahrhunderts. Text von Edmond Pognon, Fribourg/Genève 1979/83, S. 18/19 (Februar-Bild)

Flämischer Kalender des frühen 16. Jahrhunderts (Januar)
Postkarte der British Library London

Die Stadt Nürnberg inmitten des Reichswaldes (etwa 1516)
Aus: Boockmann, Stadt, a.a.O., S. 19 (Germanisches Nationalmuseum, Nürnberg)

Marktszene in Augsburg (1. Hälfte des 16. Jahrhunderts)
Aus: „Kurzweil viell ohn' Maß und Ziel". Alltag und Festtag auf den Augsbuger Monatsbildern der Renaissance, hrsg. v. Deutschen Historischen Museum Berlin, München 1994, S. 231 (Ars Wolfegg)

Château-Fort (=Burg) von Saumur (15. Jahrhundert)
Aus: Stundenbuch des Herzogs von Berry, a.a.O., S. 33

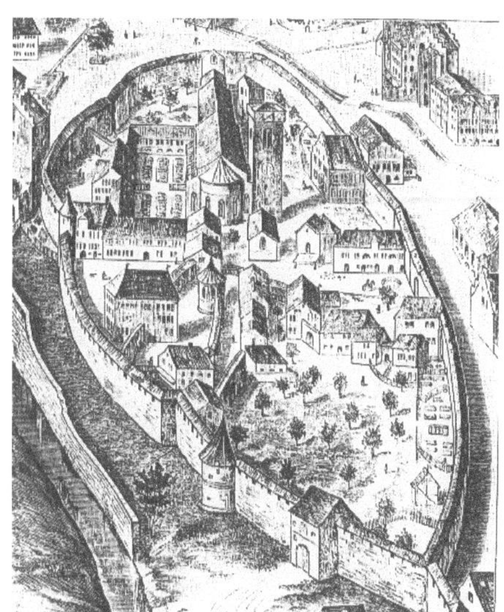

Das Kloster St. Gallen nach dem Plan der Stadt St. Gallen von 1596
Privatbesitz

5. Beispiel: Landkartenvergleich

Eine Gegenüberstellung von Landkarten eröffnet – wie weiter oben gezeigt – die Möglichkeit des diachronen Vergleichs. Dadurch können Gebietsveränderungen, wie sie sich im Laufe der Geschichte ergeben haben, schlagartig verdeutlicht werden. Landkarten ermöglichen aber auch einen synchronen Vergleich; dann nämlich, wenn sie zeitgleiche Veränderungen, Pläne, Zukunftsentwicklungen veranschaulichen.

In der Regel werden bei der Behandlung der Konferenz von Jalta bzw. der Konferenz von Potsdam die Vorstellungen der Alliierten über die Aufteilung des besiegten Deutschen Reiches angesprochen. Hier können den Schülern eingangs der Stunde auf Folien mehrere Karten präsentiert werden, die Aufschluß über die verschiedenen Pläne der Alliierten für die zukünftige territoriale Aufgliederung des Deutschen Reiches geben (S. 66). Sie zeigen, welche unterschiedlichen Vorstellungen die Siegermächte vom zukünftigen Deutschland hatten und veranlassen die Schüler zu Vermutungen, welch unterschiedliche Interessen den Plänen der Siegermächte zugrunde lagen. Die damit intendierten Veränderungen hinsichtlich des Bestands des Deutschen Reiches sind so ins Auge springend, daß die Schüler, ohne daß es allzu großer Hilfestellungen des Lehrers bedürfte, spontan ihre Ansichten über diese Pläne äußern werden.

Alliierte Pläne zur Aufteilung Deutschlands

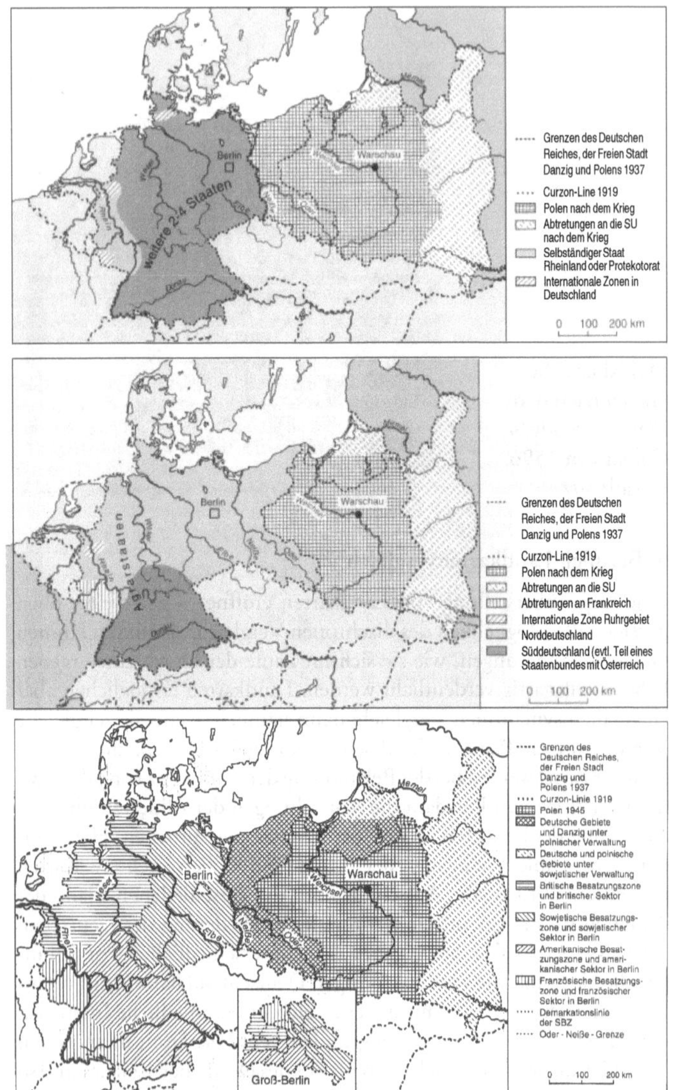

Aus: Eberhard Wilms (Hrsg.): Deutschland seit 1945 (Themen und Probleme der Geschichte. Arbeits- und Quellenhefte für die Kollegstufe), Berlin 1995, S. 24 und 26

6. Beispiel: Zahlenvergleich

Säulen- oder Tortengraphiken, die Sozial- oder Wirtschaftsdaten vergleichend veranschaulichen und eklatante Unterschiede deutlich machen, sind ebenfalls als Einstieg geeignet. Wenn man, um ein konkretes Beispiel zu nennen, am Ende einer Teileinheit über den Zweiten Weltkrieg auf die neue Qualität der modernen Kriege zu sprechen kommt, kann diese Stunde mit einer Graphik eröffnet werden, aus der sich die Anzahl der Kriegstoten, der Verwundeten und Gefangenen des Ersten Weltkriegs ablesen läßt. Eine zweite Graphik zeigt die Kriegsopfer des Zweiten Weltkriegs. Nimmt man noch die Graphik zum Deutsch-Französischen Krieg von 1870/71 hinzu, können die Schüler mit einem Blick feststellen, daß der Zweite Weltkrieg mehr als jeder andere Krieg zuvor (vielleicht mit Ausnahme des Dreißigjährigen Krieges) nicht nur Tote und Verwundete an den Fronten gekostet hat, sondern fast ebenso viele Ziviltote. Damit ist zwar nur *ein* Aspekt angesprochen, der die neue Qualität dieses Krieges charakterisiert; davon ausgehend ist es aber möglich, auch auf andere Charakteristika überzuleiten.

Kriegsopfer und Kriegsverwundete im Deutsch-Französischen Krieg 1870/71, im Ersten und im Zweiten Weltkrieg

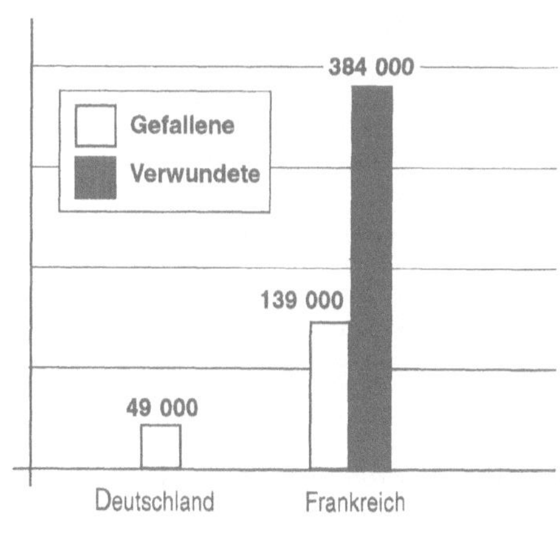

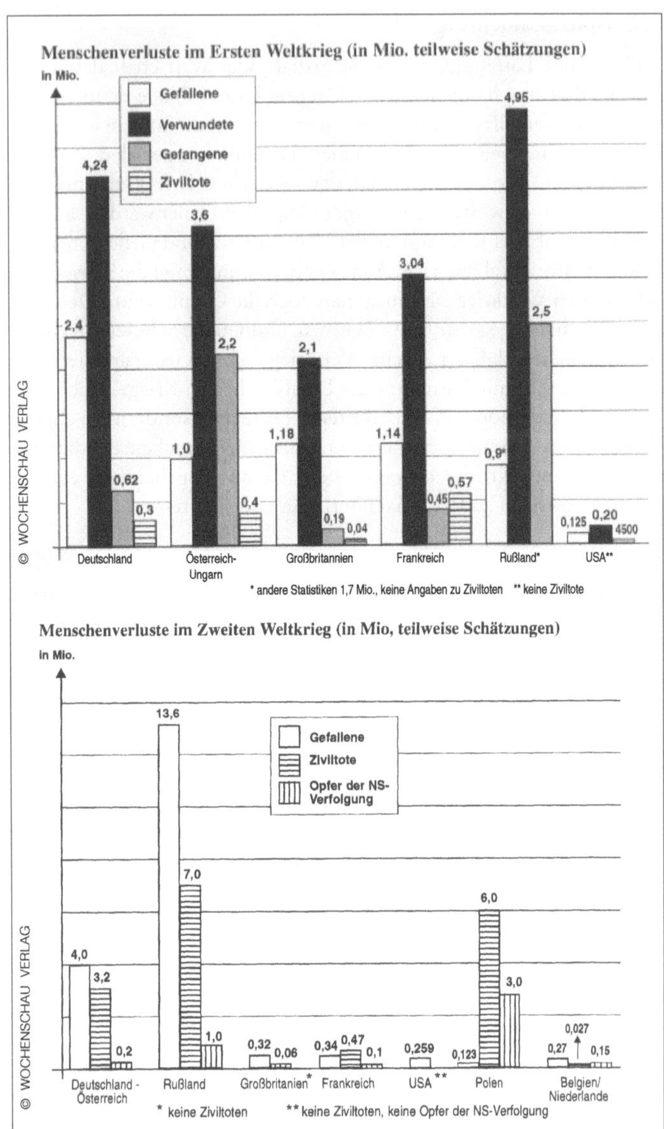

Grafiken: Annette Pflügner; erstellt nach: Dietmar Petzina u.a.: Sozialgeschichtliches Arbeitsbuch, Bd. 3, München 1978, S. 27 (und aus anderen Statistiken).

Die Graphiken zum Ersten und Zweiten Weltkrieg können noch aussagekräftiger werden, wenn man als weitere Parameter etwa die Anzahl der Kriegs- bzw. Zivilopfer zur Gesamtbevölkerung und/oder zur Dauer der Kriegsteilnahme der einzelnen Nationen in Beziehung setzt. Hierzu die entsprechenden Daten:

Anzahl der Einwohner vor dem Ersten Weltkrieg

(Stichjahr 1913, in Klammern Angaben für 1939)

Frankreich: 39, 6 Mio.
Großbritannien: 46 Mio.
Rußland: 173 Mio.
USA: 100 Mio.
Italien: 35 Mio.
Deutschland: 66 Mio. (69 Mio.)
Österreich-Ungarn: 51 Mio. (Österreich: 10 Mio.)

Dauer der Kriegsteilnahme 1914-1918

(in Klammern: Beteiligung an Kampfhandlungen 1939-1945)

Frankreich:	August 1914-November 1918 (Mai 1940-Juni 1940)
Großbritannien:	August 1914-November 1918 (September 1939-August 1945)
Rußland:	August 1914-Dezember 1917 (Juni 1941-Mai 1945)
USA:	April 1917-November 1918 (Dezember 1941-September 1945)
Italien:	Mai 1915-November 1918 (Juni 1940-September 1943/ April 1945)
Deutschland:	August 1914-November 1918 (September 1939-Mai 1945)
Österreich-Ungarn:	Juli 1914-November 1918 (Österreich: September 1939 -Mai 1945)

Zahlen und Daten nach verschiedenen Lexika und nach „Der Große Ploetz“, Freiburg/Würzburg, 31. Aufl 1992

5.6 Provokation als Einstieg

Schüler mit entsprechendem Material so zu provozieren, daß sie sich unbedacht (auch Falsches) äußern, ist nicht unumstritten[67]. Leicht kann es dazu führen, daß sie sich hinters Licht oder bewußt in die Irre geführt bzw. vorgeführt fühlen. Es ist darauf zu achten, daß sich bei Schülern solche Empfindungen nicht einstellen. Dennoch kann es für den Unterrichtsablauf produktiv sein, Schüler durch historisches Material zunächst einmal zu provozieren, zu verunsichern, sie zu (auch unbesonnenen) Äußerungen zu veranlassen. Da historisches Material, das Provokation und Verunsicherung bewirken kann, von Schülern auf ganz unterschiedliche Weise wahr- und aufgenommen wird, ist zu erwarten, daß sich innerhalb der Lerngruppe sehr schnell ein produktives, kontroverses (Streit-)Gespräch entwickelt. Eine intensive Beschäftigung mit einem Thema können auch solche Materialien provozieren, die bei Schülern ein hohes Maß an Betroffenheit auslösen. Dabei wird Betroffenheit nicht als jene wohlfeile Reaktion verstanden, die Menschen angesichts des so oft beschworenen „unsäglichen Leids in der Welt" (oder auch nur des verletzten Knies von Boris Becker) befällt; gemeint ist vielmehr jene Gefühlsregung, die die von einer plötzlichen Betroffenheit ausgelöste Starre und das Verstummen schnell hinter sich läßt und in (geistige) Aktivität umschlägt: Wissenwollen, warum es zu ungerechten, unmenschlichen Handlungen, körperlichen und seelischen Verletzungen kam; eingreifen angesichts solcher Handlungen; fragen, wie Derartiges entstehen konnte und wie es zu verhindern ist; sich auseinandersetzen mit jenen, die solche Taten begehen, zu verantworten haben oder gutheißen usw. Die von solchem historischen Material ausgelösten spontanen Äußerungen und „starken" Gefühlsregungen (Empathie) oder Parteinahmen können Anstoß für eine weitere, tiefer gehende Beschäftigung mit dem Sachverhalt sein.

1. Beispiel: Provokative Äußerungen

Ohne lange Vorrede, jedenfalls ohne vorherige Sachinformation seitens des Lehrers oder der Lehrerin wird den Schülerinnen und Schülern zu Beginn der Stunde *eine provokative Äußerung* vorgelegt (als Tafelanschrieb oder als Folie). Diese kann aus einem sprichwortartigen, jedenfalls verbreiteten Satz bestehen.

„Der König hat eine Bataille verloren. Jetzt ist Ruhe die erste Bürgerpflicht" (Wortlaut eines nach der Schlacht bei Jena 1806 in Berlin verbreiteten Anschlagzettels). Dieser Satz könnte zu Beginn der Behandlung der preußischen Reformen verwendet werden.

„Man gehe blindlings ohne weitere Untersuchung und mit der dringenden Bereitschaft des Willens zu gehorchen an die Ausführung des Befohlenen" (aus der Ordensregel der Jesuiten). Der Satz wurde verwendet als Einstieg in das Thema „Der Jesuitenorden".[68]

„Gegen Demokraten helfen nur Soldaten" (aus einem Brief des preußischen Königs Friedrich Wilhelm IV. an Christian Karl Josias von Bunsen vom 7. Mai 1849). Dieser Ausspruch könnte am Anfang einer Stunde stehen, in der das Scheitern der Revolution von 1848/49 behandelt werden soll.

„Macht geht vor Recht". Der Bismarck zugeschriebene Satz[69] läßt sich an vielen Stellen des Geschichtscurriculums verwenden (zunächst bei der Würdigung der Politik Bismarcks, dann aber auch bei der Behandlung der NS-Zeit oder des Imperialismus).

„Der Staat bin ich" („L' état c'est moi"). Es ist nicht zweifelsfrei erwiesen, daß König Ludwig XIV. diesen Ausspruch tatsächlich getan hat, gleichwohl wird er ihm zugeschrieben, ja, er steht als Signet über einer ganzen Epoche. Mit dem Ausspruch *„Der Fürst ist der erste Diener seines Staates"*[70] konfrontiert, kann eine abschließende Stunde über den Absolutismus eingeleitet werden.

2. Beispiel: Erzählung

Auch eine Lehrererzählung kann auf eine Provokation abzielen, wobei darauf geachtet werden muß, daß die Provokation nicht dazu dient, die Schülerinnen und Schüler hinters Licht zu führen, um nach deren „gelungener" Provokation die Maske fallen zu lassen[71] und zu sagen, daß es (das bewußt provozierend falsch geschilderte historische Ereignis, das Handeln einer historischen Persönlichkeit o.ä.) eigentlich ganz anders gewesen sei und wir jetzt gemeinsam herausfinden wollten, warum dies nicht so gewesen sein könne, wie es gerade erzählt wurde. Die bei den Schülern ausgelöste Provokation darf nicht eine solche Macht gewinnen, daß dadurch bei den Schülern jede Bereitschaft verlorengeht, sich danach mit dem tatsächlichen Vorgang nüchtern auseinanderzusetzen.

3. Beispiel: Karikaturen

Auch Karikaturen können provozierend wirken und Schüler in ihrer Interpretation in die Irre führen. In diesem Fall gehen Provokation oder das Hinters-Licht-Führen aber von einer historischen Quelle aus, und Quelleninterpretation gehört zu den Fähigkeiten, die in der Schule geübt werden müssen. Wenn die (politische) Karikatur[72] eine verzerrte, vielleicht auch „falsche" Sicht der Dinge präsentiert, wenn sie unser National- oder Schamgefühl beleidigt, wenn sie unser Denken ganz gezielt in eine bestimmte Richtung drängt, dann soll dies die Schüler gerade dazu anstacheln herauszufinden, was eine solche Darstellung zum

Zeitpunkt ihrer Veröffentlichung bezwecken wollte. Die Provokation besteht nicht in einer bewußten Irreführung durch den Lehrer. Vielmehr erwächst sie aus der Diskrepanz zwischen dem, was die Karikatur aussagt, und dem, was unserer Meinung nach zutreffend ist. Der Karikatur wesensgemäß ist ihre Parteilichkeit, hervorgerufen durch Zuspitzung und Überzeichnung, die spontane Zustimmung, aber auch Ablehnung hervorrufen kann, den Betrachter also zu einer meist wertenden Äußerung, gleichsam „aus dem Bauch heraus", veranläßt. Da viele Karikaturen oft auch witzig und ironisch sind, manchmal beim Betrachter auch Lachen oder Schmunzeln hervorrufen, sind sie geeignet, eine dem Lernen förderliche positive Stimmung zu erzeugen. Manche Karikaturen transportieren Informationen, die vom Karikaturisten nicht (oder nicht in erster Linie) beabsichtigt waren, für uns aber von Interesse sind, weil sie beiläufig in der Öffentlichkeit verbreitete Denkweisen widerspiegeln (so etwa unten die antisemitischen Anspielungen in Wilhelm Buschs Bildergeschichte „Plisch und Plum", s. S. 78-80). Da Karikaturen, sofern ihr Sinn (was wegen der oft verschlüsselten Bildsprache nicht immer der Fall ist) von den Schülern auf den ersten Blick erfaßt wird, sofort den (umstrittenen) Kern eines Sachverhalts erkennen lassen, sind sie ein den Unterrichtsablauf beschleunigendes Medium. Karikaturen, richtig ausgewählt, führen sofort ins Zentrum des Unterrichtsgeschehens. Zugleich sind Karikaturen in jedem Stadium des Unterrichtsablaufs ein Medium der Wiederholung und Lernkontrolle, ohne daß sie motivationsverhindernd als solche gekennzeichnet werden müßten. Denn enthält eine Karikatur Kodierungselemente, die die Schüler aufgrund des vorher erteilten Unterrichts erkennen und entschlüsseln können, dann dürften wesentliche Lernziele früherer Geschichtsstunden erreicht worden sein.

a) Karikaturen zur Wiedervereinigung

Die beiden auf S. 73 wiedergegebenen Karikaturen stammen aus der Wendezeit. Besonders im Ausland (und dort vor allem in jenen Ländern, die im Zweiten Weltkrieg unter direkten Kampfhandlungen und der deutschen Besatzung zu leiden hatten) förderte die Wiedervereinigung bestehende, aber während der Zeit der deutschen Teilung weniger stark hervorgetretene Ängste, die aus den Erfahrungen mit „den Deutschen" während des Krieges resultierten. Wir (jüngeren) Deutschen empfinden solche Urteile, wie sie in den beiden nachstehenden Karikaturen zum Ausdruck gebracht werden, als unsinnig und unangemessen. Wir halten solche Ängste für unbegründet, ja, sie verletzen unsere Überzeugung, gute Demokraten zu sein. Als Einstieg in eine Stunde, in der die

Der Marsch des Vierten Reiches
Daily Star, 20. Februar 1990. Aus: Deutschlandbilder. Das vereinigte Deutschland in der Karikatur des Auslands, hrsg. v. Haus der Geschichte der Bundesrepublik Deutschland, München 1994, S. 35

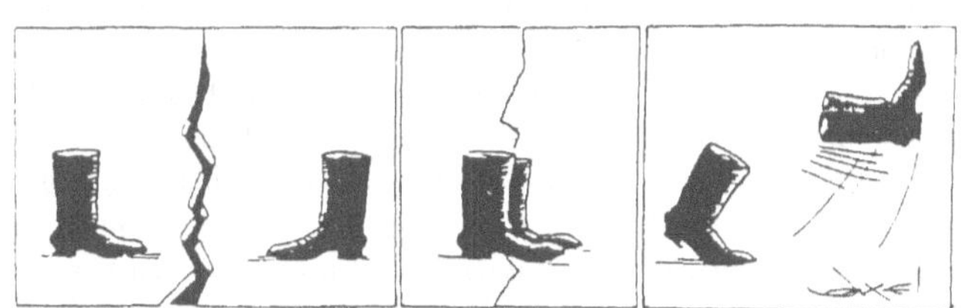

Ohne Worte
Aus: Le Figaro (Frankreich) v. 10. 11. 1989

Reaktionen des Auslands auf die deutsche Wiedervereinigung behandelt werden sollen, könnten diese Karikaturen der Ausgangspunkt für Fragen sein, warum uns Franzosen (aber auch Polen, Israelis, Russen, Niederländer, Engländer) noch immer als Gefahr und Bedrohung für den Frieden ansehen.

Die durch solche Texte oder Bilder hervorgerufene Verblüffung, Irritation oder Überraschung, auch die Schwierigkeit, sofort den Sinn einer Karikatur zu erfassen, sollen Neugier wecken, Widerspruch provozieren, jedenfalls die Bereitschaft anbahnen, sich mit dem hier angesprochenen Sachverhalt eingehender zu befassen, um zu sicheren Erkenntnissen zu gelangen.

b) Kriegspropagandapostkarten aus dem Ersten Weltkrieg

Die auf S. 75-77 abgebildeten Postkarten aus dem Ersten Weltkrieg sind – teilweise böswillige – Überzeichnungen des Feindes. Sie ähneln Karikaturen, werden hier aber unter dem Gesichtspunkt „Kriegspropaganda" aufgeführt. Während auf den Postkarten deutscher Provenienz auf mehr oder weniger witzige Weise die kulturelle Überlegenheit der Deutschen gegenüber den Russen und überhaupt die größere deutsche körperliche (= militärische) Überlegenheit betont wird (auf einer Postkarte wird der damals berühmte Ausspruch Kaiser Wilhelms zitiert: „Nun aber wollen wir sie dreschen!") oder in gehässiger und herabwürdigender Weise scheinbar typische Verhaltensweisen der Franzosen bzw. politische Praktiken der englischen Regierung kritisiert werden (s. Postkarte S. 77), vermitteln die französischen Kriegspostkarten ein differenzierteres Bild. Zwar findet sich auch hier die Karikatur „typisch deutscher" Charaktere; andere Postkarten haben hingegen eine stärker politische Aussage. Die Karte „A Berlin" suggeriert den gemeinsamen Kampf der von Deutschland bedrohten Staaten Frankreich, Rußland, Großbritannien, Belgien und Serbien (s. die Staatsflaggen am oberen und unteren Kartenrand) gegen den verhaßten deutschen Militarismus: „En avant tous et sus aux Allemands" (etwa: „Vorwärts alle zusammen und munter drauf los auf die Deutschen"). Im übrigen zielen viele Postkarten auf die Person Kaiser Wilhelms II. als dem Hauptfeind der Franzosen. Hierzu zwei Beispiele: Die Postkarte „Guillaume et le Kronp-Reims" läßt sich wegen der vielen Wortspiele mit (Schlachten-)Orts- und Personennamen allerdings nicht adäquat übersetzen (beim lauten Vorlesen kommt man schneller hinter die Bedeutung mancher Verse als durch bloßes Lesen; z.B. „*Toul* les soldats que nous *Avions*" meint: „Tous les soldats que nous avions", also „Alle Soldaten, die wir haben", angespielt wird aber auf die Stadt Toul und auf die Flugzeuge als

Kriegspropagandapostkarten aus dem Ersten Weltkrieg
Privatbesitz

Kriegswaffe). Das Gedicht auf der Postkarte: „Menu ‚Schweinskopf à la Wilhelm'" lautet in der Übersetzung etwa: „Den Belgiern den Vorgenuß/Den Engländern den Duft/Den Franzosen die Würze/Und damit nichts verlorengeht/Für Wilhelm die Sch … ."

Kriegspropaganda-postkarten aus dem Ersten Weltkrieg
Privatbesitz

Die Postkarten können zu Beginn des Unterrichts den Schülern auf einem Arbeitspapier vorgelegt oder auf einer Folie an die Wand projiziert werden. Die Frage „Wie wird auf den Postkarten die jeweils andere Seite gesehen?“ soll bei den Schülern Vermutungen darüber provozieren, wie sich die kriegführenden Parteien zu Beginn des Krieges gegenüberstanden, welche nationalen Vorurteile bei den mitteleuropäischen Nationen in der Vorkriegszeit vorherrschten bzw. (mit welchen Interessen?) geschürt wurden.

Deutsches Spottlied 1914.

Zur Aufheiterung in ernster Zeit.

Nachdruck verboten.

Nach der Melodie: Wenn die Blätter leise rauschen.

Frankreich, du alter,
Halb ausgestorb'ner
Affe Europas, was brockst du dir ein!?
Deutsche Granaten
Mit Säbelbraten;
Junge, o Junge, das wird dich gereu'n!
Hast nicht mal Stiefel,
Kannst nicht auf Strümpfen
Deutschland erobern zu See, Luft und Land;
Frankreich, o Frankreich,
Dich holt der Teufel,
Dir hilft kein Doktor, du wirst jetzt entmannt.

England, du falsche,
Neid'sche Kanaille,
Willst mit dem Franzmann und Väterchen schier
Deutschland verschlingen,
Sollst es auch haben,
Gib uns nur erst deine Dreadnaughts dafür.
Bist mitgegangen,
Wirst mitgehangen,
Kopf in die Nordsee, den Steert in die Luft;
Unsere Blauen
Sollen dich hauen,
Daß du die Freude kriegst, warte, du Schuft!

Rußland, du dummer,
Strupp'ger und krummer,
Knuteanbetender Ritter vom Suff,
Laß dich begraben,
Eh' wir dich haben,
Sonst häng'n wir dich am Laternenpfahl uff.
Wirst es bald spüren,
Was kann passieren,
Wenn man am friedlichen Michel sich reibt;
Gott soll mich strafen,
Wenn von euch Laffen
Nur eine Saufnase heile jetzt bleibt.

Spottlied 1914
Privatbesitz

c) Antisemitismus im Kaiserreich (Vorurteile und Feindbilder als Provokation)

Texte und Bilder, die auf in der Öffentlichkeit verbreitete Vorurteile und Feindbilder anspielen, werden oft deshalb als provozierend empfunden, weil sie beim Leser oder Betrachter einen wunden Punkt treffen. Zwar lehnt er für sich die Existenz solcher Vorurteile und Feindbilder ab, die Vehemenz seiner Ablehnung läßt aber doch vermuten, daß ihn die Anspielung im Text oder auf dem Bild getroffen hat. Verfolgen solche Texte und Bilder eine kritische Absicht, nämlich den Leser und Betrachter auf die Existenz solcher Vorurteile und Feindbilder (bei sich selber oder bei anderen) hinzuweisen, so gibt es eine Fülle anderer Beispiele, in denen die Texte und Bilder selbst Vorurteile und Feindbilder enthalten und transportieren. Die Bildergeschichte auf S. 79/80 ist ein solches Beispiel. Es dokumentiert in einer auf den ersten Blick bloß witzig gemeinten Bildergeschichte die Existenz eines antisemitischen Vorurteils, wie es im Kaiserreich wohl recht verbreitet gewesen ist. Im Rahmen eines Kurses in der gymnasialen Oberstufe zum Thema „Deutsches Kaiserreich" wird im Zusammenhang mit der Behandlung der verschiedenen sozialen Gruppen immer auch auf die deutschen Juden eingegangen. Dabei geht es nicht nur um deren rechtliche Gleichstellung, um Assimilation und die dadurch ausgelöste religiöse Gegenbewegung orthodoxer Juden, um Zionismus oder um den Beitrag der Juden zur deutschen Kultur; man wird immer auch auf den neu aufflammenden Antisemitismus, seine traditionelle Form und seine neue Qualität zu sprechen kommen müssen. Eine solche Stunde könnte mit einem Kapitel aus Wilhelm Buschs „Plisch und Plum" (1882) eingeleitet werden. Ergänzend könnte die folgende Passage aus dem ersten Kapitel aus der „Frommen Helene" (1872) hinzugenommen werden. Dort beschreibt Wilhelm Busch ironisch übertreibend die „Lasterfreuden in den großen Städten", erwähnt „die sittenlose Presse", die Theater, Bälle und Konzerte.[73] Dann heißt es dort weiter:

„Und der Jud mit krummer Ferse,
Krummer Nas' und krummer Hos'
Schlängelt sich zur hohen Börse
Tiefverderbt und seelenlos."

Aus: Das Goldene Wilhelm-Busch-Album, 1. Teil, Hannover 1959, S. 106

„Plisch und Plum" (5. Kapitel)

FÜNFTES KAPITEL

Kurz die Hose, lang der Rock,
Krumm die Nase und der Stock,
Augen schwarz und Seele grau,
Hut nach hinten, Miene schlau –
So ist Schmulchen Schievelbeiner.
(Schöner ist doch unsereiner!)

Er ist grad vor Fittigs Tür;
Rauwauwau! erschallt es hier. –
Kaum verhallt der rauhe Ton,

So erfolgt das Weitre schon.

Und, wie schnell er sich auch dreht,
Ach, er fühlt, es ist zu spät;

Unterhalb des Rockelores
Geht sein ganze Sach kapores.

Soll ihm das noch mal passieren?
Nein, Vernunft soll triumphieren.

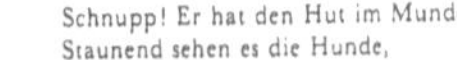

Schnupp! Er hat den Hut im Munde.
Staunend sehen es die Hunde,

Wie er so als Quadruped
Rückwärts nach der Türe geht,

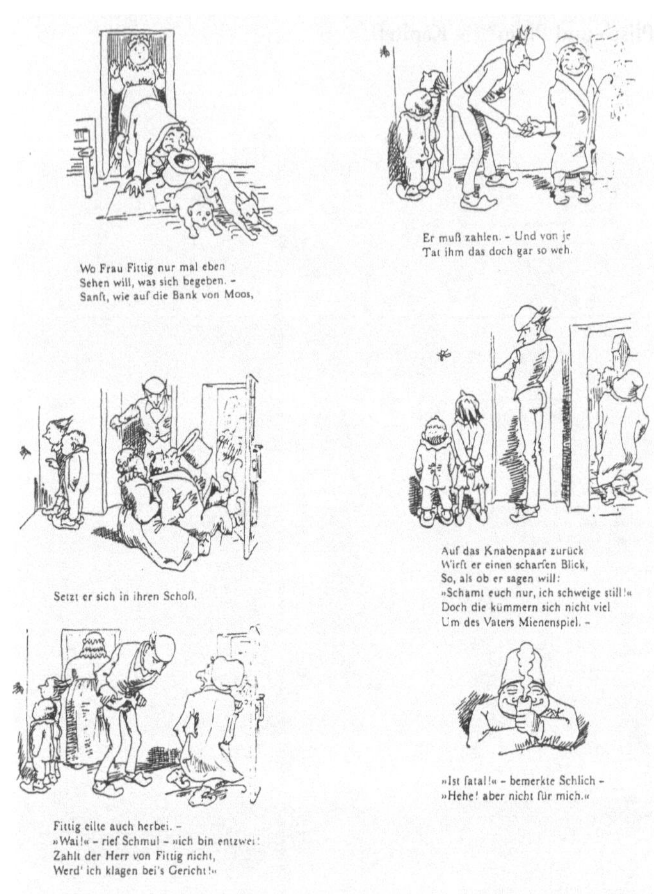

Aus: Das Goldene Wilhelm-Busch-Album, a.a.O., 2. Teil, S. 147-149

4. Beispiel: Gedenkblatt zur Inflation nach dem Ersten Weltkrieg

Die oben genannten Reaktionen der Schülerinnen und Schüler können auch mit dem auf S. 80 abgedruckten „geschichtlichen Gedenkblatt" hervorgerufen werden. Auf einen Blick kann daran abgelesen werden, mit welcher Geschwindigkeit sich vor allem in den Monaten des Jahres 1923 das Postkarten-Porto erhöhte. Ohne daß es eines Anstoßes durch den Lehrer/die Lehrerin bedarf, werden Schüler Fragen nach den Ursachen für diese explosionsartige Steigerung des Portos und nach den Preisen anderer Gebrauchsgüter des Alltags stellen – und schon ist man mitten im Thema.

Ein geschichtliches Gedenkblatt

Jede Marke von 5 Pfg. bis 1 Milliarde - ein Postkarten-Porto

Nie wieder möge solche Zeit zum Vaterland sich wenden!

Gedenkblatt zur Erinnerung an die Inflation
Privatbesitz

5. Beispiel: Provokation starker Gefühlsäußerungen

In der Magazinbeilage der Wochenzeitung „DIE ZEIT" erschienen in der ersten Hälfte des Jahres 1998 historische Photographien von meist außergewöhnlicher Aussagekraft. Ausgewählt wurden diese Photos von berühmten Persönlichkeiten der Unterhaltungskultur. Solche „Jahrhundertphotos"[74] können als Signets für unser Zeitalter gelten. Ihre Ausdruckskraft ist auch heute noch nicht geschwunden, wie die entsprechenden Äußerungen der Auswählenden beweisen. David Bowie, Popmusiker und Schauspieler, schreibt zu „seinem" Photo: „Für mich ist dieses Photo Ausdruck der Gewalt und Zerstörung, die dieses Jahrhundert zu weiten Teilen geprägt haben. Die entsetzliche Tragik des Mannes, der stirbt, nachdem er gerade erst seine Freiheit wiedererlangt hat, bricht einem das Herz" (ZEITmagazin Nr. 8/1998, S. 8). Schüler dürften auf derartige Photographien ähnlich reagieren. Ihre starke Reaktion auf derartige Photos könnte der Ausgangspunkt für eine unterrichtliche Beschäftigung sein, wobei die durch solche Photographien ausgelöste Emotionalisierung der Schüler dazu verhelfen könnte, der üblicherweise rationalen Beschäftigung mit historischen Themen eine neue und andere Dimension zu verleihen. Die Tatsache, daß es sich bei

Aufnahme aus dem Konzentrationslager Buchenwald
„Disenterique Mourant" – „Stirbt an der Ruhr" nannte der Photograph Eric Schwab diese Aufnahme, die er 1945 im gerade befreiten Konzentrationslager Buchenwald machte. Der Mann auf dem Bild starb wenige Minuten später (Bild und Text aus: ZEITmagazin Nr. 8/1998, S. 8).

jenen, die diese Photos ausgewählt haben, um den Schülern wohlbekannte, von ihnen verehrte Stars der Unterhaltungskultur handelt, könnte für sie zusätzliche Motivation sein, sich mit dem hinter diesen Bildern stehenden historischen Sachverhalt (und ggf. auch mit der von den Stars geäußerten Wirkung der Photos auf sie) zu beschäftigen.

5.7 Weckung der Neugier

Wie geht die Geschichte wohl weiter?
Unmittelbar nach Stundenbeginn wird eine Erzählung oder eine erzählende Quelle (z.B. Zeitungsbericht, autobiographischer Text, vom Lehrer selbst hergestellte Erzählung) bis zu einer Stelle (vor)gelesen oder vorgetragen, an der sich eine Entscheidung oder Weichenstellung anbahnt. Hier wird die Lektüre oder der Vortrag unterbrochen und die Frage gestellt, wie die Geschichte sich weiterentwickelt haben könnte. Hiermit soll Spannung aufgebaut werden und die Schülerinnen und Schüler zu Spekulationen über den Fort- und Ausgang der Geschichte veranlassen.[75] Danach werden sie mit dem tatsächlichen Ausgang der Geschichte konfrontiert. Aus dem Spannungsverhältnis von tatsächlichem und vermutetem Ablauf soll bei den Schülerinnen und Schülern das Interesse erwachsen herauszufinden, warum das geschilderte Ereignis so, wie in dem Text festgehalten, abgelaufen ist und nicht so, wie die Schüler dies vermutet haben.

1. Beispiel: Eine Hexengeschichte aus „Marendorf" 1631 – Einstieg mit einer selbstgefertigten Lehrererzählung[76]
Marendorf, 13. März 1631
Abends klopft es bei Familie Harms an der Haustür. Die Magd öffnet. Vor ihr steht ein altes Mütterchen, schäbig angezogen, mit vielen Runzeln im Gesicht: „Ich habe solchen Hunger. Habt ihr etwas zu essen für mich?" Die Magd öffnet die Tür. Sie weiß, daß die Alte in einer kleinen Hütte am Waldrand wohnt und etwas wunderlich ist. Die Alte wird in die Küche geführt und bekommt einen großen Teller Brei. Die Magd geht nach draußen zur Bäuerin und flüstert aufgeregt: „Da drinnen in der Küche sitzt die Alte, die am Waldrand wohnt. Sie hat ganz stechende Augen, außerdem riecht sie so komisch. Ich habe Angst vor ihr!" Die Bäuerin guckt erschreckt, beide schleichen in die Küche. Sie sehen durch den geöffneten Türspalt, wie die Alte gierig den Brei herunterschlingt. Die Bäuerin sagt leise zu der Magd: „Das ist bestimmt eine Hexe. Wie die schon aussieht! Hoffentlich verzaubert die nichts auf unserem Hof. Sie ist mir unheimlich!" Die Magd geht in die Küche und führt die Alte schnell hinaus. Diese bedankt sich: „Ihr habt ein gutes Herz. Vielen Dank!"

14. März: Auf dem Bauernhof geht alles seinen gewohnten Gang. Ein Kalb soll geboren werden. Der Bauer hilft der Kuh bei der schweren Geburt. Aber das Kälbchen ist tot. Der Bauer rennt wehklagend aus dem Stall und ruft verzweifelt: „Ein Unglück ist geschehen. Jemand muß meine Kuh verhext haben, sie hat ein totes Kalb geboren!"
15. März: Bauer Harms arbeitet auf dem Heuboden. Er rutscht mit dem rechten Fuß aus und fällt kopfüber vom Heuboden auf die Erde. Er stöhnt: „Au, mein Fuß, mein Fuß! Ich bin ja wohl vom Pech verfolgt. Erst das tote Kalb, jetzt mein verletzter Fuß. Es ist ja wie verhext!" Bei dem letzten Wort gucken Magd und Bäuerin, die schnell hinzugekommen sind, sich mit großen Augen an. Wie aus einem Munde rufen sie: „Die Alte vom Waldrand, die war es. Die hat unseren Hof verhext!" Der Bauer sagt ärgerlich: „Sie muß festgenommen werden. Sie ist bestimmt eine Hexe!"
Am Abend des gleichen Tages wird die Alte in ihrer Hütte von zwei Gendarmen festgenommen: „Komm mit, du alte Hexe. Du wirst deiner gerechten Strafe nicht entgehen!" Die alte Frau ruft verzweifelt: „Aber ich habe doch niemandem etwas getan!" Es nützt nichts. Sie wird zum Kriminalgericht gebracht.
16. März: Das Verhör beginnt. Der Richter fragt sie: „Gestehe, hast du die Kuh des Bauern Harms verhext? Hast du dafür gesorgt, daß er vom Heuboden fällt?" Die alte Frau antwortet traurig: „Nein, nein, ich bin keine Hexe. Ich habe damit nichts zu tun." „So, wirklich nicht? Das wollen wir mal sehen!" Der Richter führt sie in die Folterkammer. ...
Nach einiger Zeit wird sie wieder gefragt: „Na, kannst du dich jetzt besser erinnern?" Die alte Frau kann kaum sprechen, sie antwortet leise: „Ja, ich gebe alles zu. Ich habe mit einem Zauberspruch die Kuh verhext und dafür gesorgt, daß der Bauer Harms vom Heuboden fällt." Der Richter fragt: „Gestehe, wen hast du noch verhext? Hast du vielleicht jemandem Gift gegeben, so daß er sterben mußte?" Die Alte schüttelt den Kopf. Sie wird erneut in die Folterkammer geführt. ...
Als sie wieder herauskommt, fragt der Richter: „So, ist es dir jetzt eingefallen?" Sie antwortet mit großer Mühe: „Ja, ich habe dem Bauern Schmidt Gift in sein Bier gestreut. Zwei Wochen später ist er gestorben." „Als richtige Hexe bist du ja auch nachts zum Hexentreffen, genannt ‚Hexensabbat', geflogen. Welche Hexen hast du dort gesehen? Nenne mir die Namen!" Der Richter wartet gespannt. Die Alte jammert: „Ich weiß nicht...!" Der Richter meint: „Gut, du hast eine Nacht Zeit zum Überlegen."
17. März: Nach der dritten Folter berichtet die alte Frau vom Hexentanz: „Wir sind mit unseren Besen zum Kreideberg hingeflogen. Wir sind alle um den Teufel herumgetanzt. Ich habe genau gesehen, wie Else Ahlers den Teufel geküßt hat und wie Almut Meier ihn gestreichelt hat!" Der Richter meint grimmig: „Na also, du kannst dich gut erinnern, wenn man erst mal etwas nachhilft! Und was Else Ahlers und Almut Meier angeht, die erwischen wir auch noch." Er räuspert sich: „Du hast also zugegeben, eine Hexe zu sein. Übermorgen, am 19. März, wirst du auf dem Marktplatz öffentlich verbrannt!" Die alte Frau bricht zusammen. Sie wird hinausgeführt. ...

Diese Erzählung enthält viele Schwachpunkte. Kein Hexenprozeß wird je so abgelaufen sein. Auch ist sie nur mäßig spannend erzählt. Wenn sie hier dennoch wiedergegeben ist, so geschieht dies deshalb, weil sie erfolgreich eingesetzt wurde und offensichtlich ihren Zweck als Einstieg gut erfüllte. Im übrigen ist es ein leichtes, der Erzählung ein bißchen Schwung zu verleihen und allzu große Schnitzer auszuräumen. So dürfte es kaum zutreffend gewesen sein, daß eine Magd eine ziemlich fremde, schon vom äußeren Erscheinungsbild her unangenehme Frau in das Haus ließ und ihr zu Essen gab. Auch müßte die Erzählung einen größeren zeitlichen Rahmen bekommen, denn unmöglich konnte es geschehen, daß vom „Delikt" über das Urteil bis zur Hinrichtung nur sechs Tage verstrichen. Daß „Gendarmen" ein anachronistischer Begriff ist, fällt hingegen nicht so sehr ins Gewicht. „Die Hexe" selbst ist eigentlich wenig verdächtig. Man könnte die Verdachtsmomente gegen sie dadurch verstärken, daß man die Gerichtsknechte bei ihrer Festnahme Kräuter u.ä. in ihrer Wohnung finden läßt. Auch ist der Hexensabbat sehr zurückhaltend geschildert. Hier wäre mehr Mut zur drastischen Darstellung durchaus angebracht gewesen. Auch erstaunt, daß nicht wenigstens ein Priester oder Mönch auftaucht. Daß der Akt der Folterung nicht geschildert wird, ist hingegen berechtigt, denn im weiteren Fortgang der Stunde (oder der Unterrichtseinheit) könnte man hierüber mit Hilfe von Bildquellen hinreichende Kenntnisse vermitteln.

Die Erzählung wird bis einschließlich der Ereignisse am 15. März vorgelesen oder vorgetragen. Danach sollen die Schülerinnen und Schüler Vermutungen äußern, wie die Geschichte ausgegangen sein könnte. Danach wird der Rest der Geschichte gelesen und der Übergang zur historischen Aufklärung – etwa über die Arten der Folterung – hergestellt. Besser als derartige erfundene Geschichten sind allerdings erzählende Quellen.

2. Beispiel: Aufruf des Papstes Urban II. zum ersten Kreuzzug (1095) – werden ihm die Christen Folge leisten?

In Clermont in der Auvergne (Frankreich) fand im Herbst 1095 unter dem Vorsitz des Papstes Urban II. ein Konzil statt. Auf der letzten Sitzung, am 27. November 1095, zu dem neben der hohen Geistlichkeit auch einige weltliche Fürsten eingeladen worden waren, rief der Papst zum Kreuzzug ins Heilige Land auf. Der Unterricht könnte mit dem Text der Rede des Papstes begonnen werden, den der Geschichtsschreiber Fulcher von Chartres als Augenzeuge überliefert hat. Fulcher nahm kurz darauf selbst am Kreuzzug teil. Nach der gemeinsamen Lektüre des

Redeausschnitts erhebt sich die Frage, wie wohl die abendländischen Christen auf diesen Aufruf zum Kreuzzug reagiert haben. Was war der Anlaß, daß der Papst zum Kreuzzug aufrief? Welche Aussichten eröffnete ihnen der Papst für den Fall, daß sie das Kreuz nähmen?

„Vielgeliebte Brüder! Getrieben von den Forderungen dieser Zeit, bin ich, Urban, der ich nach der Gnade Gottes die päpstliche Krone trage, oberster Priester der ganzen Welt, hierher zu euch, den Dienern Gottes gekommen, gewissermaßen als Sendbote, um euch den göttlichen Willen zu enthüllen. ... Es ist unabweislich, unseren Brüdern im Orient eiligst die so oft versprochene und so dringend notwendige Hilfe zu bringen. Die Türken und die Araber haben sie angegriffen und sind in das Gebiet von Romanien vorgestoßen ...; und indem sie immer tiefer eindrangen in das Land dieser Christen, haben sie diese siebenmal in der Schlacht besiegt, haben eine große Anzahl von ihnen getötet und gefangengenommen, haben die Kirchen zerstört und das Land verwüstet. Wenn ihr ihnen jetzt keinen Widerstand entgegensetzt, so werden die treuen Diener Gottes im Orient ihrem Ansturm nicht länger gewachsen sein. Deshalb bitte und ermahne ich euch, und nicht ich, sondern der Herr bittet und ermahnt euch als Herolde Christi, die Armen wie die Reichen, daß ihr euch beeilt, dieses gemeine Gezücht aus den von euern Brüdern bewohnten Gebieten zu verjagen und den Anbetern Christi rasche Hilfe zu bringen. ...

Wenn diejenigen, die dort hinunterziehen, ihr Leben verlieren, auf der Fahrt, zu Lande oder zu Wasser oder in der Schlacht gegen die Heiden, so werden ihnen in jener Stunde ihre Sünden vergeben werden, das gewähre ich nach der Macht Gottes, die mir verliehen wurde. ...

Mögen diejenigen, die vorher gewöhnt waren, in privater Fehde verbrecherisch gegen [andere] Gläubige zu kämpfen, sich mit den Ungläubigen schlagen und zu einem siegreichen Ende den Krieg führen, der schon längst hätte begonnen sein sollen; mögen diejenigen, die bis jetzt Räuber waren, Soldaten werden ...; mögen diejenigen, die sonst Söldner waren um schnöden Lohn, jetzt die ewige Belohnung gewinnen; mögen diejenigen, die ihre Kräfte erschöpft haben zum Schaden ihres Körpers wie ihrer Seele, jetzt sich anstrengen für eine doppelte Belohnung... Verpflichtet euch ohne zu zögern; mögen die Krieger ihre Angelegenheiten ordnen und aufbringen, was nötig ist, um ihre Ausgaben bestreiten zu können; wenn der Winter endet und der Frühling kommt, sollen sie fröhlich sich auf den Weg machen unter der Führung des Herrn."

Aus: Die Kreuzzüge in Augenzeugenberichten, hrsg. v. Régine Pernoud, Düsseldorf, 5. Aufl. 1965, S. 21f.

3. Beispiel: Kolumbus erreicht Westindien – wie werden die „Wilden“ ihm begegnen? Eine erzählende Quelle als Einstieg

In den beiden vorhergegangenen Stunden haben die Schülerinnen und Schüler sich mit den ersten Entdeckungsfahrten beschäftigt und in diesem Zusammenhang auch die technischen Hilfsmittel zur Orientierung auf See kennengelernt. Im Anschluß daran erfuhren sie, mit welchen Schwierigkeiten Kolumbus zu kämpfen hatte, bis er die Unterstützung des spanischen Königspaares Isabella und Ferdinand erhielt. Die Stunde endete mit der langen Überfahrt über den Atlantik und der unter den Besatzungsmitgliedern der drei Schiffe immer weiter um sich greifenden Hoffnungslosigkeit, ob sie wohl je „Indien" erreichen würden. Die folgende Stunde beginnt mit der nachstehenden Geschichte.

„[Am 12. Oktober 1492] um zwei Uhr morgens kam das Land in Sicht, von dem wir etwa 8 Seemeilen entfernt waren. Wir holten alle Segel ein und fuhren nur mit einem Großsegel, ohne Nebensegel. Dann lagen wir bei und warteten bis zum Anbruch des Tages, der ein Freitag war, an welchem wir zu einer Insel gelangten, die in der Indianersprache ‚Guanahani' hieß. Dort erblickten wir allsogleich nackte Eingeborene. Ich begab mich, begleitet von Martín Alonso Pinzón und dessen Bruder Vicente Yáñez, dem Kapitän der ‚Niña', an Bord eines mit Waffen versehenen Bootes an Land. Dort entfaltete ich die königliche Flagge, während die beiden Schiffskapitäne zwei Fahnen mit einem grünen Kreuz im Felde schwangen, das an Bord aller Schiffe geführt wurde und welches rechts und links von den je mit einer Krone verzierten Buchstaben F und Y [Anfangsbuchstaben des Königs und der Königin, Fernando und Ysabel, G.S.] umgeben war. Unseren Blicken bot sich eine Landschaft dar, die mit grün leuchtenden Bäumen bepflanzt und reich an Gewässer und allerhand Früchten war.

Ich rief die beiden Kapitäne und auch all die anderen, die an Land gegangen waren, ... zu mir und sagte ihnen, durch ihre persönliche Gegenwart als Augenzeugen davon Kenntnis zu nehmen, daß ich im Namen des Königs und der Königin, meiner Herren, von der genannten Insel Besitz ergreife. ...

Sofort sammelten sich an jener Stelle zahlreiche Eingeborene der Insel an. In der Erkenntnis, daß es sich um Leute handle, die man besser durch die Liebe als mit dem Schwerte retten und zu unserem Heiligen Glauben bekehren könne, gedachte ich sie mir zu Freunden zu machen und schenkte also einigen unter ihnen rote Kappen und Halsketten aus Glas und noch andere Kleinigkeiten von geringem Werte, worüber sie sich ungemein erfreut zeigten. Sie wurden so gute Freunde, daß es eine helle Freude war. Sie erreichten schwimmend unsere Schiffe und brachten uns Papageien, Knäuel von Baumwollfäden, lange Wurfspieße und viele andere Dinge noch, die sie mit dem eintauschten, was wir ihnen gaben, wie Glasperlen und Glöckchen. Sie gaben und nahmen alles von Herzen gern – allein mir schien es, als litten sie Mangel an allen Dingen.

Sie gehen nackend umher, so wie Gott sie erschaffen, Männer wie Frauen. ... Ich sah niemand, der mehr als 30 Jahre alt war. Dabei sind sie alle sehr gut gewachsen, haben einen schön geformten Körper und gewinnende Gesichtszüge. Sie haben dichtes, struppiges Haar, das fast Pferdeschweifen gleicht. ... Einige von ihnen bemalen sich mit grauer Farbe. ..., andere wiederum mit roter, weißer oder einer anderen Farbe; einige bestreichen damit nur ihr Gesicht oder nur die Augengegend oder die Nase, noch andere bemalen ihren ganzen Körper.

Sie führen keine Waffen mit sich, die ihnen nicht einmal bekannt sind; ich zeigte ihnen die Schwerter, und da sie sie aus Unkenntnis bei der Schneide

anfaßten, so schnitten sie sich. Sie besitzen keine Art Eisen. Ihre Spieße sind eine Art Stäbe ohne Eisen, die an der Spitze mit einem Fischzahn oder einem anderen harten Gegenstand versehen sind. ...
Manche von ihnen haben Wundmale an ihren Körpern. Als ich sie unter Zuhilfenahme der Gebärdensprache fragte, was diese zu bedeuten hätten, gaben sie mir zu verstehen, daß ihr Land von den Bewohnern der umliegenden Inseln heimgesucht werde, die sie einfangen wollten und gegen die sie sich zur Wehr setzten. ... Sie müssen gewiß treue und kluge Diener sein, da ich die Erfahrung machte, daß sie in Kürze alles, was ich sagte, zu wiederholen verstanden; überdies glaube ich, daß sie leicht zum Christentum übertreten können, da sie allem Anschein nach keiner Sekte angehören..."

Aus: Christoph Kolumbus: Bordbuch, Frankfurt/M. 1981, S. 44ff.

Diese Geschichte wird bis zu dem Satz „Sofort sammelten sich an jener Stelle zahlreiche Eingeborene der Insel an" vorgetragen, erzählt, vorgelesen oder gemeinsam gelesen. Danach wird die Frage gestellt: „Wie werden sich die Eingeborenen den Spaniern gegenüber verhalten haben?" Nachdem die Schüler einige Vermutungen geäußert haben, wird die Frage umgekehrt: „Wie verhielten sich die Spanier den Eingeborenen gegenüber, und was hatten sie mit ihnen vor?" Nachdem sich die Schüler auch hierzu geäußert haben, wird der Rest der Geschichte vorgelesen. Danach erhalten die Schüler auf einem Arbeitsblatt den vollständigen Text, um ihre Vermutungen mit der Niederschrift Kolumbus' zu vergleichen. In der folgenden Stunde könnte dann mit Hilfe von zeitgenössischen Abbildungen auf das Leben der Eingeborenen, ihr Aussehen und ihre Kulturleistungen eingegangen werden.[77]

4. Beispiel: Was passiert hier eigentlich? Herstellung einer Geschichte auf der Basis von Stichwörtern:

Gegenstand des Unterrichts (in einer 7. Klasse der Hauptschule) ist der Beginn des Dreieckhandels im 16. Jahrhundert bzw. die Behandlung der Frage nach dem Beginn des Sklavenhandels zwischen Afrika und Amerika. Den Schülern wird zu Beginn der Stunde ein Arbeitsblatt mit nachstehenden Wörtern vorgelegt, aus denen sie eine Geschichte konstruieren sollen. Hilfsweise kann die hier ebenfalls abgedruckte Abbildung (s. S. 89) beigefügt werden.

Dorf in Westafrika ... friedlich ... Strohhütten ... Sklavenjäger ... Gewehre ... rücksichtslos ... prügeln ... einfangen ... fesseln ... ohne Mitleid ... marschieren ... Tag und Nacht ... Bewachung ... erschöpft ... weiter Weg ... Hafenstadt ... Kaufleute ... Waren ... große Segelschiffe ... an Bord ... unter Deck ... hinlegen ... gefesselt ... eng ... heiß ... Aufseher ... Peitsche ... Schmerzen ... Durst und Hunger ... kein Sonnenlicht ... faule Fische ...

Belegplan eines englischen Sklavenschiffs
Aus: Wir machen Geschichte, Bd. 2, Frankfurt/M. 1997, S. 34.

stinkendes Wasser ... Sturm ... seekrank ... andere Krankheiten ... Tote ... über Bord ... Matrosen ohne Mitgefühl ... wie Tiere ... endlich Land ... Sklaven von Bord ... Sklavenmarkt ... Händler ... Käufer ... untersuchen Sklaven ... werden verkauft ... langer Marsch ... Tabakplantage ... harte Arbeit ... 16 Stunden ... ohne Ruhetag ... armselige Hütten ... wenig Nahrung ... Krankheiten ... weiße Herren in Luxus ... arbeiten kaum ... verachten die Sklaven ... Ungerechtigkeit ... Verzweiflung.
Die Wörtervorlage verlangt von den Schülern einige Anstrengungen und ein beträchtliches Maß an Kombinationsvermögen. Da die Schüler die Geschichte aber selbst „herstellen“, kann davon ausgegangen werden, daß sie sich den erzählten Sachverhalt besser merken als im üblichen Unterrichtsverfahren, bei dem der Lehrer/die Lehrerin die Geschichte erzählt. Zugleich gewinnen sie dadurch einen ersten Einblick in das „Funktionieren“ des einen Teils des Dreieckhandels.

5. Beispiel: Zeitgenössische Abbildungen als Ausgangspunkt für Vermutungen und zur Einstimmung (Thema: Die Schrecken des Dreißigjährigen Kriegs)

Nicht nur Texte, auch Bilder vermögen Schülerinnen und Schüler zu Vermutungen zu veranlassen, wie eine Geschichte aus- oder weitergegangen sein mag. Oft lösen diese Abbildungen entsprechende Schüleräußerungen noch viel unmittelbarer aus als Texte. Die Abbildungen aus der Zeit des Dreißigjährigen Krieges (S. 90/91) können zu Beginn einer Unterrichtsstunde zum Thema „Not und Elend der Bevölkerung während des Dreißigjährigen Krieges“ eingesetzt werden. Sie sollen den Schülern eine Ahnung davon vermitteln, wie die Menschen in Stadt und Land unter den Kriegsgeschehnissen zu leiden hatten. In der nachfolgenden Arbeitsphase können die durch diese Abbildungen hervorgerufenen Vorstellungen der Schüler dann mit Hilfe von zeitgenössischen Texten konkretisiert und vertieft werden.[78]

Belagerung von Magdeburg 1631
Aus: Sigrid und Wolfgang Jacobeit: Illustrierte Alltagsgeschichte des deutschen Volkes 1550-1810, Köln 1986, S. 32

Die Erstürmung Magdeburgs
Aus: Aus dem großen Krieg. Schilderungen und Berichte von Augenzeugen, ausgewählt und bearbeitet von Gerhard Krügel. Leipzig o.J., nach S. 122

Überfall auf ein Dorf
Aus: Aus dem großen Krieg a.a.O., nach S. 164

6. Beispiel: Was geht hier eigentlich vor? Ein „Lärmbild" als Einstieg: Die Industrielle Revolution

In der Klasse wurden die Voraussetzungen der Industriellen Revolution bereits erarbeitet. Jetzt soll es darum gehen, deren Auswirkungen kennenzulernen. Die Stunde, die dem Thema Fabrikarbeit gewidmet sein soll, könnte damit beginnen, daß der Lehrer/die Lehrerin ohne jegliche Vorbemerkungen eine Kassette abspielt, auf der nur Geräusche zu hören sind: Das Fauchen und Pfeifen einer Lokomotive; das Hämmern in einer Schmiede; das Stampfen in einem Maschinensaal, vermischt mit dem Schreien der Arbeiter; das Kreischen von Sägen; das Surren von Spindeln; das Klirren von Metall usw. Die Schüler sollen unter dem Eindruck des Gehörten Vermutungen darüber äußern, welchen Belastungen Arbeiter während eines Zehnstundenarbeitstages wohl ausgesetzt gewesen sind. Im Anschluß daran versuchen sie, die Geräusche bestimmten Maschinen oder Arbeitsvorgängen zuzuordnen. Alternativ hierzu könnten die Geräusche auch mit einer zeitgenössischen Schilderung eines Beteiligten verbunden werden, oder das „Lärmbild" wird durch zeitgenössische Abbildungen (Folien) von Arbeitsvorgängen aus der Zeit der Frühindustrialisierung angereichert[79]. Zeitgenössische Texte, aus denen die Belastungen der in diesen Fabriken arbeitenden Menschen hervorgeht (lange Arbeitszeit, wenig Pausen, Lärm, Schmutz, Hitze, schlechte Luft, Arbeitshetze usw.), sollen im Anschluß daran bearbeitet werden.

7. Beispiel: Beginn des Ersten Weltkriegs – Was wird geschehen? Wie haben Zeitgenossen den Kriegsbeginn erlebt?

Die nachstehenden Texte vermitteln einen Einblick in das Denken der Zeitgenossen beim Beginn des Ersten Weltkriegs. Sie sind sicherlich nicht repräsentativ, vor allem nicht für die Denkweise der „kleinen Leute". Im Bildungsbürgertum waren derartige Gedanken aber dennoch weit verbreitet. Natürlich können die nachstehenden Texte in dieser Form nicht als Einstieg verwendet werden; dazu sind sie viel zu lang. Sie sollen den Unterrichtenden aber die Möglichkeit bieten, Auszüge entsprechend den eigenen Unterrichtszielen und den Vorkenntnissen und Interessen der Schülerinnen und Schüler auszuwählen. Passagen aus den nachstehenden Texten können Grundlage einer kurzen Gruppenarbeit sein, um (die Schüler wahrscheinlich überraschende) Denkweisen von Zeitgenossen zu verdeutlichen. Es besteht auch die Möglichkeit, sich nur auf einen der nachstehenden Texte zu stützen, um die übrigen Texte dann in der Arbeitsphase aufzugreifen, sofern es den Unterrichtenden zu Beginn einer Unterrichtseinheit zum Thema „Erster Weltkrieg" darauf ankommt, verbreitete Denkweisen in der deutschen Bevölkerung herauszuarbeiten. Für diesen Fall müßten vergleichbare Äußerungen anderer sozialer Gruppen (ggf. auch Äußerungen aus dem Ausland) mit herangezogen werden. Am Ende der Stunde könnte dann die zunächst noch offen bleibende Frage stehen, wie sich die in diesen Texten zum Ausdruck gebrachten Werthaltungen und Ziele auf die Formulierung und Propagierung der Kriegsziele, die Durchhaltebereitschaft der Bevölkerung, dann aber auch – unter Vorwegnahme des Kriegsausgangs – auf die Hinnahmebereitschaft der Niederlage und die daraus resultierenden Konsequenzen ausgewirkt haben könnten. Diese anspruchsvollen Unterrichtsziele legen es nahe, mit diesen Texten erst in der Oberstufe der Gymnasien zu arbeiten.

Aus einem Brief Friedrich Gundolfs an Gustav Roethe** vom 27. August 1914*

„Die ungeheuren Tage, die wir erleben dürfen, die Verwandlung von vielen Millionen Leuten in *ein* deutsches Volk, das diesen heiligen Namen verdient, die Tatwerdung einer dumpfen Kräftemasse, deren Zersetzung uns schon ängstigte, werden uns ja wohl auch ein neues Heldentum wenn nicht schon verwirklichen, so doch ermöglichen: daß die Goethische Bildung und die Bismarcksche Kraft nicht mehr nacheinander oder gar gegeneinander, sondern miteinander ein Reich füllen und formen, daß das Schützenswerte und das Schützende, der Herd und die Mauer endlich zusammen gehören, und Deutschland nicht nur ‚das heilige Herz der Völker', sondern auch der Leib wird. Es gibt wohl jetzt kein andres Volk mehr, von dem man eine neue Weltwerdung erwarten darf, wenn es nicht die Deutschen leisten. Nur hier ist noch bildsame Glut, Wahrheit und Zucht als *Volks*bedürfnis und *Gesamt*forderung. (Auf einzelne Charaktere innerhalb der Nationen kommt es nicht an, nur auf die Stimme und Haltung der Völker, wenn sie als Einheiten sprechen wie jetzt, und da hat Deutschland in diesen Tagen die Probe herrlicher bestanden, als man hoffen durfte, unsre Feinde aber, wie auch ihre Einzelnen sein mögen, haben sich entseelt und entgeistert bis zur Vernichtung.)"

Aus: Ernst Johann (Hrsg.): Innenansicht eines Krieges. Deutsche Dokumente 1914-1918, Frankfurt/M. 1968, S. 30.

* Friedrich Gundolf (1880-1931): Dichter, ab 1911 Dozent, ab 1920 Professor für Literaturgeschichte an der Universität Heidelberg; stark beeinflußt von Stefan George und dessen Kreis, dem Gundolf zeitweise angehörte.
** Gustav Roethe (1859-1926), Literaturhistoriker, seit 1902 Professor an der Universität Berlin.

Aus der Autobiographie des Romanisten Victor Klemperer
[Klemperer war am Abend des 23. Juli 1914 bei dem Münchener Germanistikprofessor Franz Muncker (1855-1926) zu einer Abendgesellschaft eingeladen.]
„An jenem Abend bei Munckers aber, so wenige Tage vor dem Ausbruch des Weltkriegs, war für alle Anwesenden die nahende Katastrophe buchstäblich nicht vorhanden; mit vollkommener Unbeschwertheit und Selbstverständlichkeit plätscherten sie in ihrem Alltag. Und doch hatten sie alle ihre Zeitung gelesen, waren alle gebildete Menschen, standen in verschiedenen Berufen, die man durchaus nicht durchweg weltfremd nennen durfte. Muß ich wirklich annehmen, daß diese kleine Gruppe so besonders stumpfsinnig war? Muß ich nicht vielmehr von ihnen auf Millionen anderer Menschen schließen, die in gleicher Ahnungslosigkeit lebten? Ich bin in diesen Juliwochen mit allerhand Leuten in mehr oder minder flüchtige Berührung gekommen, zu Haus, auf der Universität, in Läden, im Kaffeehaus, im Restaurant: Überall war es dasselbe gleichmütige Verharren im Alltag. Gewiß, es wird auch Millionen gegeben haben, die mit dem Bevorstehenden rechneten – aber gehörte die Masse der Unbewußten, der selbstverständlich Friedlichen nicht zum Volk? ... Denn vom Augenblick der Ankunft in München [Klemperer war aus Italien dorthin gekommen] bis zur Kriegserklärung Österreichs an Serbien war ich von meiner privaten Angelegenheit derart ausgefüllt, daß mir alle Aufnahmefähigkeit für das Allgemeine fehlte, und selbst nach dieser ersten Kriegserklärung kam meine Überzeugung von der Unmöglichkeit eines europäischen Krieges noch mehrere Tage lang nicht ernstlich ins Wanken. ...
[Im folgenden zitiert Klemperer aus seinen Tagebuchaufzeichnungen.] Sonntag morgen, 26. Juli [1914] ... Wir beschlossen, eine Fahrt zu den ‚Münchener Neuesten Nachrichten'... [zu machen]. Dort stand ein Menschenhäufchen, nicht groß, aber für München beträchtlich. ... Wir hörten

ein Hochschreien, wir sahen ein geschwungenes Bierseidel. Dann wurde gerufen: ‚Österreich hat den Krieg erklärt!' Eine Frau sagte zu einer andern: ‚Dös is scho recht', und ähnliche Bemerkungen fingen wir hier und an andern Straßenpunkten mehrfach auf. Ich war sehr erfreut, sehr erregt, ich glaubte, ein allgemeines Volksgefühl zu konstatieren und selbst in ihm aufzugehen. ... Ich habe schließlich in meiner Kriegssehnsucht doch nur den Drang nach dem Erleben des Außerordentlichen. Der Krieg ist höchste Sensation und einzige dem Kulturmenschen noch gebliebene Katharsis. Deshalb ist er von keiner Friedensgesellschaft auszurotten. Der Krieg, das große historische Ereignis, kann ganze Geschlechter unsterblich machen. Wer als Müller oder Schulze der 3333. untergeht, glaubt erhalten zu bleiben als ‚zur großen Generation gehörig, welche. ...' Krieg ist also Massensurrogat für den Einzelruhm."

Aus: Victor Klemperer: Curriculum vitae. Erinnerungen 1881-1918, Bd. 2, hrsg. v. Walter Nowojski, Berlin 1996, S. 170f., 174f.

8. Beispiel: Kriegsende 1945 – Wie wird es weitergehen?

Ein ähnliches Ziel, nämlich Schülerinnen und Schüler über den Fortgang der Geschichte spekulieren zu lassen und die Spekulationen dann als Ausgangspunkt für die Erarbeitung der historischen Tatsachen zu nehmen, wird erreicht, wenn für die Eingangsphase einer Geschichtsstunde kurze Quellenstücke zusammengestellt werden, die dokumentieren, wie Menschen ganz unterschiedlicher sozialer Herkunft und Stellung sich – meist in Extremsituationen – Gedanken über die eigene Zukunft oder über die Zukunft des Staates, in dem sie lebten, gemacht haben. Bei der Auswahl der Texte wurde Wert darauf gelegt, daß Schüler sowohl die Binnensicht der „Verlierer" als auch die Sicht der „Sieger" von außen kennenlernen können. Je nach Klassenstufe kann aus den nachstehenden Texten eine Auswahl getroffen werden.

Tagebucheintrag des deutschen Emigranten Alfred Kantorowicz

„New York, den 8./9. Mai 1945 (nachts)

Einige falsche Alarme hatten in den vergangenen Tagen die Kapitulation der Reste von Hitlers Armee vorweggenommen. Seit heute ist das Überfällige amtlich. Es ist gut, heute allein zu sein. Das also liegt hinter uns. Immerhin zwölf Jahre. Zwölf Jahre, die die Verbrechen von tausend Jahren angehäuft haben. ... Noch wage ich nicht weiterzudenken. Von irgendwoher wird Beethovens Fünfte gesendet. Die Hymne des Sieges? Es gibt keinen Sieg. Es gibt am Ende des Krieges nur Besiegte."

Aus: Alfred Kantorowicz: Deutsches Tagebuch, 1. Teil, Berlin 1978, S. 80

*Aus einem Brief des marxistischen Wirtschaftshistorikers Jürgen Kuczynski (1904-1997) an die Schriftstellerin Anna Seghers (1900-1983) nach seinem ersten Besuch des besiegten Deutschland (London, 1. Mai 1945)**

„Liebe Anna: Verzeih, daß ich Dir auf Deinen letzten Brief erst so spät antworte. Doch die Ursache ist nicht Vergeßlichkeit. Ganz im Gegenteil habe ich in den letzten Wochen Deiner oft gedacht, und als wir bei Mainz über den Rhein fuhren, habe ich den Helm abgenommen, Dir und der Freunde vom Siebten Kreuz** zu Ehren. Doch Mainz [=Geburtsstadt Anna Seghers'] war nicht das Einfallstor in die Wüste, die Deutschlands Städte heute darstellen. ... Die erste große Stadt, in der wir längere Zeit blieben, war Ludwigshafen. Wenn Du durch die Außenbezirke gefahren bist, doch noch durchaus fern vom Zentrum der Stadt, findest Du kein Haus mehr, das noch bewohnbar – mit Ausnahme des Kellers. Und wie in Ludwigshafen, so in Mannheim, in Köln, in Karlsruhe, Würzburg, Heilbronn, Nürnberg und so vielen anderen Städten. Die Deutschen sind Kellerbewohner geworden. ... Sie sehen im allgemeinen gut genährt aus. Die Rationen waren ausreichend bis Ende des letzten Jahres. Ausnahmen sind die alten Leute, die schneller auf den rapiden Abfall [der Lebensmittelrationen, G.S.] seit Dezember und Januar reagieren und von denen viele bald sterben werden. Ausnahmen sind auch all die, die einen besonderen Schock von den Fliegerangriffen davongetragen haben; neben frisch aussehenden, sauber gekleideten Kindern siehst Du andere, die bleich und schmal sind mit übergroßen Augen und bisweilen tiefen Furchen im Gesichtlein, wie Greise. Auf den Straßen und Wegen, die wir über Land fuhren, begegnen Dir kleine Handkarren, Dutzende, Hunderte, auf denen Familie ihre Habe fahren von einer Kellerwohnung in eine andere, die vielleicht weniger feucht und dumpf, oder zurück in die Stadt oder das Dorf, aus dem sie geflüchtet waren. Als die Alliierten nach Köln kamen, waren dort noch 40 000 von den ursprünglich nahezu eine Million Einwohnern. Heute sind es wieder 100 000. Nur eine größere Stadt sah ich, die fast unberührt: Heidelberg. ... Deutschland ist nicht wiederzuerkennen. Das Hitlerregime hat Deutschland zerstört, furchtbarer als es im Siebenjährigen Krieg geschah, schlimmer noch als im Dreißigjährigen Krieg. ...

Wie viele Direktoren großer und größter Betriebe habe ich gesprochen – und nicht ein einziger war ein ‚wirklicher Parteimann'! Sie alle haben heute an der Vergangenheit zu kritisieren; sie alle wollen heute mit den Alliierten ‚zusammenarbeiten'; sie alle fühlen sich unabkömmlich, und wenn einer zu seinem Erschrecken von den ‚Terrorangriffen' der Alliierten spricht und sich dann rasch verbessert, so sind zehn andere gewandt genug, sich so lange zu krümmen, bis sie die ‚Meisterleistungen der alliierten Bomber' über ihren eigenen Fabriken bewundern. ...

Noch andere kann man finden, doch ihrer sind weniger als in irgendeiner anderen Gruppe: sie haben zu begreifen angefangen, vielfach besser als manche, die die letzten Jahre in der Emigration verbracht, was vorgegangen, und auch was geschehen muß; sie erkennen, welches heute die Stellung des deutschen Volkes im Kreise der Nationen, und was das deutsche Volk

leisten muß, um wieder in den großen Strom fortschrittlichen Vorwärtsstrebens einzugehen. ...
Nur die Landschaft vor Dir ist ewig schön und problemlos. Und sicher wie der Landschaft bist Du auch in Deinem Glauben, daß kein Volk verloren ist, auch nicht das deutsche, auch nicht nach alledem, was in den letzten Jahren geschehen, wenn es noch Männer und Frauen sein eigen nennt, die den rechten Weg kennen, und dessen Schicksal mitbestimmt wird von den fortschrittlichen Kräften der ganzen Welt. ...
Doch einiges ist mir klar geworden. Die Menschen, die ich sprach, waren abgeschnitten seit vielen Jahren von allem, was uns als normales Leben, Denken, Fühlen erscheint. ... Die Menschen sind niedergeschlagen im physischen und psychischen Sinne – oder stur und versteinert gleich grotesken Fratzen. Wenn man zu ihnen spricht, muß man anknüpfen an das Unglück, das über sie gekommen, und ihnen zeigen, wie es so kommen konnte und mußte. Hinweisen auf den verbrecherischen Charakter der Hitlerregierung und auf die Mitschuld, sie geduldet und unterstützt zu haben. Aufzeigen dann das Unglück, das Deutschland über die ganze Welt gebracht hat, und deuten den Weg in die Zukunft, den Weg der Sühne und der Reinigung und Wiedergeburt zugleich. Aber anfangen, anknüpfen, ganz konkret und einfach und real bei dem Leben, das die Massen des Volkes heute führen! Ihnen zu kommen mit abstrakten, allgemein politischen Reden, ... heißt, über sie hinweg, an ihnen vorbei sprechen."
Aus: Jürgen Kuczynski: „Ein linientreuer Dissident" – Memoiren 1945-1989, Berlin 1994 (Taschenbuchausgabe), S. 55-60

* Natürlich ist dieser Auszug viel zu lang, um in einer Einstiegsphase verwendet werden zu können. Je nach Zielsetzung des Unterrichts ist er aber sinnvoll teilbar und dann auch für einen Einstieg geeignet: Der erste Teil, der von den Zerstörungen handelt, ließe sich durchaus gesondert als Einstiegstext verwenden, wenn es im Unterricht um die Lebenssituation der Deutschen bei Kriegsende geht; der zweite Teil (ab: „Wie viele Direktoren ...") könnte dann herangezogen werden, wenn das Verhalten einzelner Bevölkerungsgruppen bei Kriegsende und wenn die Frage, was nun zu tun sei und wie es in Deutschland weitergehen könne, behandelt werden sollen.
** So der Titel eines im Exil entstandenen Romans von Anna Seghers aus dem Jahr 1942. In ihm beschreibt die Autorin die Flucht von sieben Häftlingen aus dem in der Nähe von Mainz gelegenen Konzentrationslager Westhofen nach Holland.

Aus einem Zeitungsartikel vom Spätsommer 1945
„Amerikanische Soldaten, die während ihres Vormarsches durch West- und Süddeutschland von der Bevölkerung mit Blumen und Jubel begrüßt wurden, hatten den Eindruck, daß Herr Hitler genau so empfangen worden wäre, wenn das Schicksal ... ihn hätte siegen lassen. ... Wenn Deutsche heute auf Hitler böse sind, so sind sie es großenteils darum, weil er den Krieg trotz all seines Genialprotzentums nicht gewonnen hat, und nicht, weil sie davon durchdrungen wären, daß der Nationalsozialismus Inbegriff aller schlech-

ten Instinkte, Barbarei und Kannibalentum war. Vielleicht wird unser Volk nach Überwindung des gröbsten Alltagselends erst richtig anfangen, über seine Schuld oder Verantwortlichkeit mit einer wirklich tiefen, fruchttragenden Leidenschaft zu grübeln."

Aus: Erik Reger: Die Toga des Schicksals,
in: Ders.: Vom künftigen Deutschland. Aufsätze
zur Zeitgeschichte, Berlin 1947, S. 53

Aus dem Tagebuch von Ursula von Kardorff

„Ein Uhr nachts. Hitler ist tot. Eben hörten wir es im Radio... Das also ist der Moment, den ich seit Jahren glühend herbeigesehnt, um den ich flehentlich gebetet habe. Und nun? Als jetzt das Deutschlandlied gespielt wurde, ergriff es mich zum erstenmal seit Jahren wieder. Ist das Sentimentalität? Jürgens Tod, die Verschleppung der Juden, das geschändete Land. ... Fritzi Schulenburg, Halem, Hassell, Leber, Haeften, Stauffenberg. ... [die Verfasserin nennt weitere hingerichtete Widerstandskämpfer] – alle, die ihr Leben drinnen oder draußen verloren haben. Doch für Deutschland? Aber wir werden es schaffen. Wir werden arbeiten, genügsam sein, bescheiden – und gläubig. Vielleicht gibt es eines Tages wieder ein neues, liebenswertes Deutschland. Der Tod so vieler Gefallener und Gehängter – ist er umsonst gewesen? Oder gibt es einen Sinn?"

Aus: Ursula von Kardorff: Berliner
Aufzeichnungen aus den Jahren 1942 bis 1945,
München 1962, S. 274

Aus einer im August 1945 geschriebenen Schrift

„Es ist wie ein Erwachen aus einem bösen Traum. Betäubt stehen wir vor den Ereignissen, die über uns niedergebrochen sind. ... Die Ahnung von der Einmaligkeit, der Unwiederbringlichkeit des Verloren ist jäh und scharf. Unser Bruder und Freund, unser Sohn oder Mann oder Vater ist gegangen und nicht wiedergekommen. Unsere Frau, unsere Kinder sind in Kellern verschüttet worden. Unsere Häuser sind zerstört, die Stätte unseres Wirkens ist dahin, die Straßen und Städte unserer Vorfahren nur noch Erinnerung. Seit dem Dreißigjährigen Krieg, seit dem Schwarzen Tod ist kein solches Unheil durch die deutschen Lande gegangen.

Bedrückender, aufwühlender, würgender noch wirkt das Bewußtsein, für diese Lawine von Blut und Elend, die über uns und über Europa niedergegangen ist, verantwortlich gemacht zu werden. Als Ausgangspunkt dieser Katastrophe zu gelten, die mit ihren Ausmaßen ohne Vergleich in der Geschichte steht. Von Abscheu und Verachtung umgeben zu sein. Zu Recht oder zu Unrecht? Hat unser Dasein noch einen Sinn, oder sind wir jetzt am Ende? Bleibt uns, die uns der Feuerstoß, der Phosphor, der Hunger und die Seuche verschont haben, jetzt nur noch ein stilles Erlöschen? Sollten wir unseren Kindern wünschen, daß sie nie geboren wären?"

Aus: F. A. Kramer: Vor den Ruinen Deutschlands. Aufruf zur geschichtlichen Selbstbesinnung, Koblenz o.J. [1945/46], S. 5

Die Ziele deutscher Wirtschaftsführer bei Kriegsende aus der Sicht eines Amerikaners (Frankfurt/M., April 1945)

„Kurz gesagt, im Land herrschte Chaos und unter den Leuten Hysterie, die sich schnell in eine Trotzhaltung und dem Gefühl ausweitete, ungerecht behandelt zu werden, und nicht von der geringsten Spur eines Schuldgefühls getrübt wurde. Die meisten dieser Männer mit hohem und in manchen Fällen höchstem Ansehen in der Gesellschaft waren bereit zuzugeben, daß Deutschland den Krieg verloren habe, beeilten sich aber hinzuzufügen, der Grund hierfür sei die Übermacht der Alliierten an Macht und Material gewesen; sie fügten dann sogleich hinzu, sie würden sich in der Zukunft Mühe geben, das auszugleichen. ... Soweit ich feststellen konnte, war die Einstellung des durchschnittlichen Managers von Selbstmitleid, kriecherischer Rechtfertigung und einem gekränkten Unschuldsgefühl geprägt, das mit einem Jammern um Mitleid und um Hilfe beim Aufbau seines zerstörten Landes verbunden war. Viele von ihnen, wenn nicht die meisten, erwarten zuversichtlich, das amerikanische Kapital werde sich unverzüglich bei der Aufbauarbeit engagieren, und sie erklärten sich bereit, ihre Arbeitskraft und ihren Verstand in den Dienst dieser vorübergehenden Herren zu stellen; davon erhoffen sie sich unverhohlen, Deutschland mächtiger und größer wiederaufzubauen, als es in der Vergangenheit war. Sie waren ohne Ausnahme über ihre Lage und ihre künftigen Aussichten äußerst beunruhigt. Dafür, was ihr Land in seine bejammernswerte Lage gebracht hatte und wer dafür verantwortlich war, interessieren sie sich kaum, genauer gesagt, gar nicht. ... Die Führer der Wirtschaft geben offen zu, daß das eroberte Deutschland im Augenblick ein politisches und wirtschaftliches Vakuum ist, und sie seien am ehesten in der Lage, es wieder zu füllen – und nicht die umherstreunenden, verlumpten und verwirrten kleinen Leute, die in den Geisterstädten ihrer unter Trümmern begrabenen Welt umherirrten."

Aus: Zwischen Befreiung und Besatzung. Analysen des US-Geheimdienstes über Positionen und Strukturen deutscher Politik 1945, hrsg. v. Ulrich Borsdorf und Lutz Niethammer, Wuppertal 1976, zit. nach: Europa in Ruinen. Augenzeugenberichte aus den Jahren 1944-1948, hrsg. v. Hans Magnus Enzensberger, München 1945, S. 109f.

9. Beispiel: Welche Befürchtungen haben Zeitgenossen?

Anders als die vorstehenden Texte, deren Lektüre und Interpretation selbst dann, wenn sie stark gekürzt werden, immer recht zeitaufwendig sind, werden Abbildungen, die eine Prognose über Zukunftsentwicklungen enthalten, von Schülern in der Regel schneller und umstandsloser aufgefaßt. In vielen Schulbüchern findet sich die Karikatur von A. Paul Weber „Das Verhängnis" aus dem Jahr 1932, die eine ganz bestimmte Zukunftsentwicklung prognostiziert: Der Karikaturist verheißt den Anhängern der Nazis (dem ganzen deutschen Volk?) den Absturz in das sichere Verderben.

Ähnliche Bilder, die eine Geschichte mit Zukunftsperspektive erzählen,

hat einige Jahre später der Holzschneider Gerd Arntz angefertigt. Der Holzschnitt „Sport“ (s. u.) interpretiert die sportliche Betätigung junger Männer als paramilitärisch. Sie dient dazu, im Krieg Stacheldraht und Schützengräben zu überwinden – und sie führt, wie das Kreuz am rechten unteren Bildrand zeigt, in den Tod.
Solche prognostische Bilder sollen Schüler dazu veranlassen zu fragen, aufgrund welcher Indizien und mit welcher Berechtigung Zeitgenossen zu derartigen Einschätzungen der zukünftigen Entwicklung gelangen konnten, ob ihre Prognose zutreffend war und warum ihre Mitmenschen nicht ebenso weitblickend gewesen sind und nichts unternommen haben, um das Unheil abzuwenden.

10. Beispiel: Wie wird es weitergehen? Was bringt das neue Jahrtausend?

Während die Schülerinnen und Schüler beim vorstehenden 8. Beispiel den Fortgang der Geschichte bereits kennen und ihre Kenntnis des weiteren Verlaufs der Geschichte mit den in den zitierten Quellen zum Ausdruck kommenden Zukunftserwartungen bzw. -befürchtungen in Beziehung setzen können, ist bei dem hier vorgeschlagenen Thema die Zukunft gewissermaßen offen. Man wird nicht fehl gehen in der Annahme, daß in nächster Zeit (und wohl auch noch über das Jahr 2000 hinaus) in der Öffentlichkeit zahlreiche Prognosen über das veröffent-

Gerd Arntz: Sport (1938)
Aus: Geschichtsdidaktik 8 (1983), S. 383.

licht werden, was das neue Jahrtausend (Jahrhundert) in sozialer, wirtschaftlicher, politischer, ökologischer, kultureller usw. Hinsicht bringen wird. Mehrere Unterrichtsfächer (darunter auch Geschichte) werden gefordert sein, sich diesem öffentlichen Bedürfnis nach einem „Blick in die Zukunft" zu stellen. Im Geschichtsunterricht könnte eine solche Stunde damit eröffnet werden, daß man auf das Fin de siècle vor hundert Jahren zurückblickt. Auch damals waren die Menschen heftig bewegt von dem, was das neue Jahrhundert der Menschheit wohl bringen würde. Als Einstieg könnten deshalb die seinerzeit zahlreich erschienenen visionären Bilder (oft Karikaturen) genommen werden. Sie zeigen etwa, wie man sich am Übergang vom letzten zu diesem Jahrhundert die Entwicklung des Verkehrswesens vorstellte (S. 101/102). Sogleich stellt sich die Frage, ob und inwieweit die Vision der Zeitgenossen im Laufe des 20. Jahrhunderts zur Realität wurde.

11. Beispiel: Stalins Herrschaft in der Sowjetunion[80]

Das nachfolgende Beispiel zielt darauf ab, das Interesse und die Neugier der Schüler nicht über die Sachinformation eines Textes oder einer Quelle zu wecken, wie dies die vorstehenden Beispiele zu tun beabsichtigen, sondern über eine die Schüler verblüffende und irritierende gemeinsame Handlung, deren Sinn den Schülern zunächst verschlossen bleibt. Die Klasse wird zu Beginn der Stunde aufgefordert, aufzustehen und zu klatschen. Tempo, Rhythmus, Lautstärke und Dauer des Klatschens werden vom Lehrer/der Lehrerin dirigiert. Einige zuvor entsprechend informierte Schüler rufen mehrfach „Hoch! Hoch! Hoch!" oder „Es lebe Stalin!" o.ä. Nach etwa drei Minuten dämpft der Lehrer per Handzeichen das Klatschen, fordert die Schüler auf, sich hinzusetzen und beginnt nachstehenden Solschenizyn-Text vorzulesen:
„Eine Bezirksparteikonferenz bei Moskau. ... Den Vorsitz führt der neue Bezirkssekretär anstelle des im Gefängnis sitzenden früheren. Am Ende wird ein Schreiben an Stalin angenommen. Treuebekenntnis und so. Selbstredend steht alles auf, wie auch jedesmal der Saal aufspringt, wenn sein Name fällt. Im kleinen Saal braust ‚stürmischer, in Ovationen übergehender Applaus' auf. Drei Minuten, fünf Minuten – noch immer ist er stürmisch und geht noch immer in Ovationen über. Doch die Hände schmerzen bereits, die erhobenen Arme erlahmen. Die Älteren schnappen nach Luft. Und es wird das Ganze unerträglich dumm selbst für Leute, die Stalin aufrichtig verehren. Aber: Wer wagt es als erster? Aufhören könnte der Erste Bezirkssekretär. Doch er ist ein Neuling, er steht hier anstelle des [im Gefängnis, G.S.] Sitzenden, er hat selber Angst! Denn im Saal stehen und klatschen auch NKWD-Leute vom Staatssicherheitsdienst, die passen schon auf, wer als erster aufgibt! ... Im kleinen, unbedeutenden Saal wird geklatscht ... 6 Minuten! 7 Minuten! 8 Minuten! ... Sie sind verloren!

Eine Hauptstraße.

Wahrlich, in dem Jahr 2000
Sehn die Städte anders aus:
In den g'raden, breiten Straßen
Raget turmhoch Haus an Haus

Und an eisernen Gerüsten,
Die sich durch die Straßen ziehn
Gleitet mit Gedankenschnelle
Leicht die Schwebebahn dahin

Unter ihr spaziert der Bürger
Mit zufriedenem Gesicht,
Denn auf dieser Promenade
Stört ihn Roß und Wagen nicht.

Eine Reise um die Welt.

Eine Reise um die Erde
Das ist künftig gar nichts mehr,
Und man fährt im Jahr 2000
Einfach durch die Luft daher.

Aber nicht in enger Gondel,
Wie heut' bei den Luftballons,
Nein, man reist in einem Gastbot
Mit Veranden und Salons

Und so reist in wen'gen Tagen
Um die Welt man leicht und schnell,
Und beschaut sie sich gemütlich
Aus dem fliegenden Hotel

„Verkehr im Jahr 2000“ (Ausschnitt)
Aus: Stollwerck's Sammelalbum Nr. 1 und 2, Köln/Berlin/Preßburg/Wien 1897/98

„Im Jahr 2000“ (Fliegende Blätter 1904)
Aus: Lothar Diehl: Tyrannen der Landstraße: Die Automobilkritik um 1900, in: Kultur & Technik 3/1988, S. 56

Zugrunde gerichtet! Sie können nicht mehr aufhören, bis das Herz zerspringt! Hinten, in der Tiefe des Saales, im Gedränge, kann einer noch schwindeln, einmal aussetzen, weniger Kraft, weniger Rage hineinlegen – aber nicht im Präsidium, nicht vor aller Augen! Der Direktor der Papierfabrik, ein starker und unabhängiger Mann, steht im Präsidium, begreift die Verlogenheit, die Ausweglosigkeit der Situation – und applaudiert – 9 Minuten! 10! Er wirft sehnsüchtige Blicke auf den Sekretär, doch der wagt es nicht. Verrückt! Total verrückt! Sie schielen mit schwacher Hoffnung einer zum anderen, unentwegt Begeisterung auf den Gesichtern, sie klatschen und werden klatschen, bis sie hinfallen, bis man sie auf Tragbahren hinausbringt! Und auch dann werden die Zurückgebliebenen nicht aufgeben! ... Und so setzt der Direktor in der elften Minute eine geschäftige Miene auf und läßt sich in seinen Sessel im Präsidium fallen. Und – oh Wunder! – wo ist der allgemeine, ungestüme und unbeschreibliche Enthusiasmus geblieben? Wie ein Mann hören sie mitten in der Bewegung auf und plumpsen ebenfalls nieder. Sie sind gerettet! Der Bann ist gebrochen! ... Allein an solchen Taten werden unabhängige Leute erkannt. Erkannt und festgenagelt: In selbiger Nacht wird der Direktor verhaftet. Mit Leichtigkeit werden ihm aus ganz anderem Anlaß zehn Jahre verpaßt. Doch nach Unterzeichnung des abschließenden Untersuchungsprotokolls vergißt der Untersuchungsrichter nicht die Mahnung: ‚Und hören Sie in Zukunft nie als erster mit dem Klatschen auf!'"

Aus: Alexander Solschenizyn: Der Archipel Gulag, München 1974, S. 77f.

Die Irritation, die das Klatschen bei den Schülern auslöst, soll ihnen in Verbindung mit dem Solschenizyn-Text eine Vorstellung von der Parteipraxis und vom Personenkult zur Zeit Stalins vermitteln.

5.8 Einstieg via Konfrontation der Schüler mit einem aktuellen Tagesereignis bzw. mit einem Alltagsphänomen

1. Im Alltag werden wir mit vielen Begebenheiten konfrontiert, die sich im Geschichtsunterricht verwenden lassen. Zeitungsberichte, Rundfunk- und vor allem Fernsehsendungen, neuerschienene, ggf. heftig kritisierte Bücher, bekannt gewordene, Kontroversen auslösende Äußerungen von Politikern, Schriftstellern[81], Künstlern usw., Flugblätter, umstrittene Wahlkampfslogans[82] sind wegen ihrer Aktualität oft gut geeignet, in eine Geschichtsstunde einzuführen, weil sie nicht nur Erwachsene, sondern auch Schüler zu spontanen Äußerungen der Zustimmung oder Ablehnung provozieren. Als seinerzeit die Filme „Holocaust" und „Der vergessene Krieg" – letzterer allerdings mit geringerer Publikumswirksamkeit – im Fernsehen liefen, lag es nahe, die teilweise heftigen öffentlichen Diskussionen um diese Filme und die Empfindungen der Schüler beim Betrachten der Filme als Einstiege in die Themen „Judenverfolgung und Judenvernichtung" bzw. „Deutscher Überfall auf die Sowjetunion im Zweiten Weltkrieg" zu verwenden. Wer das Glück hatte, unmittelbar in der Wendezeit Herbst/Winter 1989/90 eine Unterrichtseinheit zum Thema „Deutsche Teilung 1945-1949" oder „Gründung der Bundesrepublik und der DDR" zu beginnen, dem boten die Ereignisse jener Tage zahlreiche Anknüpfungspunkte. Auch Gedenktage[83] bzw. Gedenkjahre, soweit über ihre Bedeutung in der

Öffentlichkeit diskutiert wird, bieten sich hierfür an. Letzteres war etwa im Jahr 1985 der Fall (und fand in abgeschwächter Form im Jahr 1995 seine Fortsetzung), als die Diskussion um die Frage kreiste, ob das Kriegsende und die Kapitulation als Befreiung oder als Niederlage zu würdigen seien. Gerade zum Zeitpunkt der Niederschrift dieses Textes finden in zahlreichen Gemeinden (vor allem in Baden) Veranstaltungen aus Anlaß des 150jährigen Gedenkens der Revolution von 1848 statt. Tageszeitungen nehmen das Revolutionsjubiläum zum Anlaß, (teilweise in Fortsetzungen) über die Revolutionsereignisse am Erscheinungsort der Zeitung (oder in deren Einzugsbereich) zu berichten. So veröffentlichte etwa die „Süddeutsche Zeitung" in den ersten Monaten des Jahres 1998 in loser Folge mehrere solcher Artikel zur 1848er Revolution in München, die mit der Abdankung von König Ludwig I. endete. In der jüngsten Vergangenheit boten das Lutherjahr 1983 (500. Geburtstag Luthers), das Hugenottenjahr 1985, der 200. Todestag König Friedrichs II. von Preußen („des Großen") 1986, die Veranstaltungen zur Zweihundertjahrfeier der Französische Revolution 1989, das Jubiläum aus Anlaß der Entdeckung Amerikas (1492-1992) und viele andere Anlässe Gelegenheiten zur Behandlung dieser Ereignisse im Geschichtsunterricht – und zwar unter Anknüpfung an (bzw. ausgehend von) Feierlichkeiten, Gedenkveranstaltungen und sonstige Aktivitäten, die aus diesen Anlässen stattfanden und die in der Presse und in der Öffentlichkeit für einiges Aufsehen gesorgt haben. Auch in den nächsten Jahren wird es solche Anlässe geben (z.B. 1999 50 Jahre Bundesrepublik Deutschland, im Jahr 2000 Jahrtausendfeiern).

2. Ereignisse wie mit Sieg-Heil-Rufen durch die Stadt ziehende Neonazis, umgeworfene oder mit Hakenkreuzen beschmierte Grabsteine auf dem lokalen jüdischen Friedhof, ein in der Öffentlichkeit verbreitetes anonymes Flugblatt, das etwa die sog. Auschwitzlüge propagiert oder die in der jüngsten Vergangenheit durch die Wehrmachts-Ausstellung breiteren Kreisen der Bevölkerung bekannt gewordene Beteiligung von Teilen der Wehrmacht an Kriegsverbrechen (s. u. Kapitel 5. 10, S. 113-119), aber auch der Abbruch eines alten Fachwerkhauses, weil es angeblich den Verkehr stört, dort ein Parkplatz angelegt werden soll, baufällig sei oder seine Erhaltung zu teuer käme, können Ausgangspunkt für Diskussionen, Fragen und Aktionen sein und als Einstiege in entsprechende Unterrichtsvorhaben herangezogen werden. Betreffen die hier genannten Ereignisse als allgemeine gesellschaftliche Phänomene nur mittelbar die Welt der Schüler, so sind andere aktuelle Anlässe als Einstiege denkbar, die unmittelbarer ganz plötzlich die Lebenswelt der Schüler tangieren. Im Geschichtsunterricht gibt es

Zeitungsbericht über geschändete jüdische Gräber
Ein Bekennerschreiben gibt es nicht, der Polizei fehlt bislang jeder Hinweis auf eine politisch motivierte Tat oder auf die Täter. Unbekannte haben in der Nacht zum Mittwoch einen jüdischen Friedhof im Berliner Bezirk Prenzlauer Berg geschändet und dabei 28 Grabsteine erheblich beschädigt. Andreas Nachama (im Bild), Vorsitzender der Berliner jüdischen Gemeinde, verurteilte die Schändung: „Menschen, die Tote nicht ruhen lassen, haben keine Toleranz verdient." (Bild und Text [dpa] aus: Hannoversche Allgemeine Zeitung v. 18. 9. 1997)

solche „Fälle" sehr viel seltener als etwa im Sozialkundeunterricht. Ein Schüler der Klasse wird auf dem Schulweg von einem Auto angefahren und schwer verletzt. Die Klasse nimmt dieses Ereignis zum Anlaß, sich im Sozialkundeunterricht über die Sicherheit des Schulwegs Gedanken zu machen. Wie war der Ablauf des Unfalls? Wo passierte das Unglück? Wer war beteiligt? usw. Man entdeckt, daß es an einem bestimmten Verkehrsbrennpunkt schon öfters zu Unfällen gekommen ist. Was ist zu tun? Ein Projekt „Unser Schulweg" schließt sich an. Aber dies wäre, wie gesagt, ein Thema des Sozialkundeunterrichts. Der Krieg im ehemaligen Jugoslawien hat seit etwa 1992 zahlreiche Flüchtlingsfamilien aus dem dortigen Kriegsgebiet nach Deutschland geführt. Wenn bei der Behandlung der Vorgeschichte des Ersten Weltkriegs auch auf die Krise auf dem Balkan eingegangen wird, könnte der Krieg in großen Teilen des ehemals jugoslawischen Territoriums zum Ausgangspunkt einer solchen Geschichtsstunde genommen werden.

3. Es ist mittlerweile eine nicht mehr ganz neue geschichtsdidaktische Forderung, wo immer möglich, „Geschichte im Alltag" in den Geschichtsunterricht zu integrieren. So kann es Sinn machen, etwa bei der Behandlung der Person Bismarcks den Schülern Zitate aus aktuellen Politikerreden vorzulegen, in denen auf Bismarck Bezug genommen oder Bismarck selbst zitiert wird. Dies könnte nicht nur die offensichtlich bleibende Wertschätzung des Politikers Bismarck dokumentieren; dies würde auch zeigen, mit welcher Absicht sich heutige Politiker der Äußerungen Bismarcks bedienen, um ihrer eigenen Argumentation mehr Gewicht und Durchschlagskraft zu verleihen oder um den politischen Gegner ins schlechte Licht zu rücken.

Daneben wird von Politikern in Reden, aber auch in Rundfunk- und Fernsehkommentaren, oft nur mit einem Wort, auf ein historisches Ereignis hingewiesen, das zur Charakterisierung einer aktuellen politischen Entscheidung oder einer sich abzeichnenden Entwicklung dient. Nachstehend nenne ich drei Beispiele, die in politischen Kommentaren und in Politikerreden noch heute immer wieder verwendet werden: Wenn ein Politiker oder Kommentator heute von „Rapallo"[84] spricht und damit etwa die Politik des Gegners charakterisiert oder kritisiert, dann werden wohl nur die wenigstens Menschen wissen, was diese Andeutung bedeuten soll; die Wissenden aber sind sofort im Bilde und verstehen diese Anspielung auf ein beabsichtigtes engeres Zusammengehen (oder gar ein Bündnis) mit der Sowjetunion oder Rußland. Das bloße Erwähnen des Namens Hugenberg steht für demokratiegefährdende Pressekonzentration. Das Stichwort „Weimar" erinnert an die Gefährdung der Demokratie von links und rechts oder spielt auf die Vielparteienlandschaft bzw. das Fehlen einer Fünfprozentklausel im Weimarer Verfassungsrecht an. Wird mit dem bloßen Erwähnen von München an das Münchener Abkommen vom 30. September 1938 erinnert, so soll damit eine unangebrachte Politik der Beschwichtigung (Appeasement) gegeißelt werden.

„... dann fallen mir München und Chamberlain im Jahre 1938 ein. Die bösen geschichtlichen Erfahrungen, die wir doch alle haben, sollten wir nicht in den Wind schlagen. Denn Beschwichtigung und Gefügigkeit haben der Wahrheit noch nie aufgeholfen. Im Gegenteil, solche Haltungen haben zwar im Augenblick einen Vorteil gebracht; man konnte sagen: ‚Peace in our time'. Aber das ist eben nicht eingetreten, sondern solche Entwicklungen und Beschwichtigungen haben die Konflikte gefördert" (aus einer Rede des CDU-Abgeordneten Dr. Henle im 1. Bundestag 1949).[85]

Zwar können solche Äußerungen wohl kaum einen Einstieg tragen, aber gelegentlich ist es doch möglich, derartige Äußerungen in die Anfangsphase des Geschichtsunterrichts (der gymnasialen Oberstufe) zu integrieren.

4. In der Wochenzeitschrift „DIE ZEIT" erschien 1997/98 die Rubrik „Christoph Drösser fragt: Stimmt's?" Hier kamen Alltagsüberzeugungen oder in der Öffentlichkeit verbreitete, als unbestritten geltende und immer wieder zitierte Behauptungen auf den Prüfstand. Also etwa: Lemminge begehen kollektiven Selbstmord, indem sie sich ins Meer stürzen; oder: Soldaten ab Kompaniestärke dürfen nicht im Gleichschritt über Brücken marschieren, weil diese sonst einstürzen würden usw. Der Autor erläuterte dann, worauf diese gängigen Überzeugungen basieren und ob sie einen wahren Kern haben. Nicht selten weisen die Ursprünge solcher Stereotypen in die Vergangenheit; so etwa auch die Überlegungen zur Herkunft der international verbreiteten Abkürzung „o.k.".

5. Vergleichbar mit derart im Alltagsdenken verankerten Vorstellungen sind Begriffe, deren Bedeutung heute kaum einer kennt, die gleichwohl historisch relevant sind. Ich nehme als Beispiel „Blue Jeans". Bei der Behandlung der Erschließung des nordamerikanischen Kontinents oder beim Unterricht über den „Goldrush" oder die Auswanderung aus Deutschland im 19. Jahrhundert, schließlich auch beim Thema „Entdeckungen und Erfindungen im 19. Jahrhundert" könnte der Begriff „Jeans" einen Einstieg in den betreffenden Sachverhalt liefern. Was bedeutet eigentlich der Name dieses so beliebten und verbreiteten Kleidungsstükkes? Wer hat ihn erfunden? Wie hat er sich verbreitet? Und – dies wäre dann eine Frage am Ende der Einstiegsphase – ist es nicht eigenartig, daß wir eine Bezeichnung, die sich von dem *Blau*färbemittel für Stoffe herleitet, heute (fälschlicherweise) für „Jeans" jedweder Färbung verwenden? Zwar werden nur die wenigsten Schüler die Blue-Jeans-Geschichte kennen, was aber die heutige Verbreitung und Beliebtheit dieses Kleidungsstücks angeht, sind die Schüler Experten.

Die Geschichte der Blue Jeans beginnt mit der Auswanderung des 20jährigen Fürther Textilkaufmanns Levi Strauss nach San Francisco im Jahr 1850. Angeblich wollte er dort sein Pech in der Liebe vergessen. Drei aus seiner fränkischen Heimat mitgebrachte Segeltuchballen verhalfen ihm dann zum großen Glück. „Einer verblüffend einfachen Idee folgend färbt er nämlich diesen Stoff mit Indigo ein und schneidert daraus strapazierfähige Hosen und Jacken für die seit 1848 in Scharen nach Kalifornien strömenden Goldgräber. Zusätzlich zu diesem naturfarbenen ‚canvas' läßt er sich der starken Nachfrage wegen aus Nîmes [in Südfrankreich] indigogefärbten Drillich kommen, ‚Bleu de Nîmes', verballhornt zu ‚Bleu Denim', was dann zur amerikanischen Bezeichnung ‚blue denims' für blaue Drillichhosen führt. Weil aber schon lange vor Strauss bereits genuesische Seeleute grobes, indigogefärbtes Gebrauchsleinen gekannt haben, wird ‚Bleu de Nîmes' auch als ‚Bleu de Gênes' bezeichnet [„Gênes" frz. für Genua] und letzteres schließlich zu ‚blue jeans' amerikanisiert."[86] Je nach Zielsetzung des Lehrers oder nach Verlauf der Einstiegsphase kann hier auch noch auf die Herkunft der Produktbezeichnung „Levi's" (von Levi Strauss) oder auf die eigenartige Tatsache hingewiesen werden, daß ein ursprünglich nur zur Arbeit getragenes Kleidungsstück zur weltweit verbreiteten Freizeitkleidung wird, ja, daß sogenannte Designer-Jeans zum modischen Bekleidungsstück für nahezu alle Gelegenheiten werden. Daß das Tragen von Blue Jeans etwa in den 1950er Jahren wegen der „Grobheit" des Materials und geringen Beständigkeit der Blaufärbung („faded out" wurde später geradezu zum erwünschten Kennzeichen besonders beliebter Jeans) Ausdruck einer Protesthaltung der Jugend gegen die Elterngeneration wurde, zumal auch Mädchen anfingen, solche Hosen zu tragen, kann hier ebenfalls noch Erwähnung finden.

Ziel der hier vorgestellten Einstiegsfiguren ist es, den Schülern die Lerngegenstände dadurch attraktiver zu machen, daß sie ihnen über erfahrbare und erfaßbare Alltagsgeschichten näher gebracht werden. Der Vorteil dieser Einstiegsfigur besteht darin, daß der Verblüffungs- oder Entrüstungseffekt, der durch die Konfrontation der Schüler mit gesellschaftlichen Phänomenen und das sich dadurch ergebende Problem, bei nahezu jedem Unterrichtsthema ausgelöst werden kann.

6. Behandelt man die spätmittelalterliche deutsche Stadt, wird man nicht umhin können, auf die großen Kulturleistungen dieser Epoche hinzuweisen. Wer das historische Museum einer Stadt besucht, wird mit Staunen und Bewunderung auf die Kunstobjekte und Alltagsgerätschaften, hervorgebracht von städtischen Handwerkern und Künstlern, blikken; auch die baulichen Überreste, die wir trotz vieler Kriege, Brände und Veränderungen aus anderen Gründen in manchen Städten heute noch betrachten können, entstammen meist dem 14./15. Jahrhundert. Dies ist aber auch die Zeit, in der ab der Mitte des 14. Jahrhunderts überall in Mittel- und Südeuropa die Pest grassierte und gerade in den engbebauten Städten viele Menschen (oft bis zu einem Drittel der Einwohnerzahl) dahinraffte. Wie erklärt es sich, daß trotz dieser immensen Menschenverluste, trotz ständiger Bedrohung durch Not und Tod die erwähnten Kulturleistungen geschaffen werden konnten? Daß eine Verringerung der potentiellen Erben durch verfrühten Tod zu einer Akkumulierung der Vermögen in den Familien führte und dieses in wenigen Händen verbliebene Kapital die Erben in die Lage versetzte, sich teilweise beträchtlichen Luxus zu leisten, eindrucksvolle Bauten zu errichten oder mit ihren frommen Stiftungen zur Ausschmückung von Kirchen beizutragen, ist zwar eine naheliegende Konsequenz des beschriebenen Zusammenhangs, für Schüler (und auch für Erwachsene) aber doch ein verblüffender Effekt. Es ist der überraschende Zusammenhang von Tod auf der einen Seite und Luxus auf der anderen Seite, der Schüler anregen soll, sich mit dieser Zeit zu beschäftigen.

7. Als im Frühjahr 1998 Berichte über Atomtests in Indien und Pakistan durch die Presse gingen und eine (militärische) Konfrontation dieser beiden Staaten nicht ausgeschlossen schien, wurde man schlagartig an die beiden Atombombenabwürfe von Hiroshima und Nagasaki im August 1945 erinnert. Nun wird man die naheliegende Möglichkeit eines Gegenwartsbezugs nicht notwendig dazu nutzen, eine Unterrichtsstunde über diese beiden Bombenabwürfe mit den jetzt wieder begonnenen Atomtests einzuleiten. Wenn man aber „Hiroshima", dieses Signet eines neuen Zeitalters, hinsichtlich seiner Konsequenzen für die Menschheit zum Gegenstand von Unterricht machen möchte, um etwa der Frage nachzugehen, was die Menschheit aus „Hiroshima" gelernt hat, dann könnten Überschriften aus Presseerzeugnissen vom Frühjahr 1998 dazu verhelfen, in diesen Lerngegenstand einzuführen. Sie suggerieren zunächst die Antwort, daß mehr als fünfzig Jahre nach Hiroshima und Nagasaki die Folgen dieser Bombenabwürfe bereits soweit in Vergessenheit geraten zu sein scheinen, daß manche Staaten schon wieder mit dem Gedanken spielen, die Atombombe als militärische Waffe einzusetzen.

Die in diesem Kapitel genannten Beispiele werden in der didaktisch-methodischen Literatur nur selten erwähnt; Andeutungen auf die unterrichtlichen Möglichkeiten solcher Zugänge finden sich nur dort, wo auf den „Gegenwartsbezug" eingegangen wird. Sammlungen solcher Beispiele liegen meines Wissens gedruckt nicht vor. Hier sind Lehrerinnen und Lehrer aufgerufen, sich mit der Zeit ein eigenes „Archiv" zu schaffen, in das solche Alltagsfunde abgelegt werden, um sie von Fall zu Fall für den Geschichtsunterricht zu aktivieren.

5.9 Das Nachwirken geschichtlicher Ereignisse als Einstieg

Mit den im vorhergehenden Kapitel genannten Beispielen vergleichbar sind die nachstehenden Empfehlungen. Viele historische Ereignisse, Institutionen und Persönlichkeiten haben ein „Nachleben", das sich auf unterschiedliche Weise in unserer Gesellschaft niederschlägt (vgl. hierzu auch unten in Kapitel 5.13, S. 131/132, das Beispiel „Die Hanse"). Als Straßen-, Universitäts- oder Kasernennamen, in der Produktwerbung, im historischen Spielfilm und in vielen anderen Zusammenhängen wird auf die Vergangenheit Bezug genommen. Auf S. 110 werden als Beispiele Materialien vorgestellt, die bei der Behandlung Kaiser Friedrich Barbarossas als Ausgangspunkt der Unterrichtsarbeit verwendet werden können.

Das „Nachleben" der Staufer
Aus: Friedrich Weigend u.a.: Keine Ruhe im Kyffhäuser. Das Nachleben der Staufer. Ein Lesebuch zur deutschen Geschichte, Stuttgart/Aalen 1978 (Theiss-Verlag), Abb. 52-55 (nach S. 212). (© B. Kahl)

5.10 Einstieg unter Anknüpfung an aktuelle Kontroversen in der Gesellschaft

In vielen Fällen erweist es sich vor allem in höheren Klassen als ertragreich für die Anbahnung von Lernprozessen, wenn es gelingt, im Geschichtsunterricht an öffentlich geführte Kontroversen und publizistische oder akademische Auseinandersetzungen um die Vergangenheit anzuknüpfen. Motivierend wirkt hierbei, daß Schüler über die Beschäftigung mit diesen Auseinandersetzungen über unterschiedliche Interpretationen historischer Ereignisse und der damit verbundenen Absicht, Themen und ihre Bedeutung für uns heute gleichsam zu besetzen, sich zugleich auch aufgefordert sehen, selbst Stellung zu nehmen. Da derartige öffentliche Streitfälle sich meist nicht mit einem einfachen „Richtig" oder „Falsch" beantworten lassen und selbst auch die Geschichtswissenschaft oft noch nicht zu einem allgemein akzeptierten Ergebnis gekommen ist, sehen sich die Schüler in die Lage versetzt, in einem gleichsam offenen, noch ungelösten Konflikt Partei zu ergreifen und Probleme als tatsächlich ungelöste zu erfahren. Solches ist im Geschichtsunterricht, wo ja meist nur über Dinge verhandelt wird, die in ihrer Tatsächlichkeit feststehen bzw. über die die Geschichtswissenschaft Klarheit verschafft hat, nur selten möglich. Und vielleicht ist gerade diese scheinbare Crux des Geschichtsunterrichts, daß nämlich hier fast immer über Inhalte (kontrovers) diskutiert werden soll, die letztlich bereits entschieden sind, weil der Geschichtsablauf ja feststeht und Fragen nach dem „Was wäre geschehen, wenn ...?" als unhistorisch abgetan werden, dafür verantwortlich, daß der Geschichtsunterricht so großer Motivierungskünste der Lehrer bedarf. Der Holocaust-Film, der 1979 eine ganze Nation vor den Bildschirm zwang und die Judenverfolgung und -vernichtung nicht als ein entferntes, von anonymen Behörden oder „den Nazis" begangenes Verbrechen vermittelte, sondern dieses an Einzelschicksalen exemplifizierte, hat seinerzeit Kontroversen ausgelöst, die in ihrer Unterschiedlichkeit noch heute, im Abstand von fast zwanzig Jahren, als Einstieg in die Thematik „NS-Judenpolitik" genutzt werden können. Wolfgang Hug hat in einer Studie zum „Historikerstreit" die Chance aufgezeigt, die dieser Konflikt bietet, um im Geschichtsunterricht über Grundfragen der NS-Geschichte und ihrer Interpretation zu verhandeln.[87] Er zeigte die Impulse auf, die in dieser öffentlichen Auseinandersetzung für exploratives Vorgehen begründet liegen. Vergleichbares gilt auch für den Streit, der sich im Jahr 1985 (abgeschwächt auch 1995) an der Frage nach der Bedeutung des 8. Mai 1945 für uns heute entzündete. Bezeichnet dieses Datum für uns die endgültige Niederlage, oder ist es der Tag der Befreiung? Und welche Bedeutung haben die miterlebenden Zeitgenossen diesem Tag damals beigemessen? Hier bieten sich viele Möglichkeiten des Einstiegs, wobei nicht nur Zeugnisse aus der im Jahr 1985 geführten Kontroverse herangezogen werden können. Gerade das Spannungsverhältnis, das sich ergibt, wenn die aus einer unterschiedlichen Zeitperspektive stammenden Zeugnisse (zeitgenössische und solche, die spätere Sichtweisen und Einschätzungen dokumentieren) miteinander in Beziehung gesetzt werden, könnte Schüler veranlassen, sich mit dem Kriegsende und dem Neubeginn, aber auch mit der Verarbeitung von Geschichte intensiver zu beschäftigen. Die vorwiegend in Historikerkreisen geführte (akademische) Goldhagen-Debatte und der sehr viel stärker vom breiten Publikum (vor allem in Leserbriefen an Zeitungen) ausgetragene Streit über die Wehrmachtsausstellung können ebenfalls als Ausgangspunkte für umfassender angelegte Unterrichtsvorhaben zur Rolle der gewöhnlichen Deutschen bei der Judenverfolgung und -vernichtung bzw. über die Beteiligung der Wehrmacht an den Verbrechen im Verlauf des Kriegs gegen die Sowjetunion genommen werden. Der Goldhagen-Debatte vom Typus her vergleichbar war die sog. Fischer-Kontroverse der sechziger Jahre, die bis dato öffentlichkeitswirksamste historische Debatte der Nachkriegszeit.[88] Ein Blick in die gängigen Geschichtslehrbücher (vor allem in die Kursmaterialien für die gymnasiale Oberstufe) zeigt, daß sich die im Zusammenhang mit der Fischer-Kontroverse ausgetauschten Argumente, Behauptungen und Gegenreden dort implizit oder explizit wiederfinden[89] und zum Ausgangspunkt für die intensive Beschäftigung mit der Frage nach der Schuld für den Kriegsausbruch 1914 genommen werden. Auch die „Wende“ 1989/90 bietet sich als Ereignis an, das, was die Zukunftsperspektive anging, für viele Zeitgenossen in Ostdeutschland offen gewesen zu sein schien. Welche Hoffnungen bzw. Befürchtungen verbanden die Zeitgenossen in Ostdeutschland mit dieser überraschenden Entwicklung? Welche konkreten Verbesserungen erwarteten sie für ihre materielle und geistige Lage? Was war man bereit, selbst zu investieren, damit der Prozeß der Veränderung beschleunigt wurde? Waren die Zukunftserwartungen der Zeitgenossen realistisch, oder konnte schon 1990 prognostiziert werden, daß es mit den „blühenden Landschaften“ im Osten so schnell nichts werden würde?

Natürlich können die hier genannten Kontroversen auch erst zum Ende einer Unterrichtseinheit aufgeworfen werden. Setzt man die zur Verdeutlichung dieser Kontroversen ausgewählten Materialien am Ende einer Unterrichtseinheit ein, dienen sie der Lernkontrolle und bieten die Möglichkeit zu einem Ausblick auf spätere Geschichtsstunden. Da bei

Schülern die Arbeit mit Arbeitsblättern, auf denen die kontroversen Positionen gegenübergestellt sind, im allgemeinen keine große Gegenliebe finden („Schon wieder ein Zettel!"), sollte ihnen – wo immer dies möglich ist – das Arbeitsmaterial in anderer Form präsentiert werden. Faksimiles von Zeitungsartikeln oder von Leserbriefen (etwa zur Wehrmachtsausstellung) finden bei Schülern mehr Anklang als aus Büchern kopierte Textauszüge.

Beispiel: Wehrmachtsausstellung

Die Kontroverse um die Wehrmachtsausstellung, die zur Zeit der Abfassung dieses Manuskripts noch immer überall dort, wo sie gezeigt wird, wahre Proteststürme auslöst, kann als Einstieg in das Thema „Überfall auf die Sowjetunion", „Totaler Krieg", „Vernichtungskrieg" oder „Verbrechen der Wehrmacht?" genommen werden. Hierbei sollen einige Bilder aus der Ausstellung – allerdings nur solche, die die Anwesenheit deutscher Soldaten bei Verbrechen eindeutig erkennen lassen – Leserbriefen bzw. redaktionellen Zeitungsartikeln gegenübergestellt werden. Die Gegensätzlichkeit der in der Kontroverse um die Ausstellung zum Ausdruck gekommenen Ansichten soll bei den Schülern den Wunsch auslösen, soweit, wie dies in der Schule möglich ist, herauszufinden, wie der Krieg „im Osten" verlief und zu welchen Verbrechen es dort (allerdings nicht überall) gekommen ist. Gleichzeitig sollen diese Materialien die Möglichkeit eröffnen, sich mit der Frage zu befassen, wieso eine solche Ausstellung noch mehr als fünfzig Jahre nach Kriegsende die Öffentlichkeit derartig heftig bewegt. Wegen der Schwierigkeit, beiden Aufgabenstellungen gerecht zu werden, wird ein solcher Einstieg erst für die Sekundarstufe II empfohlen.

Leserbrief

Leserbrief an die Wochenzeitung „DER SPIEGEL" im Anschluß an die von „SPIEGEL"-Herausgeber Rudolf Augstein verfaßte Titelgeschichte zu den Kriegsverbrechen der Wehrmacht im Osten (DER SPIEGEL Nr. 11/ 1997):

„Ich stamme aus Pommern (jetzt Polen) und habe einer aktiven deutschen Infanterie-Division in Rußland bis zum 8. Mai 1945 angehört. Danach war ich bis 1949 in russischer Kriegsgefangenschaft. Ich bin nicht verbittert, aber auch nicht einsichtig genug, Ihre [Rudolf Augsteins, G.S.] ‚Erkenntnisse' zu verallgemeinern. Meine Generation war im guten Glauben und wurde im Kriege ‚verheizt'. Wir brauchen keinen weiteren Stempel dieser Art. Bitte nachdenken!

Minden, Gerhard Schmidt".

Aus: DER SPIEGEL Nr. 13/1997, S. 12

Leserbrief eines ehemaligen Soldaten an der Ostfront

„Als ehemaliger Soldat und Angehöriger der 6. Armee, Überlebender von Stalingrad, kann und darf ich zu der Behauptung des Herrn Heer [eines der Initiatoren der Wehrmachtsausstellung, G.S.], daß 70 bis 80 Prozent aller Soldaten an der Ostfront sich aktiv an Verbrechen beteiligt hätten, nicht schweigen. Ich war von 1938 bis 1945 Soldat und auf mehreren Kriegsschauplätzen. Weder in Frankreich noch in Rußland erlebte ich in meiner Division Übergriffe gegen die Bevölkerung oder Erschießungen von Gefangenen. Unerträglich ist für mich der Vorwurf gegen die 6. Armee, an Verbrechen beteiligt zu sein. Wir hatten zur ukrainischen Bevölkerung ein gutes Verhältnis. Wir wurden im unvorstellbaren kalten Winter [19]41/42 nicht abgewiesen, wenn wir an ihre Türen klopften, um uns aufzuwärmen. Nicht selten wurden wir von der Magd zum schmackhaften Gemüseeintopf eingeladen, oder wir wurden von ihnen gewarnt, wenn russische Truppen in der Nähe waren. Vor drei Jahren wurden die Soldaten der 6. Armee anläßlich des 50. Jahrestages der Tragödie von Stalingrad für Opfermut und Tapferkeit gewürdigt, auch vom Gegner. Heute kann man sie ungestraft zu Verbrechern stempeln und mit Dreck bewerfen. Herzlichen Dank den Frauen und Männern für ihr mutiges Eintreten für die ehemaligen Soldaten der Wehrmacht.

Willi Pfaff, Lahr-Kuhbach“.

Aus: Badische Zeitung v. 25. 3. 1996

Das Motiv des SPIEGEL-Titels der Nr. 11/1997

Pancevo, 22. April 1941: „Ein Soldat der Wehrmacht gab den schwer verletzten Männern den Gnadenschuß. Er tat das mit lässig vorgestrecktem Bein in allergrößter Selbstverständlichkeit, neben ihm steht der Stadtkommandant.“ Photo: Gronefeld. (Text und Bild aus: Süddeutsche Zeitung Nr. 45 v. 24. 2. 1997; s. auch den Bericht über den Photographen Groenefeld S. 119-121)

Die Wehrmachtsausstellung bzw. die SPIEGEL-Titelgeschichte zum Thema „Verbrechen der Wehrmacht“ (Nr. 11/1997) und vor allem das Titelbild zu diesem SPIEGEL-Heft haben neonazistische Kreise zu einer anonymen Flugblattaktion veranlaßt. An vielen Orten fand man das auf S. 116 abgedruckte Flugblatt, das auf angebliche Ungereimtheiten des Titelbildes (s. a. die abgedruckten Leserbriefe im SPIEGEL) anspielt und auf diese Weise Wasser auf die Mühlen jener leitet, die in der Wehrmachtsausstellung und in dem Vorwurf, die Wehrmacht habe Kriegsverbrechen begangen, ohnehin eine Verteufelungsaktion kommunistischer Kreise sehen. Der Entkräftung solcher Absichten soll der Bericht über den Photographen dienen, der das inkriminierte Photo einst „geschossen“ hat.

Weitere Leserbriefe zum SPIEGEL-Titelbild
„Das unrichtig beschriebene Titelbild entwertet den fundierten Artikel des Herausgebers leider etwas. Ein Heeres-Soldat (Hoheitsadler auf der rechten Brustseite) im Offiziersrang – offenbar der Leiter des Exekutionskommandos – mit dem wahrscheinlichen Ärmelband des damaligen Heeres-Regiments ‚Großdeutschland‘ gibt mit der Pistole einen Gnadenschuß ab. Ein SS-Führer der Sicherheitspolizei und des SD [Sicherheitsdienstes, G.S.] oder von der Waffen-SS schaut zu (Hoheitsadler auf dem linken Oberärmel). …

Hamburg, Bernhard Daenekas“.

Die SPIEGEL-Redaktion schreibt zu diesem Leserbrief:
„Unrichtig beschrieben? Das Originalfoto zeigt im Vordergrund zwei Wehrmachtsangehörige, die mutmaßlich auch die Exekution durchgeführt haben, und das wäre auch logisch. Die Erschießungsszene hat der Fotograf verwackelt. Die Rolle des SS-Offiziers kann auch der Fachmann Daenekas nicht erklären. Red.“

„Mit der Auswahl des Titelbildes haben Sie und Ihr Blatt sich einen schlechten Dienst erwiesen, denn eine solche Mischung von Foto und Zeichnung erweckt sofort den Eindruck einer Manipulation. Man könnte meinen, daß die Opfer und die beiden Offiziere im Vordergrund nachträglich hineingezeichnet wurden. Wenn man weiß, wer die eigentlichen Urheber der ‚Ausstellung‘ sind – ein Kommunist [gemeint ist der Historiker Hannes Heer, G.S.] und ein linksgestrickter Multimillionär [Jan Philipp Reemtsma, G.S.] –, dann drängt sich mir der Gedanke auf, daß das Ganze nur dazu dienen soll, dem ‚Soldaten sind Mörder‘-Zitat sozusagen Beweise nachzuschieben. …

Kiel, Walter Zeuss“.

Aus: DER SPIEGEL Nr. 13/1997, S. 11f.

LÜGEN HABEN KURZE FÜSSE:

Das vor einiger Zeit auf der Titelseite des „Spiegels" veröffentlichte Foto zeigt zwei angebliche Offiziere des Regimentes „Großdeutschland", die nicht nur unterschiedliche Fantasieuniformen als Requisiten ausgefaßt haben: Bei beiden ist der linke Fuß jeweils um zwanzig Prozent kürzer geraten, als der rechte Fuß.

Welcher der beiden Zwergenfüße an den Flügel gehört zum Riesenstiefel in der Mitte? Lösung siehe Bild oben. Die zwei Krüppel sind nicht von der Wehrmacht!

Anonymes Flugblatt (Frühjahr 1997)
Privatbesitz (neu montiert)

Zeitungsbericht über den Autor des inkriminierten Photos, das dem SPIEGEL-Titelbild zugrunde lag

Ein Bild, das Geschichte machte (von Thorsten Schmitz)
Wie ein ehemaliger Wehrmachtsphotograph ein Dokument des Verbrechens deutscher Soldaten für die Nachwelt rettete
München, im Februar. – Es gibt Tage, an denen Gerhard Gronefeld morgens wie gerädert aufwacht. Er hat dann nicht schlafen können, weil er wieder diesen Traum hatte, der sich nun schon seit mehr als fünfzig Jahren nachts in sein Bewußtsein schleicht. Es sind Augen, die ihn heimsuchen, vor Schreck und Todesangst geweitete Augen. Es sind die bohrenden Blicke von Menschen kurz vor ihrer Erschießung. „Diese Augen", sagt Gerhard Gronefeld, „sind unauslöschlich in meinem Kopf". Der Wehrmachtsphotograph, der heute 85 Jahre alt ist und im Süden von München ein unspektakuläres Leben im Rollstuhl führt, wird diese Augen nie vergessen können, denn er hat ein Photo von dieser Erschießung gemacht. Ein verwackeltes allerdings: „Ich war so aufgeregt."
Es war ein heißer Tag, als Gerhard Gronefeld kurz vor Ostern 1941 im serbischen Pancevo Augenzeuge einer Massenexekution durch Wehrmachtssoldaten wurde. Gronefeld kam mit seinem Photoapparat zufällig an der Friedhofsmauer vorbei, an der deutsche Soldaten zehn serbischen Geiseln befohlen hatten, sich in einer Reihe aufzustellen. Die Männer waren kurz zuvor aus ihren Wohnungen gezerrt worden. Die deutschen Soldaten wollten sich an ihnen rächen, und zwar dafür, daß in der Kleinstadt – vis-à-vis von Belgrad auf der anderen Donau-Seite – serbische Partisanen Wehrmachtssoldaten getötet hatten. Sowieso hatte man den Wehrmachtssoldaten eingetrichtert: „Wo der Partisan ist, ist der Jude, und wo der Jude ist, ist der Partisan."

„Es war grauenhaft"
Nun war Gronefeld nicht besonders sensationslüstern, aber er war mit Leib und Seele Photograph, auch schon vor Kiegsausbruch, für die „Berliner Illustrierte". Sein Herz schlug also höher, als er den Ort der organisierten Tötung passierte, und eine Stimme in ihm flüstere: „Gerhard, das mußt du festhalten. Das glaubt dir ja sonst keiner."
So knipste Gronefeld mit schweißnassen Händen und wackligen Beinen, als der deutsche Stadtkommandant von Pancevo „Anlegen!" und „Feuer frei!" brüllte und die jungen Soldaten Salven abfeuerten auf die zehn Männer an der Friedhofsmauer. Nicht alle waren sofort tot, manche schrien, stöhnten, rappelten sich wieder auf. „Es war grauenhaft", sagt Gronefeld leise, als sei das alles erst gestern passiert. Sein Blick schweift in den rosa Abendhimmel von München-Grünwald, und er legt eine große Pause ein. Ein Soldat der Wehrmacht gab den schwer verletzten Männern den Gnadenschuß, er tat das mit lässig vorgestrecktem Bein in allergrößter Selbstverständlichkeit, neben ihm steht der Stadtkommandant. Von dieser Szene, von den „gebrochenen Augen" der Serben träumt Gerhard Gronefeld heute noch. Das Photo „ist das schlimmste, das ich je in meinem Leben gemacht habe".

Es ist zugleich das Photo, das Gerhard Gronefeld in gewisser Weise berühmt gemacht hat: Als Teil der Ausstellung über die „Verbrechen der Wehrmacht", die am heutigen Montag in München nur unter großem Protest und noch größeren Sicherheitsvorkehrungen eröffnet wird, dokumentiert es den Vernichtungskrieg der Wehrmacht. Gronefeld ist der einzige professionelle Wehrmachtsphotograph, dessen Bilder für die Ausstellung verwendet wurden. Sie zeigen, daß Hitlers Truppe eben doch kein harmloser Verein war, der „nur" Krieg an der Ostfront geführt hat. Und daß nicht SS und SD allein schuld waren an Kriegsverbrechen.

Trotzdem glauben manche Menschen nicht, was Gerhard Gronefelds Photos zweifelsfrei belegen. Erst letzte Woche erhielt er einen Brief von einem Stuttgarter Rentner, der ihm unterstellt, das Pancevo-Photo sei Camouflage. Die Erschießungsszene sei „gestellt", steht in dem Brief, „weil sie nicht lebendig wirkt". Lange hat Gronefeld überlegt, ob er auf den Brief überhaupt antworten soll: Schon viel zu oft hat er die Erfahrung gemacht, daß es sinnlos ist, mit Leuten zu diskutieren, die nicht zuhören, ihn „nur in die Enge treiben wollen". Er hat dann doch vier Zeilen an den Rentner aus Stuttgart in seine Schreibmaschine gehackt, ganz nüchtern und ohne Empörung nach einem Grund gefragt, „weshalb ich so eine makabre Erschießung nachstellen sollte". Offenbar gibt es keinen; der Stuttgarter Rentner hat sich nicht mehr gemeldet.

Gerhard Gronefeld ist ein sehr bescheidener Mann, dabei hätte er ein Recht darauf, ein bißchen Stolz nach außen zu kehren. Denn die vielen Photos, die er als Mitglied der „Propagandakompanie" der Wehrmacht in Serbien, Rußland und Polen geschossen hat, wären verschollen, wenn er sie brav ans Oberkommando der Wehrmacht nach Berlin geschickt hätte. Das hat er aber nicht, obwohl er immer fürchtete, daß ihn jemand nach den Filmen fragt. Instinktiv wußte Gronefeld, daß Photos wie die von Pancevo vernichtet worden wären – mit ihnen hätte man schlecht Propaganda treiben können. So behielt er manche Filme bei sich, und als der Krieg vorbei war, verbuddelte er sie im Garten seiner Eltern im damals sowjetisch besetzten Rheinsberg – auch aus Angst vor den Russen.

Dieser kleine Akt des Widerstandes war ihm ein großes Anliegen. Gronefeld wollte beweisen, wie die Wehrmacht auch war. Vielleicht wollte er aber auch nicht alleine gelassen werden mit seinen Erinnerungen, mit seinen Träumen. Seltsamerweise hat es Jahrzehnte gedauert, bis sich wirklich jemand für seine Beweise interessiert hat. Als das Pancevo-Photo in den fünfziger Jahren in einem Lexikon zum ersten Mal veröffentlicht wurde, kam keinerlei Reaktion.

Die zweite Karriere

Als wollte er die Bilder des Krieges austilgen, begann Gronefeld in den fünfziger Jahren ein zweites Leben, eine zweite Karriere – als Tierphotograph für Life, Stern und Quick. Er bereiste fast jeden entlegenen Winkel der Erde. Gronefeld hat die große weite Welt durchs Objektiv gesehen, er war in Afrika, Amerika, Asien, Australien. Und wie zum Beweis, daß er dort tatsächlich auch gewesen ist, hat er sein Wohnzimmer zugepflastert mit afrikanischen Masken, Porzellanelefanten, indischen Teppichen, Antilopenfellen. Inmitten der Souvenirs puzzelt er, löst Kreuzworträtsel, guckt Fernsehen. Und grämt sich zuweilen, daß er seine Traumreise nach Bali nie hat antreten können: Er hatte das Ticket schon in der Tasche, als er schwer zucker- und muskelkrank wurde. Er sitzt im Rollstuhl, und nur am Arm seiner Frau kann er ein paar Meter laufen.

Seine gesamten Wehrmachtsphotos ist er nun auch los, das Deutsche Historische Museum in Berlin hat ihm Photos und Negative abgekauft. Endlich eigentlich, sie waren ihm fast eine Last. Nichts erinnert ihn mehr an die Zeit als Wehrmachtsphotograph, nur die Träume eben und, gerade jetzt, die hysterische Diskussion bayerischer Besserwisser über die Ausstellung im Münchner Rathaus. „Die haben doch eine Meise", sagt Gronefeld, und er kneift seine blauen Augen zusammen. Zur Ausstellungseröffnung haben er und seine Frau eine Einladung erhalten – aber sie werden nicht kommen. „Ich fühle mich nicht zuständig, darüber zu reden. Ich war ein Einzelkämpfer."

Gerhard Gronefeld ist froh, wenn der ganze Rummel vorbei ist und er auch nicht mehr wie zwanghaft alles über die Wehrmacht in sich aufsaugen muß. Sowieso photographiert er nicht mehr, er versteht die neuen Kameras kaum noch. Höchstens im Sommer, wenn er in seinem Garten sitzt und den Vögeln, Fröschen und Libellen zuschaut, juckt es noch manchmal in seinen Fingern. Aber er läßt die Kamera dann doch liegen, weil er das schönste Photo, das er seiner Meinung nach je gemacht hat, nicht mehr überbieten kann. Es war im *Stern* erschienen und seitdem weltweit immer wieder gedruckt worden. Es zeigt den Kopf des Tierverhaltensforschers Konrad Lorenz in einem bayerischen See – und ihm hinterher schwimmen aufgeregt fünf Graugänse. Darüber würde Gerhard Gronefeld viel lieber reden – aber „das interessiert ja niemanden".

Aus: Süddeutsche Zeitung Nr. 45 v. 24. 2. 1997

Anläßlich der Wehrmachtsausstellung in München: Eine Journalistin entdeckt ihren Vater als potentiellen Kriegsverbrecher

Dieses Foto zeigt die öffentliche Erhängung von „Partisanen" in Minsk; der Soldat rechts vorne ist der Vater der Journalistin.
Aus: Süddeutsche Zeitung v. 5./6. 4. 1997; dort auch ein ausführlicher Bericht, der die Eindrücke der Tochter wiedergibt.

5.11 Einstieg als Brainstorming

Bei nicht wenigen Unterrichtsstunden zur Neueren Geschichte und zur Zeitgeschichte können Schüler zur Gestaltung der Einstiegsphase selbst beitragen, indem sie nach Aufforderung durch den Lehrer/die Lehrerin geeignetes Material mit in den Unterricht bringen.[90] Brainstorming wird hier also nicht in erster Linie als Phase verstanden, in der Vorkenntnisse und Erfahrungen von Schülern aktiviert werden sollen. Vielmehr soll der angestrebte Unterrichtsgegenstand in einem zunächst noch unstrukturierten Verfahren und in einem möglichst weit gefaßten Zusammenhang angesprochen werden. Dies kann dadurch angebahnt werden, daß die Schüler, angeregt durch einen entsprechenden Impuls des Lehrers/der Lehrerin (provozierende Aussage, markantes Objekt, Abbildung), in der Familientradition „kramen" und sich überlegen, was von den Überlieferungsstücken der eigenen Familie für den Unterricht geeignet sein könnte. In den Unterricht mitgebracht, präsentieren die Schüler „ihren" Gegenstand den im Stuhlkreis sitzenden Klassenkameraden, erklären ggf. dessen Funktion, erläutern dessen Bedeutung für die Familientradition usw. In vielen Familien werden Schriftdokumente aller Art, Sachüberreste und für die jüngere Vergangenheit auch bildliche Quellen (Photos, Videos) aufbewahrt, die, da ihnen ein emotionaler Wert anhaftet und sie sich oft auf lokale Gegebenheiten beziehen, ein besonders ergiebiger Ausgangspunkt für forschendes und entdeckendes Lernen (ggf. auch für Lokalprojekte[91]) sein können. Auch ausrangiertes Haushaltsgerät, das, weil ihm eine gewisse dekorative Bedeutung zukommt (etwa ein altes Bügeleisen oder eine Handmühle für Kaffee oder Korn), in Familien aufbewahrt wird, kann etwas über den früheren Alltag aussagen und im Unterricht Verwendung finden.

Quellen, die als Aufhänger für eine Geschichtsstunde dienen können, sind z.B.:

Schriftliche Quellen: Ausweise aller Art (Kennkarten, Ariernachweise, Soldbücher, Flüchtlingsausweise) und sonstige amtliche Dokumente (Passierscheine, Entlassungspapiere aus Gefangenschaft, Soldbücher, Entnazifizierungspapiere); Urkunden wie Meisterbriefe, Freisprechungen, Sporturkunden und sonstige Auszeichnungen; Pläne und Risse; alte Schulbücher, Schulhefte und Schulzeugnisse; persönliche Briefe (etwa von ausgewanderten Vorfahren oder Kriegsbriefe), Postkarten, Todesanzeigen; Familienbibeln mit Eintragungen von die Familie oder den Wohnort betreffenden besonderen Ereignissen; (Kriegs-)Tagebücher[92], Poesiealben, Haushaltsbücher, Gästebücher; Plakate, Programmzettel von Theater- oder anderen kulturellen Veranstaltungen wie Einweihungen oder Denkmalssetzungen, Festen (Sedanfeiern, Kaisersgeburtstag, Vereinsfesten wie Sänger- oder Schützenfesten, Sportfesten); Einzelausgaben von lokalen Zeitungen und Zeitschriften mit Berichten von spektakulären Ereignissen; alte Kinderbücher.

Sachüberreste[93]: Altes Spielzeug, Puppen- und Puppenstuben, Zinnfiguren; Schulutensilien (Tafel, Griffel, Schulranzen usw.), ggf. auch Ausstattungsgegenstände der eigenen Schule, sofern noch vorhanden (Schulbänke, Tafel, Wandschmuck, Landkarten, Schaubilder usw.); alte Gebrauchsgegenstände wie Haushaltsgeräte (z.B. Waschbrett, Kaffeemühle, Bügeleisen, Petroleumlampe, Leuchter usw.); Handwerks- und Arbeitszeug (z.B. Dreschflegel); (Ofen- oder Küchen-)Kacheln; Kleidung (ggf. auch Uniformteile); in Krieg oder Kriegsgefangenschaft aus Munitionsteilen, Holz oder sonstigen Resten hergestellte Objekte aller Art; Anstecknadeln; kleinere Schmuckobjekte aller Art; alte Geldscheine (nicht nur Inflationsgeld), Münzen und Medaillen; Orden; alte Schallplatten, die natürlich zu Gehör gebracht werden müssen; ggf. Bodenfunde (etwa ein Stück Raseneisenstein, wenn beim Thema „Eisenzeit" das Problem „Eisengewinnung – Eisenverarbeitung" ansteht); alte Feuereimer, Feuersignalhorn, Kitschobjekte (z.B. „röhrender Hirsch" als Wandbehang).

Bildquellen: Photos von Hochzeiten und anderen Festen, Einschulungen und Entlaßfeiern, Schulklassen, Krieg, Besatzungszeit, Schwarzmarkt; Bild- bzw. Kriegspropagandapostkarten (s. die Beispiele S. 75 ff.); Amateurfilme, Sammelalben mit Zigarettenbildchen usw.

All dies kann von den Schülern nach Aufforderung des Lehrers zu Beginn einer auf mehrere Stunden angelegten Unterrichtseinheit in die Schule mitgebracht, dort ausgebreitet und nach einer Sichtung zum Ausgangspunkt für arbeitsteilige Unterrichtsvorhaben (etwa nach dem Prinzip des entdeckenden Lernens) werden. Hierbei wird der vergangene Alltag vor Ort zum Ausgangs- und Anknüpfungspunkt für historisch-politisches Lernen gemacht. Da es sich bei diesem Material zudem um Überreste aus dem Besitz von Menschen des lokalen oder persönlichen Umfelds der Schüler handelt, dürfte das Maß an Interesse, das diesen Belegstücken zukommt, höher veranschlagt werden als bei jenen Materialien, die sich im Schulbuch abgedruckt finden und der den Schülern ja sehr viel entfernteren allgemeinen Geschichte angehören.

Diese Reizwirkung des authentischen Gegenstandes, die Aura, die manche der so liebevoll teilweise über Generationen gehegten und gepflegten Gegenstände umgibt, die „Anmutungsqualität", welche jedes historische Relikt, nicht nur jene der Hochkultur, besitzt und die „uns aufgrund der ihm inkorporierten Lebensspuren anspricht"[94], sollte man sich in der Einstiegsphase zunutze machen.

Wo derartiges Material nicht verfügbar ist oder Schüler nur wenige solche Objekte mit in die Schule bringen, können in manchen Städten die (historischen) Museen mit einem Museumskoffer aushelfen. Sie enthalten in der Regel besonders aussagekräftige, manchmal auch spektakuläre oder skurrile Einzelstücke (meist Replikate), die, kommentarlos vor die Schüler hingestellt, zunächst Verblüffung, dann vielleicht Staunen, schließlich Rätselraten auslösen können. Um was handelt es sich bei diesem Objekt? Wie wird es gehandhabt? Wozu hat es gedient? Welchen Wert hatte es damals bzw. heute? Warum gibt es dergleichen Objekte heute nicht mehr? Es werden von den Schülerinnen und Schülern also gerade solche Fragen gestellt, die Ausgangspunkt für eine weitere Beschäftigung im Unterricht sein könnten.

Bei Objekten, Schrift- und Bilddokumenten, die die Schüler mit in die Klasse bringen, werden derartige Fragen meist nicht auftauchen, da der betreffende Schüler über „seinen" Gegenstand meist etwas zu sagen weiß. Dennoch wird das Staunen etwa über das Aussehen, die Kleidung und die große Zahl der Schülerinnen und Schüler auf einem alten Klassenphoto oder über das Gewicht eines alten Bügeleisens nicht ausbleiben. In der Eingangsphase werden die mitgebrachten Dokumente und Sachüberreste zunächst einer eingehenden Sichtung (und vielleicht Gruppierung) unterzogen. In der Arbeitsphase werden dann die sich aus der Gruppierung des Materials ergebenden Teilthemen in Gruppenarbeit „erforscht". Das Brainstorming beginnt also im eigentlichen Sinne erst, nachdem die beschafften Objekte im Klassenzimmer ausgelegen und einzelne Schüler zu einzelnen Objekten Geschichten erzählt haben (Herkunft, Alter, Benutzer, emotionaler Wert, ggf. auch besondere Ereignisse, die sich um ein Objekt ranken). Es kann sich als notwendig erweisen, daß bei der Einbeziehung derartig heterogener Objekte in den Unterricht neuerliche kurze Brainstormings auch noch während der Arbeitsphase durchgeführt werden müssen, etwa um sich über den Stand der bisher geleisteten Arbeit klar zu werden, jetzt notwendig werdende Arbeitsschritte einzuplanen, die noch anstehende Arbeit neu zu verteilen usw.

Beispiel: Die Ausgabenseite eines Kassen- bzw. Haushaltungsbuches

Rein zufällig ist in meiner Familie das Haushaltungs- und Kassenbuch meiner Großmutter (geb. 1883) erhalten geblieben (S. 123). Dokumentiert finden sich hier auf der linken (hier nicht wiedergegebenen) Seite die

Aus dem Haushaltungsbuch von Mathilde Schneider (September 1912)

September 1912 Ausgaben

			M	Pf
[illegible]	1.	Haushaltung	2	–
"	"	Taschengeld	1	80
[illegible]	2.	Haushaltung	2	–
"	"	2 Schweinchen gekauft v. [illegible]	65	–
"	"	[illegible] z. 5 [illegible] mit 13 [illegible]	6	04
"	3.	Haushaltung	1	60
"	"	Taschengeld	1	–
"	4.	Haushaltung	2	–
"	"	3 Schirme flicken lassen	1	50
"	"	1 Pfd Butter	1	25
"	5.	Haushaltung	1	80
"	"	5 Flaschen Bier	–	90
"	6.	Haushaltung	2	50
"	"	3 Pfd Mehl	–	65
"	7.	Haushaltung	2	–
"	"	5 Flaschen Bier	–	90
"	"	Krankengeld f. Ernst	2	20
"	8.	Haushaltung	1	80
"	"	[illegible] 5 [illegible] à 3.30 M	18	15
"	9.	Haushaltung	2	–
"	"	Taschengeld	1	–
"	10.	Haushaltung	1	20
"	"	[illegible]	1	85
"	"	[illegible]	–	70
"	11.	Haushaltung		
"	"	1 Pfd Butter	1	25
"	12.	Haushaltung	1	80
"	13.	"	2	–
"	"	5 Flaschen Bier	–	90
"	"	[illegible] zu Kuchen	1	20
"	14.	Haushaltung	1	80
"	1	1 Pfd Butter	1	25
"	15	Haushaltung	2	–
"	"	~~Feuerversicherung~~	2	–
"	"	~~Taschengeld~~	1	–

Privatbesitz

Einnahmen eines kleinen Gartenbau- und Baumschulbetriebs in Nordbaden, auf der rechten Seite die Ausgaben für die tägliche Haushaltsführung einer vierköpfigen Familie, zu der noch ein „Knecht“ mit „Kost und Logis“ hinzukam, und zwar für den Zeitraum vom 1. bis 15. September 1912. Gelingt es den Schülerinnen und Schülern, die deutsche Schrift zu entziffern, ermöglichen die hier verzeichneten Angaben interessante Einblicke in das Alltagsleben aus der Zeit kurz nach der Jahrhundertwende. Man wird zunächst den Spürsinn der Schüler anzusprechen versuchen und sie auffordern, das vorzulesen, was sie entziffern können. Da manche Angaben in lateinischer Schrift gemacht sind (s. etwa schon die erste Zeile: „Haushaltung“), dürfte dies nicht zu schwer sein. Auf andere interessant erscheinende Ausgabenposten müssen die Schüler ausdrücklich hingewiesen werden. So können sie errechnen bzw. aus der Aufstellung ablesen, was damals ein halbes Kilo Butter (M 1.25), was eine Flasche Bier (18 Pfg.), was ein halbes Kilo Mehl (21 Pfg.), was die Benutzung der Dreschmaschine pro Stunde kostete (M 3.30) und welche sonstigen Ausgaben täglich auf die Familie zukamen („Haushaltung“: meist ca. 2 Mark pro Tag). Bei Posten wie „Krankengeld f. Ernst“ (dies ist der Familienvater), das mit M 2.20 zu Buche schlug, muß erklärt werden, daß es sich hier um eine vierteljährliche Zahlung handelte. Dies gilt auch für die Feuerversicherungsprämie (M 2.-). Die höchste Ausgabe fiel für den Kauf zweier „Schweinchen“ (=Ferkel) an (M 65.-). Die Aufstellung läßt überdies erkennen, daß eine kleingewerbliche Familie damals üblicherweise Getreide anbaute (s. Dreschen) und Schweine hielt. Etwas aus dem Rahmen fällt der wiederholte Kauf von Bier, der sich nur so erklärt, daß in diesem Monat die Obsternte und das Dreschen stattfanden, zu dem „Tagelöhner“ hinzugezogen wurden. Der übliche Haustrunk war Most (=Apfelwein), wie sich aus dem Ausgabenposten „Mostsubstanz z. 50 ltr mit 13 Pfund Zu[c]k[er]“ ergibt.

In Verbindung mit vergleichbaren anderen, von den Schülern mitgebrachten Materialien (vielleicht aus einem Arbeiter- oder Beamtenhaushalt) können in einer Einstiegsphase erste Einblicke in das Alltagsleben von einfachen Menschen in dieser Zeit gewonnen werden.

5.12 Ein besonderes Ereignis, ein spektakulärer, aktueller „Fall“ als Einstieg

Gelegentlich ergibt sich im Unterricht die Möglichkeit, in ein neues Unterrichtsthema unter Anknüpfung an ein spektakuläres (lokales) Ereignis einzusteigen. Daß dies nicht häufiger geschieht, liegt daran, daß solche Ereignisse nur selten mit der Behandlung eines „passenden“ Unterrichtsthemas zusammenfallen.

Beispiele:
Bei der Verlegung einer Wasserleitung, beim Ausschachten des Kellers eines Neubaus, beim Tiefpflügen eines Ackers, bei einer systematischen Grabung, bei der Renovierung einer Kirche werden vorzeitliche, römische oder mittelalterliche Funde gemacht, die im Geschichtsunterricht als Einstieg in ein entsprechendes Thema geeignet erscheinen. Entsprechende Zeitungsberichte sollten dabei (was hier aus technischen Gründen nicht möglich ist) den Schülern als Fakisimile vorgelegt werden.

Zeitungsbericht: Grabungsfunde in Bad Krozingen
Unheimlich sieht es aus, das Skelett, das da im graubraunen Boden liegt, noch halb von Erde bedeckt. Ein echter Alemanne, seit 1500 Jahren tot, begraben in Bad Krozingen. Archäologiestudenten graben mit kleinen Spachteln vorsichtig seine Knochen aus, wickeln sie in Zeitungspapier, beschriften die Einzelteile und packen sie in Kartons.
200 Alemannengräber haben die Forscher in Bad Krozingen gefunden, vom 6. bis 8. Jahrhundert diente das heutige Neubaugebiet als Dorffriedhof. Das Gräberfeld ist fast 3000 Quadratmeter groß, eines der größten im Breisgau. Zur Freude der Archäologen blieb dieser Friedhof während der vergangenen Jahrhunderte nahezu unberührt. Weder Grabräuber noch pflügende Bauern haben ihn zerstört. Deshalb wurden die Gräber auch nur zufällig, bei Erschließungsarbeiten, entdeckt.
Das Landesdenkmalamt gab den Grabungen in Bad Krozingen oberste Priorität. Die Funde mußten gesichert werden, und zwar so schnell wie möglich. Grabungsleiter Winfried Zwernemann stöhnt schon ein bißchen, wenn er sich erinnert, wie sein Team innerhalb eines Monats 40 Gräber geborgen hat. Jetzt sind die Grabungen so gut wie abgeschlossen, nur zur Sicherheit graben die Archäologen noch an den Rändern des Gräberfeldes. „Wir sind rechtzeitig fertig geworden“, gratuliert Zwernemann seinem Team und sich, und der Rohbau nur wenige Meter neben der Grabungsstelle bekräftigt die Dringlichkeit der Ausgrabungen.
In Pappkartons liegen auch die übrigen wertvollen Funde: ein mächtiges Schwert, eine runde Silberbrosche, dicht an dicht mit roten Steinen besetzt, Tonkrüge, ein Glasbecher. Den Toten wurden alltägliche Gegenstände mit ins Grab gegeben. In Männergräbern finden sich vor allem Waffen, bei Reichen auch Reitgeschirr oder mit Edelsteinen verzierte Waffengürtel. Den Frauen gab man Schmuck und Amulette gegen Krankheiten, aber auch Alltagsgegenstände wie Spindeln, Messer oder Kämme mit auf den letzten Weg.
An den Grabbeigaben kann man die Lebenssituation der frühmittelalterlichen Krozinger Dorfgemeinschaft ablesen. Wie sich die Alemannen gekleidet haben, wie sie gekämpft haben, was sie gegessen haben, woran sie

geglaubt haben. In den späteren Gräbern finden sich zum Beispiel auch schon christliche Symbole wie Broschen in Kreuzform.
Die Gräber spiegeln auch die gesellschaftliche und geschichtliche Situation der Merowingerzeit wider. Bad Krozingen gehörte zu den wichtigsten alemannischen Siedlungen, da es an der Römerstraße zwischen Basel und Mainz lag. Grund genug für den fränkischen König, seit 496 Landesherr der Alemannen, einen Statthalter hierherzuschicken. Auch diese geschichtliche Begebenheit läßt sich an den Gräbern ablesen. Einige Grabbeigaben, zum Beispiel Glasbecher, weisen eindeutig auf fränkische Bewohner hin, da die Alemannen kein Glas herstellen konnten.
Auf einen Fund ist Gerhard Fingerlin, Alemannenspezialist des Landesdenkmalamts, besonders stolz: „Wir haben eine der größten fränkischen Äxte gefunden, die es gibt." Daraus schließen die Archäologen, daß der erste fränkische Statthalter ein bedeutender Mann gewesen sein muß. Die Grabbeigaben bilden die sozialen Schichten der Dorfgemeinschaft ab. Allerdings deuten Gräber ohne Beigaben nicht zwingend auf arme Leute hin. Fingerlin warnt vor mathematisch genauen Schlüssen: Einfache Gräber könnten auch ein Zeichen der fortschreitenden Christianisierung im 7. Jahrhundert sein. Die Kirche hatte Grabbeigaben verboten, und auch der frühere Friedhof wurde im 8. Jahrhundert aufgegeben und in die Nähe der Kirche verlegt. „Bei Grabungen im Ortskern könnte man die Geschichte von Bad Krozingen noch weiter verfolgen", ist sich Fingerlin sicher.
Doch nun müssen erst die alemannischen Funde restauriert werden. Die Schmuckstücke sollen ihren ursprünglichen Glanz wiederbekommen, der ihnen im Lauf der Zeit abhanden gekommen ist. Nach den Sommerferien, wenn die Restaurierung beendet ist, werden die Stücke im Foyer des Bad Krozinger Thermalbads „Vita classica" ausgestellt. Das war eine Bedingung des Lions Clubs, der die Grabungen finanziell unterstützt hatte, und ein großes Anliegen von Bürgermeister Ekkehart Meroth: „Die Funde sollen hier im Ort bleiben und nicht in irgendeinem Archiv verschwinden." Schließlich handelt es sich ja im weitesten Sinne um die Vorfahren der jetzigen Bad Krozinger.

Aus: Badische Zeitung v. 13. 6. 1998

Der Jahrestag eines Ereignisses aus der Geschichte der Stadt/des Dorfes, das Jubiläum eines örtlichen Vereins oder Verbands, einer sozialen Einrichtung, ein Stadt-/Gemeindejubiläum, das Gedenkjahr für eine große lokale Persönlichkeit der Kulturnation könnten den Ausgangspunkt für historisches Lernen bieten.

Der Abriß eines historischen Gebäudes oder die „Sanierung" eines Stadtviertels, worüber sich in der (lokalen) Öffentlichkeit ein Streit entzündet[95], die Beseitigung oder Umsetzung eines Denkmals, die Verleihung eines Traditionsnamens für eine Schule, Kaserne, Universität, das Verschwinden eines alten Kinos oder die Aufgabe der letzten Schmiede am Ort u.ä. könnten bei Schülern das Interesse wecken, sich im Rahmen eines größeren Unterrichtsvorhabens mit diesen Objekten intensiver zu beschäftigen.

In den meisten Fällen wird man sich dabei der Zeitungsberichte in der lokalen Presse als Unterrichtsmaterial bedienen; gelegentlich kann es aber auch sinnvoll erscheinen, einen Ortstermin zu organisieren, um etwa von Experten oder betroffenen Zeitgenossen vor Ort die konkurrierenden Meinungen in Erfahrung zu bringen.

5.13 Einstieg in spielerischer Form

1. Beispiel: Ein Rätsel als Einstieg

In den unteren Klassen kann ein spielerischer Zugang zum neuen Unterrichtsthema das Interesse der Schülerinnen und Schüler wecken. Das Stundenthema wird nicht vorgegeben, vielmehr ermitteln die Schüler dieses selbst, indem sie ein Rätsel lösen. Dies kann in der nachstehenden Form geschehen: Jeder Schüler und jede Schülerin (oder jeder Gruppentisch) erhält ein Blatt mit den aufgezeichneten leeren Kästchen. Neben diesen Kästchen stehen die zu lösenden Aufgaben. Die in die besonders herausgehobenen Kästchen eingefügten Buchstaben ergeben das Stundenthema (s.u.). Diese Form des Einstiegs ermöglicht es, bereits erworbene Geschichtskenntnisse zu aktivieren und anzuwenden. Insofern erfüllt dieser Zugang zu einem neuen Unterrichtsthema zugleich den Zweck einer Lernkontrolle.

Kreuzworträtsel als Einstieg

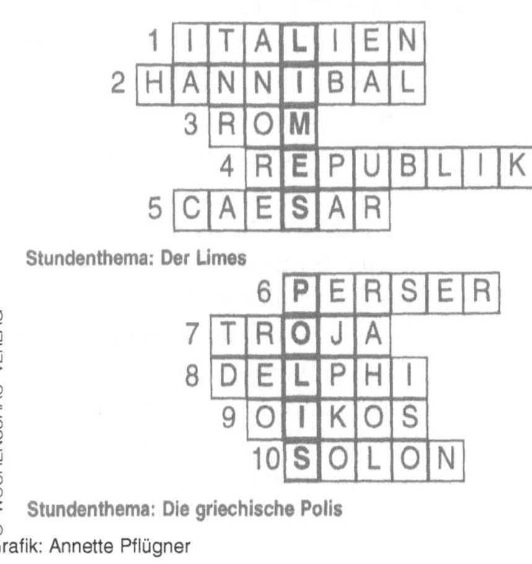

1 Heutiger Name des Kernlandes des römischen Reiches
2 Großer Gegner der Römer im 2. Punischen Krieg
3 Hauptstadt des römischen Reiches
4 Staatsform, in der das Volk oder ein Teil desselben die Macht ausübt
5 Römischer Politiker, der 44 v. Chr. von seinen Gegnern ermordet wurde
6 Gegner der Griechen zu Beginn des 5. Jahrhunderts v. Chr.
7 Aus Homer bekannter Schlachtenort in Kleinasien
8 Griechischer Ort, wo das Orakel befragt wurde
9 Griechische Bezeichnung für Hausgemeinschaft
10 Aus Athen stammender Gesetzgeber und Reformer

Grafik: Annette Pflügner

2. Beispiel: Einstieg mit einem Puzzle (Das Rittertum)
Ebenfalls vor allem für die unteren Klassen geeignet ist der Einstieg mit Hilfe eines Puzzles. Bevor jedem Gruppentisch Puzzleteile verschiedener Bilder vorgelegt werden, hat der Lehrer von den noch nicht in Puzzleteile zerschnittenen Bildern Folien angefertigt. Richtig zusammengesetzt, sind die Schüler in der Lage, das Stundenthema zu erraten. Nachdem die Aufgabe von den Schülern gelöst ist, werden die verschiedenen aus den Puzzleteilen hergestellten Bilder mit Hilfe des Overhead-Projektors an die Wand projiziert, damit jede Gruppe auch die von den anderen Gruppen zusammengesetzten Bilder zu Gesicht bekommt. Es empfiehlt sich, die Puzzleteile auf Karton aufzukleben, damit sie auch später wiederverwendet werden können. Die noch nicht in Puzzleteile zerschnittenen Abbildungen zum Thema „Rittertum" befinden sich auf den Seiten 129/130.

3. Beispiel: Zusammensetzen eines Modells (Die Burg)
Ebenfalls eine Art Rätsel ist folgende Einstiegsform: In einem großen Sack oder einem Karton hat der Lehrer/die Lehrerin selbstgefertigte Einzelteile einer Burg als Modell mitgebracht. Der Lehrer/die Lehrerin setzt sich in die Mitte des Sitzkreises und holt nach und nach einen Bergfried, Wehrmauern, den Torturm, den Palas, die Zugbrücke, den Burggraben, einen Wehrgang, Brunnen, Burgnebengebäude usw. – also die charakteristischen Teile, die zu einer mittelalterlichen Burg gehören – aus dem Sack bzw. dem Karton und stellt sie ungeordnet vor sich hin. Schon nach den ersten Teilen werden Schüler sich melden und den Gegenstand der Unterrichtsstunde erraten. Es kann dann begonnen werden, die Einzelteile auf einem freien Tisch zu einem Burgensemble zusammenzustellen – so, wie die Schüler glauben, daß die Burg ausgesehen hat. Mit dem Fortgang der Stunde, nachdem also mit Hilfe anderer Quellen/Medien eine genaue Vorstellung von einer Burg erarbeitet worden ist, kann das Modell korrigiert werden. Das von den Schülern zunächst hergestellte Burgmodell wirkt also wie eine Art Hypothesenbildung: so etwa könnte eine Burg ausgesehen haben; die Bestätigung bzw. Korrektur, also die Überprüfung dessen, was von Anfang an richtig bzw. falsch war, dient nicht nur der Einprägung des Burgenbildes und unterstützt die auf andere Weise gewonnenen Kenntnisse über die Funktion ihrer Einzelteile; sie fördert auch die Hartnäckigkeit der Schüler, bis zum Ende der Arbeitsphase herausfinden zu wollen, ob ihre ursprüngliche Vorstellung zutraf oder nicht.

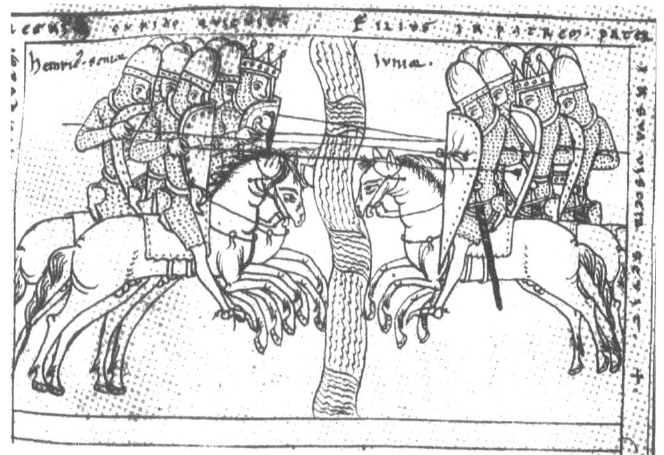

Ritterfehde. Buchillustration aus der Chronik Ottos von Freising (2. Hälfte des 12. Jhs.)
Aus: Martin Erbstößer: Die Kreuzzüge. Eine Kulturgeschichte, Leipzig , 2. Aufl. 1980, S. 55, Abb. 25. (ThULB Jena – Ms.Bos. q. 6, Bl. 91v)

Ritter in Prunkausrüstung
Aus: Erbstößer, a.a.O., S. 116, Abb. 61 (Ausschnitt)

Tjost- und Zweikampfszenen (wohl 14. Jh.)

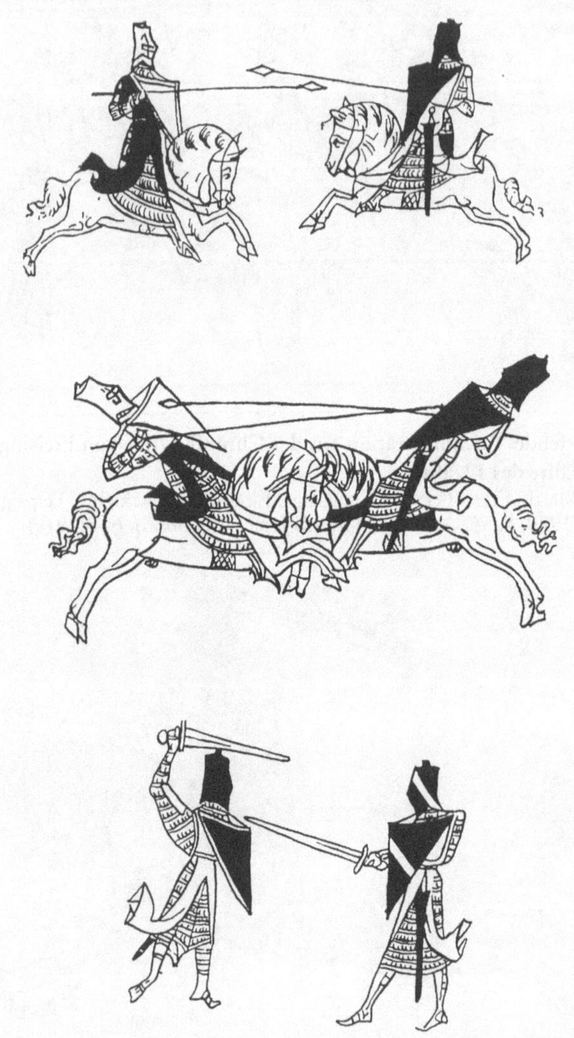

Aus: Joan Evans: Blüte des Mittelalters, München/Zürich 1966, S. 160f.

Briefmarken mit Hanse-Kogge.
Privatbesitz

Rückseite des alten Fünfzigmark-Scheines mit dem Holsten-Tor, dem Wahrzeichen der Hansestadt Lübeck

4. Beispiel: Alltagsobjekte als Einstieg (Die Hanse)

Der Begriff „Hanse" ist in unserer Alltagswelt noch heute in vielfältiger Form anzutreffen. Nicht nur, daß man von einem „hanseatischen" Kaufmann spricht, wenn man eine besonders integre (und erfolgreiche) Person dieses Berufsstandes vor Augen hat. Die Lufthansa oder das Schiff „Hanseatic" sind jedem vertraut. Als non-verbaler Einstieg in eine Stunde zum Thema „Die Hanse" werden die Buchstaben „HH", „HL", „HB", „HRO", „HST" an die Tafel geschrieben.[96] Die Schüler sind sofort in der Lage, diese Abkürzungen als Autokennzeichen für die Hansestädte Hamburg, Lübeck, Bremen, Rostock und Stralsund zu identifizieren. Mit geringer Nachhilfe seitens des Lehrers/der Lehrerin werden sie auch auf die Bedeutung des vorgestellten Buchstabens „H" kommen. Nicht nur, daß die Schüler auf diese Weise schnell das Thema der Stunde ermitteln; sie könnten bereits auch hier schon die weiterführende Frage aufwerfen, warum am Ende des 20. Jahrhunderts noch an ein Phänomen des Hochmittelalters erinnert wird bzw. wer ein Interesse an einer solchen Traditionspflege haben könnte.

Modifiziert werden könnte diese Einstiegsmöglichkeit dadurch, daß Photographien „echter" Nummernschilder von Hansestädten (auf Folie) gezeigt werden (hilfsweise als Skizze an die Tafel zeichnen). Hinzugenommen werden könnten Abbildungen (ebenfalls auf Folie) von Briefmarken mit dem hansetypischen Motiv der Kogge (S. 131), dem Emblem der „Lufthansa" oder vom alten Fünfzigmark-Schein (S. 131). Auch eine Hansaplastschachtel (oder eine Abbildung davon auf Folie) könnte gezeigt werden.

5. Beispiel: Galgenmännchen-Spiel (Die Revolution von 1848)
Das sog. Galgenmännchen-Spiel ist den meisten Schülern aus dem Fernsehen bekannt. An der Tafel hat der Lehrer/die Lehrerin in der Pause, die der Unterrichtsstunde vorausgeht, so viele Striche angezeichnet, wie das Stundenthema, das die Schüler erraten sollen, Buchstaben hat (im nachstehenden Beispiel insgesamt 46 Striche mit einer größeren Lücke jeweils nach dem dritten und dem 25. Strich). Der Reihe nach rufen die Schüler jeweils einen Buchstaben. Ist dieser Buchstabe in dem zu erratenden Wort enthalten, wird er an der entsprechenden Stelle eingetragen. Ist dies nicht der Fall, wird an der Tafel ein Strich als ein Teil des „Galgens" gemacht. In der Regel können die Schüler das gesuchte Wort erraten, bevor der „Galgen" entstanden ist. In diesem Beispiel geht es darum, daß die Schüler das Thema der Unterrichtsstunde „Die Nationalversammlung (Das Paulskirchenparlament)" herausfinden. Es ist darauf zu achten, daß das gesuchte Wort nicht zu kurz ist, weil sonst der Begriff zu schnell geraten wird. Bei dem genannten Beispiel benötigten die Schüler vier Minuten, während der „Galgen" noch nicht „fertiggestellt" war. Die Schüler haben also das Spiel gegen den Lehrer gewonnen.

Natürlich hat dieses Spiel keinen historischen Lerneffekt im eigentlichen Sinne. Es kann jedoch als Einstieg dienen, weil es alle Schülerinnen und Schüler anspricht und auch jene zum Mitmachen animiert, die sich sonst im Geschichtsunterricht nicht beteiligen.

5.14 Interview/Befragung als Einstieg

1. Bei nicht wenigen Themen der Zeitgeschichte kann es sinnvoll sein, Eltern, Großeltern, Fachleute, Politiker, lokale Autoritäten (Lehrer, Pfarrer, Vereinsvorsitzende usw.) als Zeitzeugen in den Unterricht einzuladen. Bevor dies jedoch geschieht, muß der Lehrer/die Lehrerin sich davon überzeugen, daß der Zeitzeuge ergiebig und attraktiv ist und

tatsächlich auch etwas zu sagen hat. Nach dessen nicht zu ausführlichen, einführenden Äußerungen soll den Schülern Gelegenheit zur Befragung gegeben werden. Hierbei hat es sich als förderlich für die Atmosphäre und für eine Annäherung von Zeitzeugen und Schülern erwiesen, wenn die Schüler in einem Sitzkreis um den Zeitzeugen sitzen. „Schule früher und heute", „Flüchtlinge und Vertriebene nach 1945", „Judenverfolgung 1933-1945", „Der Bombenkrieg", „Der Schwarzmarkt in den Nachkriegsjahren", „Alltagsleben auf dem Land", „Der Mauerbau 1961", „Die Wiedervereinigung 1989/90" sind Themen, zu denen noch überall Zeitzeugen gefunden werden können. In einigen wenigen Fällen ist es auch möglich, die oft multikulturelle Zusammensetzung der Klasse zu nutzen und Mitschüler, besser noch deren Eltern oder Verwandten, etwa aus der Türkei, aus einem asiatischen oder südamerikanischen Land zu interviewen. Auch wenn diese Mitschüler hier in Deutschland geboren sein sollten, ist es ihnen aufgrund ihrer familiären Einbindung oft möglich, über das Herkunftsland ihrer Eltern interessante Einzelheiten zu berichten. Diese Informationen müssen sich nicht auf zeitgeschichtliche bzw. sozialkundliche Themen beschränken; auch etwa bei Themen wie Islam (als Einzelthema der 8. Klasse), Kreuzzüge, Entdeckung (Latein-)Amerikas, Imperialismus, Vietnam-Krieg usw. können Mitschüler über Erfahrungen oder Zustände berichten, die sie selbst oder ihre Eltern gemacht haben. Hier muß in jedem Fall äußerst sensibel vorgegangen werden, denn aus verschiedenen Gründen sind nur wenige hier in Deutschland lebende Ausländer bereit, sich für solche Zwecke einspannen zu lassen, sei es, daß das vom Lehrer intendierte Thema für ihn nicht „verhandelbar" ist, sei es, daß er/sie aufgrund noch bestehender Sprachschwierigkeiten gehemmt ist oder sei es, daß er/sie gar nicht (mehr) als Ausländer identifiziert werden möchte usw.

2. An anderer Stelle (Kapitel 5.11, S. 120) wurde der Vorschlag gemacht, daß Schülerinnen und Schüler zu Beginn einer neuen Unterrichtseinheit aufgefordert werden sollen, alte Gegenstände aller Art, sofern sie nur irgendeinen Bezug zum anstehenden Thema haben, in den Unterricht mitzubringen. Im Anschluß daran kann es sinnvoll sein, den Besitzer eines solchen Gegenstandes (etwa das Photoalbum eines Soldaten des Zweiten Weltkriegs) oder denjenigen, der einen mitgebrachten Gegenstand noch zu handhaben versteht (z.B. Dreschflegel), als Experten bzw. Zeitzeugen in den Unterricht einzuladen.[97] Dort sollen sie über die vorliegenden Objekte berichten oder deren Handhabung demonstrieren.

3. Bei Unterrichtsversuchen hat sich allerdings gezeigt, daß es nur in den seltensten Fällen möglich war, die Zeitzeugenbefragung auf wenige

Minuten zu beschränken. Meistens dauerte die Befragung der Zeitzeugen/Experten eine volle Unterrichtsstunde, weil die Schüler mehr wissen wollten bzw. die Eingeladenen sehr viel mehr zu berichten wußten, als sich in wenigen Minuten einer Einstiegsphase bewältigen ließ. Es wird sich daher wohl in den meisten Fällen empfehlen, die Zeitzeugen-/Expertenbefragung in die Arbeitsphase der Unterrichtsstunde zu verlegen bzw. von vornherein eine ganze Unterrichtsstunde für ein solches Vorhaben zu reservieren. Auch als Abschluß einer Unterrichtseinheit ist die Befragung von Zeitzeugen denkbar, dann nämlich, wenn die Schüler sich bereits in ein Thema eingearbeitet haben, gewissermaßen Experten sind und deshalb qualifizierter fragen können, als dies zu Beginn einer Unterrichtseinheit/-stunde der Fall sein dürfte. Dient die Zeitzeugenbefragung in der Einstiegsphase dazu, die Neugier der Schüler zu wecken, so zielt eine Zeitzeugenbefragung zum Abschluß einer Unterrichtseinheit auf Transfer, „Anwendung", Festigung und Überprüfung des Gelernten.

5.15 Eine Phantasiereise als Einstieg

Neben vielen themenbezogenen Funktionen erfüllt der Einstieg auch (und zwar zuallererst) die Funktion, die Schüler zu einer „disziplinierten Arbeitshaltung"[98] zu bringen. Dies ist vor allem in ersten Stunden, nach der (großen) Pause und in Stunden, nachdem die Schüler eine Klassenarbeit geschrieben (manchmal auch erhalten) haben, unabdingbar. „Disziplinierung", das heißt Förderung der Bereitschaft zu sachbezogener Arbeit, kann auf zwei Arten erfolgen: In erster Linie erwünscht ist die Selbstdisziplin, bei der Schüler von sich aus die Bereitschaft entwickeln, sich mit einem (neuen) Lerngegenstand zu befassen. Fremddisziplin meint die Herbeiführung von Ruhe als scheinbaren Garant für „diszipliniertes" Arbeiten durch Strafandrohung, Zwang oder „künstliche Ruhigstellung" der Schüler. Die hier vorzustellende Form des Einstiegs, die Phantasiereise, ist eine Art einseitige (weil nur die Schüler schweigen) Stille-Übung[99], mit der auf dem Weg der Meditation und Selbstbesinnung alle Elemente ausgeschaltet werden sollen, die das Zuhören und das Sich-Konzentrieren der Schüler stören. Mit der Phantasiereise soll zugleich das Imaginationsvermögen und die Neugier der Schüler angeregt werden. Sie ist m. E. eine Form des *social engineering* oder extrinsischer Disziplinierung[100] und scheint mir vor allem dort eingesetzt zu werden, wo Appelle der Lehrer an die Schüler, das Lärmen einzustellen und sich jetzt konzentriert an die Arbeit zu machen, nicht (mehr) fruchten. Verfechter dieses Verfahrens werden diese kritische Einschätzung nicht von vornherein ablehnen; sie werden aber die Ansicht vertreten, daß sich die Fremddisziplinierung, die eine Stille-Übung, eine Phantasie-/Traumreise zweifellos darstellt, im Verlauf der Übung in Selbstdisziplin verwandelt und im Anschluß daran entspannteres Arbeiten garantiert.[101]

Die Phantasiereise beginnt damit, daß der Lehrer/die Lehrerin die Schüler zu entspanntem Sitzen (z.B. sog. Kutscherhaltung oder Kopf auf die verschränkten Arme legen) oder gar Liegen, zum Schließen der Augen, zum allmählichen Ruhigwerden, zum langsamen, regelmäßigen Atmen usw. auffordert. Diese Ankündigung ist meist schon begleitet von einschmeichelnder Musik (kein Gesang!), die dann über die ganze Dauer der Phantasiereise fortdauert. Kern der Phantasiereise ist jedoch die fiktionale, literarisch gestaltete, angeblich altersgerechte und ganz vom Lehrer her konzipierte Geschichtserzählung. Sie unterscheidet sich von der Geschichtserzählung traditioneller Art nur dadurch, daß sie mit Musik unterlegt ist, die Schüler die Augen geschlossen halten und durch diese fast tranceartige Versunkenheit noch mehr dem Lehrenden ausgeliefert sind, als dies bereits auch schon bei der üblichen Lehrererzählung der Fall ist. Sie ist daher als ein extrem lehrerdominantes, einem autokratischen Unterrichtsstil verpflichtetes Medium zu bezeichnen, bei dem Kommunikation nicht stattfindet. Beabsichtigt wird, die Schüler auf einer Art Zeitreise in die Vergangenheit zu schicken, also in jene Zeit, in der der Lerngegenstand angesiedelt ist. Mehr noch: Schülerinnen und Schüler sollen, wenigstens für eine kurze Dauer, gleichsam jene Zeit miterleben können, in die sie die Phantasiereise geführt hat. Dies erscheint deshalb so problematisch, weil es bei der Phantasiereise, wie übrigens bei den meisten „animativen" Unterrichtsverfahren, seitens der Unterrichtenden versäumt wird, den Lernenden deutlich zu machen, daß das, was auf diese Weise vermittelt werden soll, nicht das Erleben „der Geschichte" selbst ist, sondern nur deren Interpretation. „Animative" Unterrichtsverfahren zielen geradezu darauf ab, diesen Unterschied auszulöschen: Sie „funktionieren" vielleicht nur deshalb bzw. werden vielleicht nur deshalb von den Lernenden so sehr geliebt, weil sie ihnen für einen kurzen Augenblick vorgaukeln, die Gegenwart ganz hinter sich lassen zu können.

Beispiel: Beginn des Ersten Weltkriegs – das Attentat auf den österreichischen Thronfolger

Nachstehendes Beispiel einer Phantasiereise wurde Schülern einer 9. Hauptschulklasse, natürlich mit Musik unterlegt, zu Beginn einer

Stunde, die dem Ausbruch des Ersten Weltkriegs gewidmet war, vorgetragen.[102]

„Die heutige Phantasiereise führt dich ins Jahr 1914. Stell dir vor, du bist eine Friedenstaube. Als Zeichen für deinen Friedenswillen trägst du einen grünen Zweig im Schnabel. Du bist bemüht, überall auf der Welt den Frieden zwischen den Völkern zu erhalten.

Am 28. Juni 1914 begleitest du den österreichischen Thronfolger Franz Ferdinand und seine Gemahlin auf ihrer Fahrt im offenen Auto durch Sarajewo. Franz Ferdinand ist im Volk beliebt, weil er deinen Ratschlägen folgen und den slawischen Völkern der Donaumonarchie mehr autonome Rechte, d.h. mehr Selbständigkeit geben will. Damit wird er den Frieden festigen können. Die Straßen Sarajewos sind gefüllt von Schaulustigen. Tausende jubeln dem Thronfolger zu.

Was ist das? Du siehst einen jungen Mann aus der Menge herausspringen, er ist mit einer Pistole bewaffnet und rennt auf die Autokolonne zu. Du erahnst seine mörderische Absicht und fliegst sofort zu ihm. Aufgeregt flatterst du vor seinem Gesicht hin und her und rufst ihm zu: ‚Tu's nicht! Tu's nicht!'... Doch der Attentäter schiebt dich mit einer kräftigen Armbewegung beiseite und ruft: ‚Ich kämpfe für ein freies, großserbisches Reich!' Im gleichen Augenblick streckt er mit zwei peitschenden Schüssen den Erzherzog und seine Gemahlin nieder. Beide sind sofort tot.

Niedergeschlagen erhebst du dich in die Lüfte, unter dir den Lärm der aufgeregten Menge zurücklassend."

Zu meiner großen Überraschung hat diese Phantasiereise „funktioniert". Die Schüler, die sich sonst immer ziemlich „cool" gaben, lauschten dieser doch recht märchenhaften Erzählung andächtig. Kein Gelächter ob der eigenartigen „Rolle" der Friedenstaube; die ganze Dauer dieser Reise über blieb es in der Klasse mucksmäuschenstill. Auf meine Kritik an diesem mir doch recht esoterisch erscheinenden Verfahren, daß nämlich der „Schnitt" nach dem Auftauchen aus der Versenkung und dem Beginn der üblichen Unterrichtstätigkeit mit Quellenarbeit und Bildinterpretation zu hart sei, wurde mir geantwortet, die Phantasiereise diene auch dazu, in der Klasse ein gutes „Klima" zu erzeugen.

Eine Phantasiereise als Einstieg in ein Projekt „Leben im Mittelalter", durchgeführt mit fünf- bis achtjährigen Schülerinnen und Schülern der Laborschule Bielefeld, wird so gestaltet, daß zunächst mit Stühlen „eine Reisebussituation" geschaffen wird. „Während der Fahrt spielt Musik. Zwischenzeitlich halten wir an und besprechen anhand von Bildkarten besondere Ereignisse oder Erfindungen der jeweiligen Zeit. Das Bild einer Ritterburg signalisiert, daß wir an unserem Ziel angekommen sind."[103] Diese Form der Reise in die Vergangenheit enthält kaum meditative Elemente. Sie scheint mir für Kinder im Grundschulalter durchaus geeignet zu sein, eröffnet sie doch mit dem spielerischen Versuch, Zeit zu überbrücken, die Möglichkeit, an den „Zwischenstopps“ Wiederholungen und Kenntnisüberprüfungen vorzunehmen. Man wird ein solches Verfahren sicherlich auch im Klassenzimmer durchführen können, wobei man anstelle der Bildkarten entsprechende Bildfolien an die Wand projizieren könnte, um den Schülern die Etappen der Reise zu verdeutlichen.

5.16 Ein Feature als Einstieg

Mit dieser Form des Einstiegs soll erreicht werden, daß die Schülerinnen und Schüler bereits schon durch das eigenartige Arrangement der Hardware (Kassettenrecorder und Overhead- oder Diaprojektor) und die aus dem üblichen Rahmen des Unterrichts fallende Präsentation auf das neugierig werden, was in dieser Stunde verhandelt werden soll. Ohne jede Vorrede seitens des Lehrers oder der Lehrerin beginnt die Stunde damit, daß den Schülern in relativ schneller Abfolge Bildquellen (Folien) gezeigt werden, die auf vielfältige Weise auf das Stundenthema hinweisen, während gleichzeitig Musik zu hören ist, die jener Zeit entstammt, über die informiert werden soll. Der stille Impuls garantiert Aufmerksamkeit[104]; die Vielfalt der visuellen und akustischen Eindrücke weckt das Interesse der Schüler, enthält Überraschungselemente und vermittelt bereits wichtige Informationen, auf die dann im Laufe der Stunde ggf. zurückgegriffen werden kann. Zugleich vermitteln Bild und Ton einen Eindruck vom „Geist der Zeit“. Ein solcher Einstieg verknüpft also animierende und informierende Elemente, weckt Interesse und Erwartungen, ohne schon gleich Probleme aufzuwerfen. In der Praxis hat sich gezeigt, daß die Schüler nach einer kurzen Phase des Konsterniertseins diese Form des Zugangs zu einem neuen Stundenthema „annehmen“. Allerdings sollte dieses Ton-Bild-Feature nicht länger als 6-8 Minuten dauern.

Die Nähe des hier skizzierten Verfahrens zur „Phantasiereise“ ist offensichtlich, und beide, Feature wie Phantasiereise, sind „animative“ Verfahren. Der grundsätzliche Unterschied zwischen beiden Verfahren besteht aber darin, daß beim Feature ausschließlich bildliche und akustische Quellen eingesetzt werden und diese sich ergänzenden, aber auch sich widersprechenden Quellen im weiteren Verlauf des Unterrichts als Arbeitsmittel zur (auch kritischen) Betrachtung verwendet werden können.

1. Beispiel: Die sog. Goldenen Jahre der Weimarer Republik

Dieses Beispiel setzt ziemlich umfangreiche Vorarbeiten der Unterrichtenden voraus. Sie müssen zunächst passende Musikstücke der zwanziger Jahre für ein Medley auswählen und auf ein Band zusammenschneiden. Ausgewählt werden könnten Unterhaltungsmusikstücke, vorgetragen etwa von den Comedian Harmonists (z.B. „Veronika, der Lenz ist da“ oder „Wochenend und Sonnenschein“) oder Marlene Dietrich (Lieder von Friedrich Holländer), Charleston, Black Bottom und Shimmy, Swing oder Jazz verschiedener Interpreten, Arbeiterchöre oder Arbeiterlieder von Hanns Eisler (z.B. das „Solidaritätslied“), Lieder der Jugendmusikbewegung, möglicherweise auch kurze Passagen aus Operetten von Ralpf Benatzky („Im weißen Rössl“, 1930) oder Eduard Künneke („Der Vetter aus Dingsda“, 1921), ggf. auch etwas von Paul Hindemith. Ist das Potpourri ernster und heiterer Musikstücke der zwanziger Jahre hergestellt, geht es darum, geeignetes Bildmaterial zu suchen, mit dessen Hilfe eine Vorstellung von den sog. Goldenen Zwanziger Jahren vermittelt werden kann. Als wahre Fundgruben für diesen Zweck erweisen sich Ausstellungskataloge wie „Die Zwanziger Jahre in München“ (hrsg. v. Christoph Stölzl, 1979) oder „Weimarer Republik“ (hrsg. vom Kunstamt Kreuzberg, 1977). Daneben findet sich geeignetes Material auch in Geschichtslehrbüchern oder in den Themenheften „Weimarer Republik“ der Zeitschriften „Geschichte lernen“ (Heft 19/1991) und „Praxis Geschichte“ (Heft 6/1988). Etwa 25 Abbildungen sollte man auf Folien abziehen und diese dann in schneller Folge (ca. 10 Sekunden pro Bild) an die Wand projizieren. Die Abbildungen sollen sich möglichst auf alle Bereiche des täglichen Lebens beziehen (Politik, Wirtschaft, Kultur, Freizeit, Arbeitswelt usw.). Heutige Schüler sind mit derartigen assoziativen Formen der Wahrnehmung vertraut, stellt doch jeder Video-Clip eine solche Mixtur aus akustischen und bildlichen Elementen dar. Im Anschluß an diese Präsentation werden die Schüler nach ihren Eindrücken gefragt. Daraus ergibt sich nicht nur das Thema der Stunde; auch Schwerpunktsetzungen oder Themen für eine nachfolgende Gruppenarbeit können sich auf diese Weise zwanglos ergeben. Diese Form des Einstiegs, die auch bei anderen Stundenthemen oder Unterrichtseinheiten gewählt werden kann (z.B. Die Bundesrepublik Deutschland in den fünfziger Jahren), ist bei Schülern sehr gut angekommen.

2. Beispiel: Burgen und Ritter

Vergleichbar dem vorstehenden Feature besteht auch das folgende Beispiel aus einer Kombination von Bild und Musik. In das Feature werden hier allerdings noch einige zum Thema passende Sprichwörter eingebaut, die vom Lehrer/der Lehrerin vorgelesen werden. Aus der Kreisbildstelle wurden 16 Dias beschafft, auf denen Gesamtansichten und Teilansichten (Tor, Burggraben, Mauern, Wehrgänge etc.) verschiedener Burgen sowie Reproduktionen zeitgenössischer Ritterdarstellungen (Ritter zu Pferd, in Rüstung, beim Turnier) zu sehen sind. Diese Dias werden nach und nach (s. 1. Beispiel) gezeigt, während gleichzeitig eine Kassette mit Liedern, vorgetragen von der Gruppe „Ougenweide", abgespielt wird. Nach jeweils drei Dias wird die Bilderpräsentation kurz unterbrochen und der Ton etwas zurückgenommen. In diese Pause spricht der Lehrer/die Lehrerin jeweils eines der nachfolgenden Sprichwörter/Redensarten: „Etwas im Schilde führen" – „Jemanden ausstechen" – „Fest im Sattel sitzen" oder „Jemanden aus dem Sattel heben" – „Sich aufs hohe Roß setzen" – „Roß und Reiter nennen".[105] Es hat sich als sinnvoll erwiesen, diese Sprichwörter in der Pause vor Beginn der Stunde auf die Tafel zu schreiben, die Tafel aber geschlossen zu halten, bis das Feature beendet ist. Danach wird die Tafel aufgeklappt, damit die Schüler die Redensarten/Sprichwörter noch einmal lesen können. Im weiteren Verlauf der Unterrichtsstunde kann dann auf sie Bezug genommen werden. Dies ist nötig, weil die meisten Schüler diese Sprichwörter zwar kennen, sie nicht in jedem Fall aber hinsichtlich ihrer Herkunft erklären können. Es macht den Schülern keine Schwierigkeiten, das Thema der Stunde zu erraten. Gleichzeitig bietet diese Art des Einstiegs die Möglichkeit, besondere Schülerinteressen festzustellen (zahlreiche Äußerungen beziehen sich auf das Turnier und auf die Bewaffnung/Rüstung der Ritter sowie auf die Verteidigungsmöglichkeiten, die eine Burg bot). Hierauf kann dann im wei-teren Verlauf der Unterrichtseinheit intensiver eingegangen werden.

Geeignetes Bildmaterial zu Burgen und Rittern findet sich in fast allen Geschichtslehrbüchern, ferner in den Zeitschriften „Praxis Geschichte" (z.B. Heft 2/1988, S. 47ff.; Heft 5/1988, S. 14ff.) und „Geschichte – betrifft uns" (Ausgabe 1/1986: Themenheft „Die Ritter des Mittelalters"); S. a. oben Kapitel 5. 13 (2. Beispiel, S. 128).

3. Beispiel: Judenverfolgung/Judenvernichtung

Hier werden, untermalt von der Filmmusik zu „Schindlers Liste", Abbildungen vom Aprilboykott 1933, von Ortsschildern mit der Inschrift „Juden sind hier unerwünscht" oder „Judenfrei", von der „Reichskristallnacht" 1938, von Menschen, die den Davidsstern tragen (alternativ: Kennkarten mit eingestempeltem „J"), von Deportationen, ferner KZ-Außen- und Innenansichten, Täter- und Opferphotos usw. gezeigt.[106]

Diese Form des Einstiegs in das Thema „Judenverfolgung/Judenvernichtung" hat zu einer sehr starken Ergriffenheit der Schüler geführt, die sich teilweise so auswirkte, daß diese im Anschluß an das Feature nicht in der Lage waren, über das Gesehene zu sprechen. Dies veranlaßt mich zu dem Vorschlag, beim Einstieg in dieses Thema die am stärksten emotionalisierenden Bilder von der Judenvernichtung (KZ-Aufnahmen) wegzulassen und das Feature auf die Zeit bis zur „Kristallnacht" zu beschränken.

5.17 Eine Demonstration/ein Experiment als Einstieg

Demonstrationen oder Experimente zählen nicht gerade zu den typischen Methoden des Geschichtsunterrichts. Viel eher denkt man an die Fächer Physik oder Biologie, wenn hiervon die Rede ist. Dennoch ist gerade im Zeichen der vielbeschworenen Handlungsorientierung[107] zu fragen, ob nicht auch im Geschichtsunterricht sinnvolle Demonstrationen oder Experimente durchgeführt werden können, um Schülerinnen und Schüler auf dem Weg des Nach- oder Selbermachens und Ausprobierens zu Ergebnissen und Erkenntnissen kommen zu lassen. Doch kann bzw. sollte dies in der Einstiegsphase geschehen? Sicherlich gibt es im Geschichtsunterricht zahlreiche Gelegenheiten, Tätigkeiten unserer Vorfahren nachzuahmen: das Herstellen eines Öllämpchens aus Ton, das Schreiben mit dem Gänsekiel, die Handhabung eines Dreschflegels, einer Sense oder Sichel, das Waschen mit Waschbrett, Zuber und Bürste, das Herstellen einer Flechtwand zwischen den Gefachen eines Fachwerkhauses[108] und das Bewerfen mit Lehm, das „Schöpfen" von Büttenpapier, das Töpfern und Arbeiten an/mit einer Töpferscheibe usw. Viele (Freilicht-)Museen bieten solche Möglichkeiten an.[109] Die meisten dieser Aktivitäten sind Teil einer größeren Unterrichtseinheit oder Gegenstand einer Projektwoche; sie finden in der Regel nicht im Klassenzimmer statt. Als Einstieg scheinen sie nicht geeignet zu sein. Dennoch können manche Experimente/Demonstrationen auch zu Beginn einer Unterrichtsstunde ausgeführt werden.

1. Beispiel: Industrielle Revolution

In der Pause, also noch vor dem Beginn der ersten Stunde einer Unterrichtseinheit zur Industriellen Revolution, wird eine Dampfmaschine, wie sie als Kinderspielzeug verbreitet ist, so vorbereitet, daß sie mit Beginn der Stunde gleichsam in Betrieb genommen werden kann. Das Wasser im Kessel ist so weit erhitzt, daß der entstandene Dampf den Kolben in Bewegung setzt und ein Schwungrad antreibt. Je nach Größe der Dampfmaschine (und Intensität des entwickelten Wasserdampfes) können an das Schwungrad „Maschinen“ angeschlossen werden, die sich dann ebenfalls in Bewegung setzen. Die Klasse beobachtet den Vorgang; nach dessen kurzer Beschreibung wird die Frage auf das Neue, das Revolutionäre dieser Erfindung gelenkt. Die Schülerinnen und Schüler sollen erkennen, daß die Erfindung der Dampfmaschine die überkommenen Kraftquellen (Muskelkraft, Wind- und Wasserkraft, Tiere) ablöst, Arbeitsprozesse schneller, zeitlich nahezu unbegrenzt und in größerer Zahl, dazu unabhängig von geographischen oder klimatischen Gegebenheiten durchgeführt werden können usw. Der Einstieg mit Hilfe einer (Spielzeug-)Dampfmaschine soll also gleichsam mit einem Schlag den Beginn eines neuen Zeitalters markieren und den Schülerinnen und Schülern eine Vorstellung von den Möglichkeiten vermitteln, die diese Erfindung der Menschheit eröffnete (und mit denen sie im weiteren Verlauf der Unterrichtseinheit konfrontiert werden). Den Übergang vom Betrachten des Experiments zur nachfolgenden Besprechung können Abbildungen erleichtern, die jene „Kraftquellen“ zeigen, deren sich der Mensch vor Erfindung der Dampfmaschine bediente; also etwa Abbildungen von Wind- und Wassermühlen, von im Kreis gehenden Pferden, die einen Göpel (alte Drehvorrichtung) in Bewegung setzen; von Menschen, die ein Rad in Bewegung setzen, das wiederum einen Kran bewegt usw.

2. Beispiel: Schule früher und heute

In manchen Schulen haben sich vereinzelt noch Teile des alten Schulinventars erhalten. Ausrangiert und auf Dachböden abgestellt oder gelegentlich auch im Schulmuseum ausgestellt können solche Objekte – alte Bänke, Pulte, Tintenfässer, ggf. auch alter Wandschmuck – für aktuelle Unterrichtsvorhaben „reaktiviert“ werden. Wenn einige Schüler sich in die alten Bänke zwängen, werden sie schnell die disziplinierende Funktion der starren Sitze verspüren; wenn sie sich bemühen, mit dem Federhalter oder mit dem Griffel zu schreiben, werden sie erfahren, welche Schwierigkeiten es den früheren Schülergenerationen bereitet haben muß, im Fach „Schönschreiben“ den gestellten Anforderungen zu genügen[110]; die Schwierigkeiten erhöhen sich noch, wenn sie in altdeutscher Schrift schreiben sollen (s. S. 142); wenn der Kaiser oder der Großherzog als Landesfürst von der Wand herunter das Tun der Schüler „überwacht“, wenn die Karte Palästinas die Schüler tagtäglich an das Heilige Land erinnert, dann kann sich unter den Schülern – wenn auch eher amüsiert als authentisch empfunden – eine Vorstellung breitmachen, unter welchen Umständen Schüler vor hundert Jahren Unter-

Oben: Foto einer Schulklasse: Die 6. Klasse der Volksschule Adelsheim im Jahr 1869
Adelsheim liegt in Nordbaden und zählte damals ca. 1200 Einwohner. Privatbesitz

ABC der deutschen Schrift (Mitte) und Sütterlin-Schrift (unten)
Letztere wurde von dem Berliner Graphiker L. Sütterlin (1865-1917) entwickelt und war von 1935 bis 1941 allgemein als Grundschrift in den Schulen eingeführt. Danach benutzte man wieder die lateinische Schrift. Privatbesitz

richt erfahren haben. Diesen Eindruck verstärken könnten Photos von Schulklassen, wie sie seit dem Kaiserreich in vielen Familien vorhanden sind (s. S. 142). Im weiteren Verlauf des Unterrichts können dann die damaligen Unterrichtsziele und Unterrichtsinhalte, die „Schulzucht", der Stundenplan, die Schulfeiern usw. näher untersucht werden.

3. Beispiel: Die Erfindung des Buchdrucks

Wenn im Geschichtsunterricht über jene Sachverhalte gesprochen wird, die den Übergang vom Mittelalter zur Neuzeit markieren, kommt die Sprache auch auf die Erfindung des Buchdrucks mit beweglichen, aus Blei gegossenen Lettern. Der Unterricht kann damit begonnen werden, daß der Lehrer eine auf Plakatgröße gebrachte Abbildung eines Wiegendruckes oder eines Textes aus dem frühen 16. Jahrhundert im Klassenzimmer aufhängt (s. z. B. den Text unten). In der Regel werden die

Fragstuck für die
jungen kinder/den Glaubē/die
gebót Gottes/das Vater
unser/uñ des Herren
Nachtmal be-
treffend.

Catechismus minor

¶ Frag.
Was bistu? Antwort. Der ersten geburt nach/ bin ich ain vernünfftige crea-
tur oder mensch võ Got erschaffen/Aber
der newen geburt nach bin ich ain Christ.
¶ Frag.
Warumb bistu ain Christ? Antwort.
Darumb/das ich in dem namen Christi
getaufft bin/uñ glaub in Jesum Christū.
¶ Frag.
Was ist der tauff? Antwort. Ain bad
der widergeburt/dardurch ain gläubiger
wirdt eingeleybt/und eingesegnet in die
güter der hymlischen Burgerschafft und
ewigen seligkait.
A ij

Der „Katechismus minor" (kurzes Lehrbuch) des Reformators Johannes Brenz (1499-1570)
Das Buch erschien im Jahr 1528 in Schwäbisch Hall. Mit seinem damals leicht lesbaren Katechismus in Form von Fragen und Antworten wollte Brenz vor allem Kinder und Jugendliche im neuen (protestantischen) Glauben unterrichten. Aus: Geschichte konkret 2. Ein Lern- und Arbeitsbuch, Hannover 1996, S. 11.

Wie ein Buch entsteht

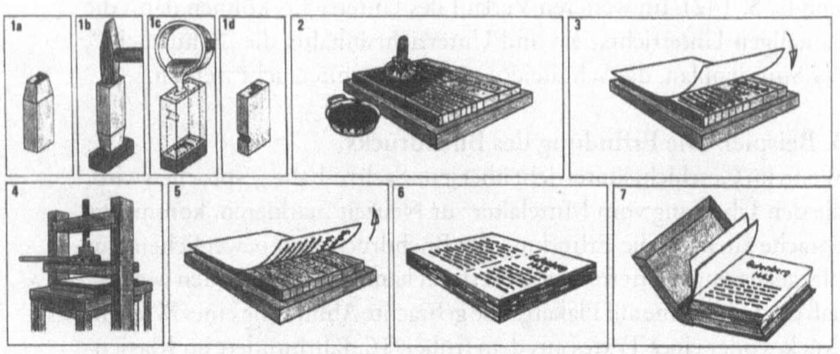

So stellte Gutenberg eine Letter her: 1a) Er formte eine Musterletter aus hartem Material; b) Dann schlug er sie in ein Klötzchen aus weichem Kupfer. So entstand eine Matrize; c) In die Matrize goß er flüssiges Blei; d) Daraus entstand dann eine Bleiletter; 2)-6) Illustration des Druckvorgangs; 7) Binden. Aus: Geschichte für morgen. Arbeitsbuch für Realschulen in Baden-Württemberg, hrsg. v. Hans-Gert Oomen, Bd. 2, Frankfurt/M., 3. Druck 1992, S. 6

Schüler nur wenig entziffern können. Ihr Spürsinn dürfte allerdings angeregt werden. Da es zunächst nicht darauf ankommt, den Text lesen zu können, soll das entstandene Interesse der Schüler auf die Frage gelenkt werden, wie dieser Text damals wohl „geschrieben" wurde. Die Entdeckung, daß jeder Buchstabe einzeln „geschrieben" zu sein scheint, läßt vermuten, daß hier ein Schreiber einen Buchstaben nach dem anderen geschrieben hat. Die Einheitlichkeit des „Schriftbildes" und die fehlenden Verbindungen (Ligaturen) zwischen den einzelnen Buchstaben müßten sie aber stutzig machen, ob hier tatsächlich ein Schreiber am Werk gewesen ist. Die Schüler finden überdies schnell heraus, daß gleiche Buchstaben immer auch gleich geschrieben sind, was ja selbst in der eigenen Handschrift nur selten der Fall ist. Spätestens jetzt sind sie sicher, daß hier ein gedruckter Text vorliegt. Mit einem kleinen Setzapparat, der im Spielwarenhandel gekauft oder – bei längerfristiger Vorbereitung – auch im Werkunterricht hergestellt werden kann, wird den Schülern demonstriert (und von ihnen selbst ausprobiert), wie das Prinzip des Drucks mit beweglichen Lettern einst funktioniert haben mag (s. Abb. oben). Eine weitere (stark vergrößerte) Abbildung soll den Schülern dann zeigen, wie zu Gutenbergs Zeiten (und dann auch noch in den folgenden Jahrhunderten) gedruckt wurde.

4. Beispiel: Papierherstellung (Einstieg mit einem Museumsbesuch)

Natürlich kann es auch sinnvoll sein, eine Unterrichtseinheit in einem Museum zu starten, um dort Experimente durchzuführen und alte Kulturtechniken nachzuahmen. Nehmen wir als Beispiel das Thema „Mittelalterliches Handwerk", das Teil der Unterrichtseinheit „Stadt im Mittelalter" ist. Wir besuchen mit der Klasse das „Schweizerische Papiermuseum und Museum für Schrift und Druck" in Basel, das über zahlreiche Sachüberreste zu unserem Thema verfügt.[111] Dort wird die Möglichkeit geboten, die Herstellung von Papier mitzuerleben und dabei selbst mitzuwirken (S. 146). Gleich zu Beginn des Besuches im Museum wird den Schülern ein Schöpfsieb gezeigt, mit dessen Hilfe die Büttgesellen einst den Papierbrei aus der Schöpfbütte gehoben („geschöpft") haben. Das Schöpfsieb besteht aus einem zwischen einen Rahmen gespannten Geflecht aus Kupfer- und Messingdrähten. Auf dem Sieb können Drahtfiguren aufgenäht sein, die sich in den geschöpften Papierbrei eindrücken, seine Dicke verringern und folglich das Papierblatt an dieser Stelle in der Durchsicht heller erscheinen lassen. Diese Stellen nennt man „Wasserzeichen"; sie dienen als unverwechselbares Qualitätszeichen oder als Herkunftsmarke. Jeder Schüler kann das Objekt anfassen, seine Einzelteile (Rahmen, Deckel, Drähte usw.) betrachten und sich überlegen, wozu dieses Gerät benutzt wurde. Nachdem die Schüler den Vorgang der Papierherstellung demonstriert bekommen haben, können sie den Schöpfvorgang selbst durchführen und sich ein Blatt Papier (möglicherweise mit einem eigenen Wasserzeichen) herstellen. Die Unkenntnis des Geräts soll in diesem Fall die Neugier steigern, sich auf die Besichtigung des Museums und die Demonstration einzulassen. Die hier vorgeschlagenen Einstiege sind natürlich nicht umstandslos zu übernehmen; sie sind sehr zeitaufwendig, bedürfen der Organisation (Material, Werkzeug, Abbildungen) und Planung und gelegentlich auch geeigneter Räume, um durchgeführt werden zu können. Die Vorteile eines solchen Einstiegs wiegen diese Nachteile aber auf: ein handlungsorientierter Einstieg fördert das Schülerinteresse; das Selbermachen, die dabei geforderte Geschicklichkeit und Kunstfertigkeit, der Nachvollzug alter Techniken wirken sich positiv auf die Lernbereitschaft der Schüler aus und können überdies mögliche Vorurteile bezüglich der „Primitivität" unserer Vorfahren abbauen helfen.

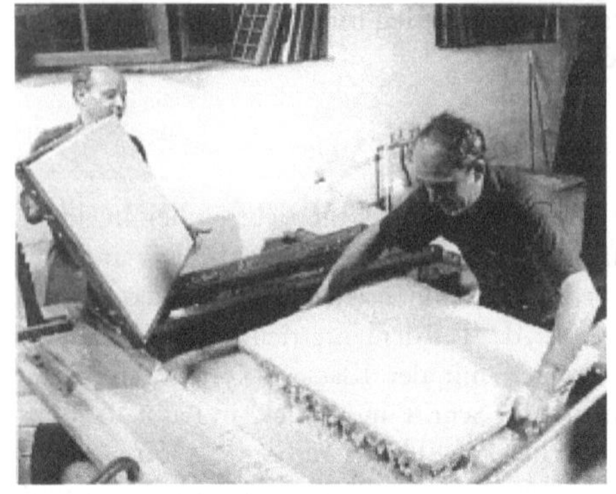

Papierherstellung im Museum

Papierschöpfen, Schriftgießen, Setzen, Drucken und Buchbinden ... unter einem Dach werden vielfältigste, heute seltene oder verschwundene Arbeitstechniken vorgeführt, gleichzeitig aber auch die eigenen Produkte der Basler Papiermühle hergestellt.

Verkauft werden die in der Papiermühle erzeugten handgeschöpften Papiere und Drucke im Museumsladen, wo man auch ein reichhaltiges Angebot an Kalligraphie-Utensilien und an Sachbüchern zu Papier, Schrift und Druck findet.

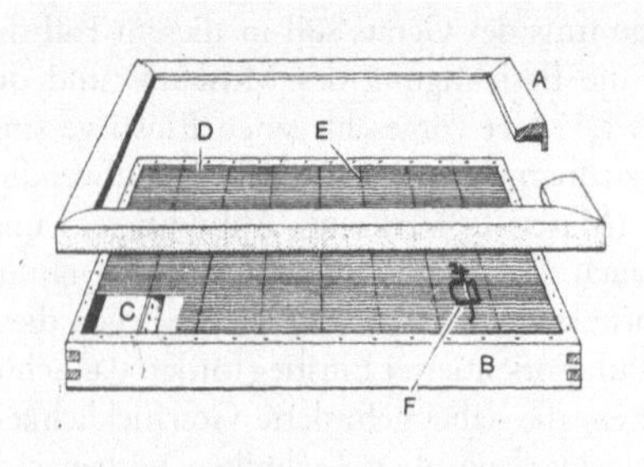

A	*Deckel*	*D*	*Rippdrähte*
B	*Rahmen*	*E*	*Kettdrähte*
C	*Stege*	*F*	*Wasserzeichen*

Fotos und Texte aus: Basler Papiermühle (=Kurzführer des Museums), hrsg. v. Schweizerischen Papiermuseum und Museum für Schrift und Druck, Basel, 2. Aufl. 1992, S. 15, und Faltblatt desselben Museums

5.18 Einstiege, die aus dem Zufall heraus geboren werden

Ich erinnere mich an einen der ersten von mir betreuten Praktikumsversuche anfangs der siebziger Jahre. In einer 1. Klasse hielt eine Studentin Unterricht über den Apfel. In einem großen Korb hatte sie so viele Äpfel mitgebracht, daß jeder Schüler und jede Schülerin einen Apfel bekommen konnte und vor sich liegen hatte. Um die Äpfel von außen und innen betrachten zu können, schnitten die unterrichtende Studentin und andere Mitglieder der Praktikumsgruppe die Äpfel auf, damit die Schüler auch das Kerngehäuse betrachten konnten. In diesem Augenblick rief eine Schülerin: „O je, in meinem Apfel ist ein Wurm drin." Die Studentin, die sich einen ganz bestimmten Unterrichtsablauf zurecht gelegt hatte, sah sich durch dieses unvorhergesehene und ungeplante Ereignis so in ihrer Konzeption gestört, daß sie zu der Schülerin lief und ihr den wurmigen Apfel mit den Worten wegnahm: „Gib her, hier bekommst du einen neuen Apfel." Kein Zweifel, daß hier eine gute Einstiegsmöglichkeit verspielt wurde. Unter spontaner Abweichung vom vorbereiteten Konzept hätte die Studentin etwa einen Stuhlkreis herstellen können, um den wurmigen Apfel von einem Schüler zum anderen wandern zu lassen. Wie sieht eigentlich ein Wurm im Apfel aus? Wie kommt er da hinein? Was macht er dort? (oder: Was hat er dort schon angerichtet?) usw. Fragen über Fragen, deren Beantwortung zweifellos die ganze Stunde getragen hätte.

Sicherlich ist gerade im Geschichtsunterricht nicht häufig mit vergleichbaren, nicht vorherzusehenden Ereignissen zu rechnen. Aber welcher Unterrichtende hätte nicht schon erlebt, daß ein Schüler oder eine Schülerin des Morgens in die Klasse kommt, einen alten Gegenstand mitbringt, von dem er wissen wollte, wozu er einst diente oder welchen Wert er habe? Ich selbst habe erlebt, daß eine Schülerin die Einzelteile einer zerbrochenen Delfter Vase mitbrachte und fragte, wie alt das nun in die Brüche gegangene Objekt eigentlich gewesen sei und ob es sich lohne, es zu kleben. In einem anderen Fall schlug ein Schüler am Ende der Pause vor der Geschichtsstunde vor dem Lehrer eine alte Familienbibel auf und bat ihn, die dort auf der rückwärtigen Innenseite befindlichen Eintragungen vorzulesen. Es gelang noch, von dieser Seite schnell eine Folie herzustellen, so daß zu Beginn der nachfolgenden Geschichtsstunde gemeinsam versucht werden konnte, die auch für den Lehrer nicht ganz leicht zu lesenden Einträge zu übersetzen. Daß dann keiner wußte, was ein „Schlagfluß" (=Schlaganfall) ist, an dem ein Vorfahre des Schülers verstorben war, und was eigentlich Schloßen (=Hagelkörner) seien, die vor mehr als 150 Jahren die Ernte zerstörten, schadete nichts, spornte vielmehr die Mehrheit der Schülerinnen und Schüler an, sich Gedanken zu machen, wie man hinter das Geheimnis dieser Aufzeichnungen kommen könnte. Häufiger als derartige außergewöhnliche Ereignisse sind familiengeschichtliche Eintragungen über Geburten, Taufen, Hochzeiten und Todesfälle (s. nachstehendes Beispiel). Neben der Klärung inhaltlicher Besonderheiten (im vorliegenden Beispiel etwa des Doppeldatums) wäre zu fragen, warum diese Eintragungen überhaupt vorgenommen wurden. Wenn Schüler wissen, daß sie mit derartigen Gegenständen und Fragen jederzeit zu ihrem Lehrer kommen können und daß es überdies oft gelingt, unter entsprechender Anleitung durch den Lehrer/die Lehrerin sich selbst Aufschlüsse über solche und andere unbekannte Sachverhalte zu verschaffen, wird sich das Interesse an dem – wie immer wieder behauptet wird – so unbeliebten Unterrichtsfach Geschichte erhöhen. Gerade an solchen Beispielen lernen die Schüler den Umgang mit Lexika, ggf. auch mit Fachliteratur, erfahren den „Gebrauchswert" von Bibliotheken und erkennen, daß Geschichte so trocken nicht sein muß, wie sie sie oft im Unterricht erfahren.

Übertragung des Textes auf S. 149:
Auf *6. September Morgens 6 Uhr (Freitag) 1867* segnete Gott unsere Ehe durch die Geburt eines kräftigen Töchterchens. Es erhielt am 17. November durch die heilige Taufe die Namen Wilhelmine Amalie Martha. Pathen [!] waren die Groß-Eltern.
Am 7/19 September 1870, Montag 3 Uhr Nachmittags zu Krementschug a/Dniepr (heute: Ukraine, Gebiet Poltawa) schenkte uns Gott ein Töchterchen, welches am 28. Oktober/9. November in Poltawa durch Herrn Pastor Remy die heilige Taufe und mit ihr den Namen Constanze erhielt. Pathen waren: Direktor O. von Ekesparne (?), Tante Johanna. [Die Doppeldatierung nach dem julianischen und dem gregorianischen Kalender rührt daher, daß im Zarenreich noch bis zur Oktoberrevolution 1917 der julianische Kalender in Gebrauch war. Wie herausgefunden werden konnte, war der Vater des Neugeborenen zu diesem Zeitpunkt als deutscher Ingenieur beim Eisenbahnbau in der Ukraine beschäftigt.]
Am 3. December 1877, Montag Morgens ½ 8 Uhr erfreute uns Gott mit einem gesunden Knaben. Er erhielt am 24. Januar 1878 in der heiligen Taufe durch Herrn Prediger Stuler den Namen „Walter." Pathen waren: Herr Ober-Maschinenmeister Kretschmer (Stargard i/Pom.), Frau E. Cubelius aus Berlin, Herr Baumeister E. Mackenthun aus Eberswalde, Frau Zimmermeister E. Büscherl aus Eberswalde.
Am 30. Juli 1878 Dienstag Abends ½ 7 Uhr rief Gott unseren lieben Walter von uns ab, und wurde er Donnerstag, den 1. Aug. Mittags 12 Uhr in Eberswalde beerdigt. Ursachen seines Todes waren das schnelle Zahnen, ein Fieber am 17. Juli und Brechdurchfall vom 25. Juli ab. Sanft ruhe seine Asche!

Am 6. September Morgens 6 Uhr (Freitag) 1867
segnete Gott unsere Ehe durch die Geburt eines
kräftigen Töchterchens. Es erhielt am 17. November
durch die heilige Taufe die Namen
Wilhelmine Amalie Martha.
Pathen waren die Großeltern

Am 7/19 September 1870. Montag 3 Uhr
Nachmittags zu Krementschug a/Dnjepr
schenkte uns Gott ein Töchterchen, welches
am 28. Oktober / 9. November in Poltawa durch Herrn
Pastor Renny die heilige Taufe und
mit ihr den Namen Constanze erhielt.
Pathen waren: Direktor O. von Ekesparre
Tante Johanna.

Am 3. December 1877. Montag Morgens
½ 8 Uhr erfreute uns Gott mit einem
gesunden Knaben. Er erhielt am 24. Januar
1878 in der heiligen Taufe durch Herrn
Prediger Küter den Namen „Walter."
Pathen waren:
Herr Ober-Maschinenmeister Kretschmer,
Frau E. Liebelius aus Berlin. F. Hagen
Herr Baumeister E. Mackenthun aus
Frau Zimmermeister E. Büttner Eberswalde

Am 30. Juli 1878 Dienstag Abends ½ 7 Uhr
rief Gott unseren lieben Walter von uns
ab, und wurde er Donnerstag, den 1. Aug.
Mittags 12 Uhr in Eberswalde beerdigt.
Ursachen seines Todes waren das schwere
Zahnen, ein Fieber am 17. Juli und
Brechdurchfall vom 25. Juli ab.
Sanft ruhe seine Asche!

Privatbesitz

5.19 Erkundung bzw. „Lokaltermin“ als Einstieg

Wo immer dies aufgrund lokaler Gegebenheiten möglich ist, können „Erkundungen“ oder „Lokaltermine“ einen Einstieg in den Unterrichtsgegenstand erleichtern und diesen abwechslungsreicher gestalten. Auf diese Weise werden Schüler mit ihnen meist fremden Sachverhalten konfrontiert; sie können Erfahrungen sammeln[112], die sie im Unterricht im Klassenzimmer in der Regel nicht machen können; sie erhalten Einblicke in Forschungstätigkeiten; in einigen (allerdings selteneren) Fällen können sie selbst praktisch tätig werden.

Beispiele:

1. In einer Stadt wird ein altes Haus abgerissen. Dabei werden Fundamente eines noch älteren Gebäudes sichtbar. Ein Bagger legt eine ehemalige Latrine frei; ein paar Scherben und Münzen werden gefunden. Die Bauarbeiten werden eingestellt. Eine Not- bzw. Sicherungsgrabung des Landesdenkmalamtes wird vorgenommen. Diese legt weitere Fundamente frei und fördert zusätzliche Fundobjekte zutage. Wie sich herausstellt (die örtliche Zeitung hat darüber bereits berichtet), stammen die Funde aus dem 13./14. Jahrhundert. Eine Klasse, die gerade das Thema „Stadt im Mittelalter“ behandelt, kann am Ort des Geschehens eine Lokalerkundung vornehmen und, sofern sich der zuständige Landesdenkmalpfleger oder der zuständige Archäologe dazu bereit erklärt, Informationen aus erster Hand bekommen. Eine von den Schülern angelegte Photodokumentation oder eine skizzenhafte Verkartung der Ausgrabungsstätte können später im Unterricht verwendet werden.
2. In der Nähe des Schulorts wird seit längerem eine Wüstung (oder eine römische *villa rustica*, ein Teil des Limes, Reste einer frühgeschichtlichen Wallanlage ...) ausgegraben. Obwohl die Grabung noch nicht abgeschlossen ist, ist es zu bestimmten Zeiten gestattet, die Grabungsstätte unter Führung eines an der Ausgrabung beteiligten Archäologen zu besichtigen. Die Klasse, die gerade ein „passendes“ Unterrichtsthema behandelt, besucht diesen Ort (weiter wie oben).
3. Bei der Behandlung der Folgen des Ersten (oder des Zweiten) Weltkriegs kommt im Unterricht die Sprache auch auf das Kriegstotengedenken. Jede Stadt und fast jedes Dorf in Deutschland hat ein oder mehrere Kriegerdenkmäler. Diese Kriegerdenkmäler sind – neben allem anderen – Versuche der Überlebenden und Nachgeborenen, dem gewaltsamen Tod im Krieg nachträglich einen Sinn einzustiften. Entsprechend viel Sorgfalt und Nachgedanken hat man den Denkmalserrichtungen angedeihen lassen. Ein Lokaltermin am Standort des Denkmals

kann nicht nur Aufschluß über das von den Schülern nie wirklich genau zur Kenntnis genommene Denkmal bringen (Form, Symbole, besonderer Standort, Bepflanzung, Inschrift, Raumwirkung usw.); er kann auch Ausgangspunkt für weiterführende Fragen sein: Soll das Denkmal dort stehen bleiben, wo es jetzt steht und vielleicht den Verkehr behindert? Wo soll es ggf. hingebracht werden? Mehr als ein halbes Jahrhundert nach dem letzten Krieg – wäre es da nicht an der Zeit, das Denkmal ganz zu beseitigen? Weitere Fragen nach den Stiftern des Denkmals, nach dem Ritus der Einweihung, nach seiner „Nutzung“ usw. können anschließend auf dem Weg des forschend-entdeckenden Lernens Beantwortung finden.[113]

Es soll nicht verschwiegen werden, daß sich diese Form des Einstiegs nur in seltenen Fällen realisieren läßt: zu selten wird sich Gelegenheit zu einem solchen Einstieg ergeben, zu groß ist der Zeitaufwand, zu groß sind meist auch die Schwierigkeiten, diesen Einstiegstyp mit dem Dreiviertelstundentakt der üblichen Unterrichtsstunden in Einklang zu bringen, und zu zeitraubend sind auch die Vorbereitungen des Unterrichtenden. Doch überall dort, wo sich all diese Schwierigkeiten ausräumen lassen, wird sich diese Form des Einstiegs als überaus ertragreich erweisen.

5.20 Eine Stadtrallye als Einstieg[114]

Ob eine Stadtrallye oder ein Stadtspiel am Schulort sinnvoll durchgeführt werden kann, hängt von den lokalen Gegebenheiten ab.[115] Danach richtet sich das Unterrichtsthema, das mit einer Stadtrallye eröffnet werden soll. Gibt es am Schulort ein Stadtviertel wie das Holländerviertel in Potsdam, mehrere Straßen mit frühneuzeitlichen Bürgerhäusern wie etwa in Celle, einen Stadtkern bzw. eine Stadtanlage, die noch eine Vorstellung von der mittelalterlichen Stadt vermitteln können wie Lübeck, Nördlingen, Rothenburg oder Freiburg, eine Wallanlage mit Stadtmauerresten wie etwa in Soest, Bergwerke wie im Harz, eine alte Brücke wie etwa in Regensburg, Eßlingen oder Heidelberg, Förderanlagen und Bergarbeitersiedlungen, wie sie in manchen Städten des Ruhrgebiets oder im Harz noch vorhanden sind, einen alten Friedhof wie etwa in Freiburg, Denkmäler und Gedenktafeln, dann wird man die Stadtrallye sinnvollerweise diesen baulichen Überresten entsprechend gestalten. Wo derartige materielle Überreste aus der Vergangenheit fehlen oder nicht in ausreichender Zahl vorhanden sind, kann auch auf ein vielleicht vorhandenes Stadtmodell zurückgegriffen werden, das möglicherweise im Stadtmuseum zur Verfügung steht.[116] Größere Unterrichtseinheiten wie „Leben in der mittelalterlichen Stadt“, „Absolutismus“ oder „Industrialisierung“ könnten damit begonnen werden, daß Schülerinnen und Schüler in Gruppen (ggf. in Begleitung von Lehrern und Eltern) bestimmte Stationen anlaufen und dort die gestellten Aufgaben lösen: etwas in eine Karte/einen Plan eintragen, Gebäude(teile) photographieren, vermessen, beschreiben, skizzieren, Passanten an Ort und Stelle zu bestimmten Gebäuden (ggf. deren Funktion) befragen usw.[117] Wenn jede Gruppe identische Aufgaben erhält, entfällt später das bei Schülern nicht sehr beliebte Zusammentragen der verschiedenen Gruppenergebnisse. Dieses Verfahren verlangt allerdings, daß jede Gruppe an einer anderen Station beginnt, um wechselseitige Behinderungen der einzelnen Gruppen zu vermeiden. Wird die Stadtrallye als Wettbewerb gestaltet, ist bei gleicher Aufgabenstellung die Vergleichbarkeit der Resultate gegeben.

6. Weitere Einstiegsmöglichkeiten

1. Im Rahmen einer Unterrichtseinheit zur Frühgeschichte der Bundesrepublik Deutschland könnte eine Stunde dem Thema *„Das deutsche Wirtschaftswunder“* gewidmet werden. Auf die wirtschaftlichen und politischen Ursachen dieses Phänomens wird im Rahmen anderer Stunden dieser Unterrichtseinheit hingewiesen. Hier soll es um das Lebensgefühl der Menschen in den fünfziger Jahren gehen. Ein Feature könnte in eine solche Stunde einführen. Zunächst empfiehlt es sich, auf einer Diskette (oder CD-ROM) Ausschnitte aus solchen Liedern/Melodien zusammenzuschneiden, die als typisch für diese Zeit gelten. In dieses Medley könnte ein Ausschnitt aus der Übertragung des Endspiels der Fußballweltmeisterschaft 1954 eingefügt werden und zwar entweder jene Passage, als der Reporter Herbert Zimmermann das dritte deutsche Tor kommentiert, oder – besser noch – den Abpfiff des Spiels: „Aus, aus, aus, aus, das Spiel ist aus; Deutschland ist Weltmeister“. Folgende Lieder kämen in Frage: „Capri-Fischer“ (Rudi Schuricke); frühe Stücke von Freddy Quinn; „Rock around the clock“ (Bill Haley); frühe Stücke von Peter Kraus (z.B. „Wenn Teenager träumen...“); Cornelia Froboess: „Pack die Badehose ein...“. Während das Medley abgespielt wird, werden Abbildungen aus möglichst vielen Bereichen des öffentlichen Lebens mit dem OHP an die Wand geworfen. Politik: Slogans/Wahlplakate/politische Maximen der Parteien wie „Alle Wege des Marxismus führen nach Moskau! Darum CDU“ (Bundestagswahlkampf 1953);

„Keine Experimente! Konrad Adenauer CDU"); „Wohlstand für alle – Ludwig Erhard CDU" (Bundestagswahlkampf 1957) – Kulturelles Leben: Filmplakate von den Filmen „Grün ist die Heide" (1951), „Schwarzwaldmädel" (1951), „Die Sünderin" (1951), „Das Mädchen Rosemarie" (1958); „Rosen für den Staatsanwalt" (1959); Fotos von Modeschauen; erste Taschenbücher – Freizeit und Sport: Fotos vom Urlaub am Meer bzw. in Italien, von verschiedenen Sportereignissen, von Tanzstunden usw. – Konsum: Abbildungen aus Firmenkatalogen von Musiktruhen, Kofferradios, Küchengeräten und Wohnungseinrichtungen; Merkblätter für Ratenkauf; Abbildungen verschiedener Autos, Motorroller, Mopeds, Siedlungshäuser – Abbildungen von Menschen der 50er Jahre, mit denen die Mode, die Frisuren, die zeittypischen Accessoires ([Sonnen-] Brille, Handtaschen) dokumentiert werden.

Abbildungen zu den hier genannten (und zu noch anderen) Bereichen des öffentlichen und privaten Lebens enthalten folgende Bücher:

Gerd Langguth (Hrsg.): Politik und Plakat. 50 Jahre Plakatgeschichte am Beispiel der CDU, Bonn 1995

Haus der Geschichte der Bundesrepublik Deutschland (Hrsg.): Erlebnis Geschichte. Das Buch zur Ausstellung, o.O o.J. [Bonn ca. 1995 u.ö.]

Haus der Geschichte der Bundesrepublik Deutschland (Hrsg.): Endlich Urlaub! Die Deutschen reisen, Bonn 1996

Bikini – Die fünfziger Jahre: Kalter Krieg und Capri-Sonne. Fotos, Texte, Comics, Analysen, zusammengestellt von Eckhard Siepmann, Berlin: Elefanten Press 1981

Frank Grube/Gerhard Richter: Die Gründerjahre der Bundesrepublik. Deutschland zwischen 1945 und 1955, Hamburg 1981

„Frühe Bundesrepublik" =(Themenheft der Zeitschrift „Geschichte lernen", Heft 35/1993)

„Die langen Fünfziger" (=Themenheft der Zeitschrift „Praxis Geschichte" 6/1996)

Im Anschluss an das Feature werden alle spontanen Äußerungen der Schüler zu der Musik und zu den Abbildungen stichwortartig an der Tafel gesammelt und nach übergreifenden Gesichtspunkten geordnet. Die auf diese Weise gefundenen Teilthemen können im Laufe der nächsten Stunde(n) ggf. in Gruppenarbeit genauer untersucht werden. Dabei können dann auch einige der in der Einstiegsphase nur kurz gezeigten Abbildungen noch einmal Verwendung finden.

2. Features bestehen – wie oben geschildert[118] – aus mehreren Einzelbildern, die den Schülerinnen und Schülern in schneller Abfolge gezeigt werden; dazu wird passende Musik abgespielt. Eine Collage hat insofern eine gewisse Ähnlichkeit mit einem Feature, als sie ebenfalls aus mehre-

Beispiel für eine Bildcollage

ren Bildern oder Bildteilen besteht, diese aber den Schülern nicht nacheinander, sondern, da sie auf eine Fläche projiziert sind, auf einen Schlag dargeboten werden. Ein Kurs in der gymnasialen Oberstufe zur *Geschichte Preußens* könnte mit dem Titelblatt des SPIEGELS vom Januar 2001 begonnen werden. Damals war zur 300. Wiederkehr des Tages der Erhebung Preußens zum Königreich am 18. Januar 1701 ein SPIEGEL-Heft (s. Abb.) mit ausführlicher Würdigung Preußens erschienen. Schüler könnten mit Blick auf das Titelbild fragen, wen oder was heutige Zeitungsmacher als typisch preußisch ansehen. Da sie in der Sekundarstufe I bereits einen Durchgang durch die Geschichte gemacht haben, müssten sie die abgebildeten Personen erkennen. Sie müssten dann auch fragen, was den SPIEGEL bewogen haben könnte, Hitler und die Machtergreifung (auf dem Bild unten links) als zu Preußen gehörig darzustellen. Weiter wäre zu fragen, was DER SPIEGEL mit dem Untertitel „Das zwiespältige Erbe" andeuten wollte.

3. Das Thema der Geschichtsstunde lautet: *„Die Wiedervereinigung Deutschlands 1989/90"*. Der Unterrichtende betritt die Klasse und legt vor sich einen nicht sehr sorgfältig in Zeitungspapier eingepackten, gut handflächengroßen Gegenstand auf den Tisch. Das Zeitungspapier wird von einigen Gummiringen zusammengehalten. Nachdem Ruhe eingekehrt ist, nimmt der Lehrer den Gegenstand auf und gibt ihn der ihm am nächsten sitzenden Schülerin mit der Bemerkung, sie solle etwas über die Beschaffenheit des Gegenstandes sagen und Vermutungen anstellen, um was es sich wohl handeln könne. „O, das Ding ist aber schwer." Der Gegenstand wird durch die Klasse gereicht. Ein Schüler schlägt den Gegenstand hart auf die Bank, nachdem der Lehrer ihm versichert hatte, dass nichts kaputt gehen könne. Nach drei, vier weiteren Stationen fordert der Lehrer den nächsten Schüler auf, seine Finger zwischen das Zeitungspapier zu stecken und etwas über die Oberfläche des Gegenstandes zu sagen. „Das Ding ist rauh", und „Die Kanten sind zackig, vielleicht abgebrochen", sind die nächsten Bemerkungen. Schließlich wird der Gegenstand ganz enthüllt. Zum Vorschein kommt ein Stück der Berliner Mauer.

Doch was geschieht? Allenthalben macht sich Enttäuschung in der Klasse breit, wo noch kurz zuvor während der Rate- und Vermutungsphase gespannte Aufmerksamkeit herrschte. Zu sehen ist ein grauer Betonbrocken, nichts weiter. Erst als der Lehrer den Brocken umdreht, löst er damit, wenngleich nur für kurze Zeit, etwas Erstaunen aus: Diese Seite des Steinbrockens ist bemalt, das Objekt selbst also das Bruchstück eines Graffitos. Nur eine Schülerin reagiert und weiß mit dem Gegenstand etwas anzufangen. Sie erkennt den Gegenstand und rettet damit den Einstieg. Nachdem also die Herkunft des Gegenstandes erkannt worden ist, fragt der Lehrer, weshalb solche Gesteinsbrocken gesammelt werden. Über die Bedeutung dieses Mauerrestes als Symbol und über dessen Aura will der Lehrer zunächst eine Vorstellung davon vermitteln, dass die Berliner Mauer über die Jahrzehnte ihres Bestehens für viele Menschen (nicht nur in Deutschland) mehr war als eine fast unüberwindliche Grenzbefestigung. Die Mauer galt vielmehr als Trennungslinie zwischen zwei politischen Systemen; die Mauer stand für Unterdrükkung und war ein sichtbares Zeichen dafür, dass die Menschen in der DDR (und überhaupt im „Ostblock“) von der sog. „freien Welt“ abgeschnürt und ferngehalten werden sollten. Danach wird auf die Vorgänge vom Herbst 1989 eingegangen.

4. Bei der Beschäftigung mit dem *Alltag in der NS-Zeit oder im Zweiten Weltkrieg* können zu Beginn der Stunde verschiedene zeitgenössische Lieder (Schlager) angespielt werden. Hierbei kommt es weniger auf die Melodie als vielmehr auf den Text an. Diese Texte sollen hinsichtlich ihrer intendierten Wirkung auf die Bevölkerung untersucht werden. Dabei ist auf die Entstehungszeit der Lieder zu achten. Es kann daher sinnvoll sein, nach Ende der Einstiegsphase die Texte der Lieder zu verteilen. Folgende Lieder sind gemeint:

a. *„Ein neuer Frühling wird in die Heimat kommen“*. Dieses Lied entstand im Jahr 1932. Es drückt die Sehnsucht der Menschen nach Überwindung der schwierigen Lebensumstände jener Zeit aus. Liest man den Text des Liedes heute, könnte man meinen, hier seien Nationalsozialisten am Werk gewesen und hätten versucht, die Menschen in ihrem Sinne zu beeinflussen.

Ein neuer Frühling wird in die Heimat kommen,
Schöner noch wie's einmal war.
Ein neuer Frühling wird in die Heimat kommen,
Alles wird so wunderbar.
Und man wird das Lied der Arbeit singen,
Gerade so wie's einmal war.
Es geht im Schritt und Tritt
Auch das Herz wieder mit,
Und dann fängt ein neuer Frühling an.

Arbeit und Zufriedenheit und inn'rer Sonnenschein,
Das muß sein.
Du und ich, wir alle brauchen wieder neuen Mut,
Dann wird's gut.
Uns're Heimat muß und bleibt besteh'n
Und wird wieder schön.

Ein neuer Frühling…

Auch die grauen Wintertage gehen mal vorbei,
Dann ist's Mai.
Und das große Wunder, das die Sonne wieder schafft,
Gibt uns Kraft.
Unter die Vergangenheit ein Strich,
Jeder hofft wie ich:

Ein neuer Frühling…

b. *„Das kann doch einen Seemann nicht erschüttern“*. Dieses Lied, gesungen von Heinz Rühmann, wurde 1939 für den Film „Paradies der Junggesellen“ geschrieben. Es passt so recht in die Zeit seiner Entstehung und scheint ahnungsvoll das vorauszusagen, was dann schon bald auch eintreten wird: Unter Bombardements und Granatbeschuss wird die Erde beben, und vielen mochte es scheinen, als wollte sich die Welt aus den Angeln heben. Nachstehend abgedruckt ist nur der Refrain.

Das kann doch einen Seemann nicht erschüttern,
Keine Angst, keine Angst, Rosmarie!
Wir lassen uns das Leben nicht verbittern,
Keine Angst, keine Angst, Rosmarie!
Und wenn die ganze Erde bebt
Und die Welt sich aus den Angeln hebt:
Das kann doch einen Seemann nicht erschüttern,
Keine Angst, keine Angst, Rosmarie.

c. *„Davon geht die Welt nicht unter"*. Dieses Walzerlied aus dem Ufa-Film „Die große Liebe", gesungen von Zarah Leander, erschien 1942, also bereits mitten im Krieg. Es enthält eine Trost spendende Verheißung auf eine bessere Zukunft, die zu diesem Zeitpunkt, da es an der Front und in der Heimat schon „mal drüber und mal drunter" ging, manchem Zeitgenossen in ziemlich trübem („grau") Licht erschien. Auch hier wird nur der Refrain wiedergegeben.

Davon geht die Welt nicht unter,
Sieht man sie manchmal auch grau.
Einmal wird sie wieder bunter,
Einmal wird sie himmelblau.
Geht's mal drüber und mal drunter,
Wenn uns der Schädel auch raucht,
Davon geht die Welt nicht unter,
Sie wird ja noch gebraucht!
Davon geht die Welt nicht unter,
Sie wird ja noch gebraucht.

d. *„Ich weiß, es wird einmal ein Wunder gescheh'n"*. Dieses Lied entstammt ebenfalls dem Film „Die große Liebe" (1942). Mit Fortgang des Krieges und ersten Rückschlägen im Osten schien dieser Liedtitel wie maßgeschneidert. Zwar handelt es sich bei diesem Lied um ein Liebeslied, man konnte es aber ohne große Anstrengungen auch auf die aktuelle Kriegssituation beziehen.

Ich weiß, es wird einmal ein Wunder gescheh'n,
Und dann werden tausend Märchen wahr.
Ich weiß, so schnell kann keine Liebe vergeh'n,
Die so groß ist und wunderbar.
…

Wenn ich ohne Hoffnung leben müsste,
Wenn ich glauben müsste, dass mich niemand liebt,
Dass es nie für mich ein Glück mehr gibt,
Ach, das wär' schwer.
…

e. *„Es geht alles vorüber"*. Dieses Lied stammt ebenfalls aus dem Jahr 1942. Es thematisiert bereits ausdrücklich den Krieg, betont vordergründig zwar den Trennungsschmerz des Soldaten an der Front, der vorüber gehen wird, kann aber (und wurde) auch so verstanden, dass der nunmehr schon drei Jahre währende Krieg ebenfalls einmal vorüber gehen wird. Ein glücklicher Kriegsausgang schien zum Zeitpunkt der Entstehung des Liedes vielen Menschen in Deutschland bereits zweifelhaft zu sein. Der dem Refrain eigene Sarkasmus entsprach dieser verbreiteten Stimmung. Der Volksmund hat den Refrain dieses Liedes in vielen Varianten umgedichtet. Die verbreitetste war wohl: Es geht alles vorüber, /Es geht alles vorbei, /Erst geht der Führer, /Dann geht die Partei…

Auf Posten in einsamer Nacht
Da steht ein Soldat und hält Wacht,
Träumt von Hanne und dem Glück,
Das zuhause blieb zurück.
Die Wolken am Himmel zieh'n
Ja alle zur Heimat dahin,
Und sein Herz, das denkt ganz still für sich:
Dahin ziehe einmal auch ich.

Es geht alles vorüber,
Es geht alles vorbei;
Auf jeden Dezember
Folgt wieder ein Mai.
Es geht alles vorüber,
Es geht alles vorbei;
Doch zwei, die sich lieben,
Die bleiben sich treu.

Mit der Frage, welche Wirkung diese Lieder in ihrer Entstehungszeit gehabt haben könnten oder sollten, könnte die Arbeit an den Texten eingeleitet werden. Natürlich müssten auch Überlegungen angestellt werden, ob der vermutete Subtext der Lieder tatsächlich auch den Intentionen der Liedermacher entsprach. Als Übergang zur Arbeitsphase könnte dann gefragt werden, wie denn die politische Lage im Jahr 1932/33 bzw. die Kriegssituation aussah, als die zitierten Lieder erschienen und in welcher Stimmung sich die Bevölkerung in der Endphase der Weimarer Republik befand bzw. zum Zeitpunkt, da ihre Wohnorte bereits bombardiert worden waren oder doch täglich mit Bombardements rechnen mussten.

5. In der Zeit des Vormärz gärte es in Deutschland. Viele Menschen hatten sich nach der Beseitigung der französischen Fremdherrschaft „Einheit und Freiheit für Deutschland" erhofft. Auf dem Wiener Kongress habe der „alte Länder- und Völkerschacher" fröhliche Urständ gefeiert. Die Nation sei betrogen worden. Studenten und mit ihnen einige Professoren hatten sich auf dem Wartburg-Fest zur 300-Jahrfeier der Reformation (1817) mit solchen Äußerungen und einer Verdammung des „Metternichschen Systems" der Restauration an die Spitze der Reformbewegung gesetzt. Wie Luther die Bannbulle des Papstes, so verbrannten sie auf der Wartburg Bücher und Symbole des alten Systems. In der Folge verbreiteten sich liberale und demokratische Ideen in weiten Kreisen des Bürgertums. Die Karlsbader Beschlüsse (1819), mit denen Metternich, der starke Mann im Deutschen Bund, gegen solche Ideen vorzugehen versuchte, konnten diese allenfalls eindämmen, nicht aber gänzlich unterdrücken. Aus dieser Zeit[119] entstand die hier abgedruckte Karikatur. In scharfer Überzeichnung und beißender Ironie macht sie deutlich, was von Seiten des repressiven Staates beabsichtigt war: Beseitigung der freien

Der Denker-Club (anonyme Karikatur, um 1820)
(Bildarchiv Preußischer Kulturbesitz Berlin)

Meinungsäußerung bei gleichzeitiger Bedrohung der Gedankenfreiheit. Die Karikatur (s. Abb.) wird den Schülern zu Beginn der Stunde über *„Die Karlsbader Beschlüsse und ihre Folgen"* als Kopie ausgegeben oder mit dem OHP an die Wand projiziert.[120] Irgendwelche Kommentare des Unterrichtenden unterbleiben (sog. stiller Impuls). Den Schülern ist genügend Zeit einzuräumen, um die Karikatur zu betrachten und die „Gesetze des Denker-Clubs" (s. rechter Bildrand) entziffern zu können. Ist die verfügbare Vorlage unleserlich, sollte der Text an der Tafel stehen. Er lautet:

Gesetze
des
Denker-Clubs.

I. Der Präsident eröffnet präcise 8 Uhr die Sitzung.
II. Schweigen ist das erste Gesetz dieser gelehrten Gesellschaft.
III. Auf das[s] kein Mitglied in Versuchung gerathen möge, seiner Zunge freien Lauf zu lassen, so werden beim Eintritt Maulkörbe ausgetheilt.
IV. Der Gegenstand, welcher in jedesmaliger Sitzung durch ein reifes Nachdenken gründlich erörtert werden soll, befindet sich auf unserer Tafel mit grossen Buchstaben geschrieben.
V. Zum Mitglied dieses Vereins kann nur derjenige…

Der Anschlag an der Wand über dem versammelten „Denker-Club" nennt den Gegenstand, der auf der Sitzung erörtert werden soll:

Wichtige Frage welche in heutiger Sitzung bedacht
Wird.
Wie lange möchte uns das Denken wohl noch erlaubt bleiben?

Sofern die Schüler nicht von selbst sich zu Wort melden, werden sie zunächst aufgefordert, die Abbildung zu beschreiben. Mit der Frage „Welche Zustände werden angeprangert?" leitet man zum eigentlichen Unterrichtsgegenstand über. Es sollte in der Eingangsphase auch auf dem Charakter der Abbildung (= Karikatur) und deren Funktion im öffentlichen Leben der Zeit hingewiesen werden. In der Arbeitsphase werden dann die Karlsbader Beschlüsse und deren Folgen auf das politische Klima in den Staaten des Deutschen Bundes behandelt. Es wäre auch denkbar, diese Karikatur in der Stunde nach Behandlung der Karlsbader Beschlüsse als Einstiegsmedium zu verwenden, um danach auf den durch Zensur, Spitzelwesen, Überwachung usw. bestimmten Alltag der Menschen im Vormärz näher einzugehen. Hierbei sollte auch die Reaktion auf diese Form der Unterdrückung (politische Lyrik und Essayistik, Vereinsbildung und scheinbar unpolitische Vereinsfeste usw.) eingehend beleuchtet werden.

Bildsequenz „Industrielle Revolution"

6. Die erste Stunde einer Unterrichtseinheit zum Thema *Industrielle Revolution* könnte mit der auf der obigen Abbildung gezeigten Bildsequenz begonnen werden. Bis zum Beginn der Industriellen Revolution im 18. Jahrhundert war die menschliche Muskelkraft in den verschiedenen Arbeitsprozessen unersetzbar. Die Leistungsfähigkeit der Tiere

wurde in der Landwirtschaft und im Verkehr seit urdenklichen Zeiten genutzt. Wasser und Wind dienten, wo immer sie zur Verfügung standen, als natürliche Kraftquellen. Jetzt traten mehr und mehr Maschinen an ihre Stelle. Die Bildersequenz weist auf diesen Sachverhalt hin. Sie soll die vor Einsetzen der Industriellen Revolution genutzten Energiequellen veranschaulichen. Der Unterricht beginnt damit, dass die Schüler die Bildersequenz beschreiben. Die Frage nach den hier dargestellten unterschiedlichen Kraftquellen leitet zum Kern des Unterrichts über. Die Vor- und Nachteile dieser Kraftquellen werden genannt: Wind- und Wasserkraft verursachen keine Kosten, sind aber nicht überall und zu allen Jahreszeiten in ausreichendem Maße verfügbar. Die Investitionskosten für Wind- und Wassermühlen sind beträchtlich. Die menschliche Muskelkraft ist beschränkt und nicht ausdauernd genug. Der zahlenmäßig hohe Aufwand an menschlichem Personal verteuert die hergestellten Produkte. In Kraft und Schnelligkeit sind die Tiere zwar den Menschen überlegen; aber auch ihre Leistungsfähigkeit und -dauer sind begrenzt.

7. Eine Internetrecherche als Einstieg[121]

Der Vorteil einer Internetrecherche besteht darin, dass Schülerinnen und Schüler sich auf eigene Faust Informationen zu einem Unterrichtsgegenstand beschaffen können. Natürlich ist eine Internetrecherche zu zeitraubend, als dass sie für eine Einzelstunde in Frage käme. Als Einstieg in eine mehrstündige Unterrichtseinheit, in einen Kurs oder in ein Projekt, dann also, wenn mehr Zeit zur Verfügung steht, sollte die Recherche im Internet aber doch häufiger, als dies bisher geschieht, genutzt werden.

Man schätzt, dass es heute mehrere Milliarden indizierbarer Web-Seiten im Internet gibt. Nur etwa die Hälfte dieser ungefilterten, nach Qualitätskriterien nicht charakterisierten Informationsquellen ist durch Suchmaschinen (z.B. Google, Yahoo) erfasst. Wie kann man Gewünschtes im Internet finden?[122] 1. Die simpelste Art der Suche ist die Volltextsuche mit Hilfe von Volltextsuchmaschinen wie Altavista (http://www.altavista.de) oder Lycos (http://www.lycos.de). Diese Maschinen suchen auf den entsprechenden Web-Seiten den eingegebenen Suchbegriff. Was sagt es aus, wenn eine Web-Seite bei einer Suchanfrage an erster Stelle genannt wird? Im Prinzip: Nichts. Denn nicht die Relevanz des Gefundenen wird untersucht, sondern nur das Vorkommen des Suchbegriffs wird dokumentiert. 2. Im Internet gibt es auch Suchdienste, die diese Schwäche nicht haben. Solche Dienste nennt man Kataloge. Die in Deutschland am meisten benutzten sind Yahoo und Web.de (http://www.web.de); daneben gibt es spezielle Geschichts-Kataloge wie http://www.geschi.de. Der Nachteil solcher Kataloge (wenn es denn wirklich einer ist) liegt darin, dass diese Kataloge nur einen kleinen Ausschnitt des Internets umfassen. So hat Web.de nur deutsche Web-Seiten in den Katalog aufgenommen. 3. Eine Suche im Internet kann auch mit sog. Metasuchmaschinen erfolgen. Diese recherchieren in mehreren Volltextsuchmaschinen. So können auf einen Schlag mehrere Datenbanken angezapft werden. Leider sortieren manche Metasuchmaschinen Doubletten nicht aus, so dass manche Suchergebnisse wegen der aufgetretenen Doppelungen schnell auf die Hälfte zusammenschnurren. In Deutschland sehr verbreitet sind http: //www.metager.de und http: //www.metacrawler.de. Hilfreich sind auch „Werkzeuge“ wie http: //www.copernic.com oder http://www. ferretsof.com. Diese Recherchehelfer haben den Vorteil, dass sie von der Benutzeroberfläche (Desktop) her genutzt werden können.

Jeder Nutzer von Suchmaschinen kennt das Problem: Er gibt als Suchbegriff z.B. „Reformation“ ein und erhält einige hunderttausend Treffer. Damit kann er nichts anfangen. Man muss das Internet bzw. die Suchmaschine also spezifischer befragen. Aber auch ein Einzelbegriff wie „Luther“ oder „Calvin“ führt noch zu viel zu vielen Hits, die sich kaum auswerten lassen. Mit den Booleschen Operatoren AND, OR und NOT kann man bestimmen, ob alle oder mindestens einer der Suchbegriffe im Ergebnis enthalten sein sollen.

Beispiel: >> Calvin OR Reformation AND NOT Luther <<
Hier werden alle Dokumente gesucht, die entweder den Begriff „Calvin“ enthalten oder jene Begriffe, in denen zwar der Begriff „Reformation“, nicht aber gleichzeitig „Luther“ vorkommt.

Mit Inklusion und Exklusion kann man eine weitere Reduzierung und Spezifizierung der Hits erzielen. Anstelle der Booleschen Operatoren AND und NOT setzen Suchhilfen oft auch bestimmte Zeichen ein. Der > + < Operator sorgt dafür, dass der nachfolgende Suchbegriff auf jeden Fall im Suchergebnis enthalten sein muss. Der > – < Operator schließt alle Dokumente vom Ergebnis aus, in denen der nachgenannte Begriff vorkommt.

Beispiel: >> -Wittenberg Luther<<
Es werden nur Dokumente gesucht, in denen zwar der Name „Luther“, nicht aber der Ortsname „Wittenberg“ auftaucht.

Die Phrasensuche ist eine Suchtechnik nach Satzteilen bzw. nach bestimmten Wortfolgen. Meist muss man die entsprechende Wortfolge in Hochkommas „...“ einschließen.

Beispiel: >> „Johann Georg Elser“ <<
Mit dieser Eingabe werden alle Seiten gefunden, die den Namen „Johann Georg Elser“ in genau dieser Form enthalten. Gäbe man nur den Namen „Elser“ ein, hätte man zwar viel mehr Treffer, diese hätten aber nicht in jedem Fall etwas mit der von mir gesuchten Person zu tun.

Kommt man mit normalen Suchdiensten nicht ans Ziel, können Suchdienste weiterhelfen, die auf bestimmte Themen spezialisiert sind, so etwa die großer Tages- oder Wochenzeitungen wie New York Times oder DER SPIEGEL. Solche Spezialquellen sind von eigenen Suchmaschinen erschlossen. Die im deutschen Sprachraum populärsten sind http://www.klug-suchen.de und http://www.suchfibel.de; für eine internationale Suche ist http://www.beaucoup.com geeignet. In diesem Zusammenhang sind auch die sog. Bildungsserver zu nennen. Als „Bildungsserver“ bezeichnet man neue Dienste, die „qualitativ bedeutsame, für Bildung relevante Informationen aus dem Internet sammeln und verfügbar machen sowie die Kommunikation zwischen Bildungsakteuren über das Netz fördern.“[123] Bekannte Bildungsserver sind der Deutsche Bildungsserver (http://www.dbs.schule.de), alle Landesbildungsserver[124] und auch der von der Humboldt-Universität zu Berlin zur Verfügung gestellte Schulweb-Server (http://www.schulweb.de). Interessantes Unterrichtsmaterial bietet z.B. auch der Server der „Zentrale für Unterrichtsmedien im Internet e.V.“ aus Freiburg (http://www.zum.de). Text-, Bild- und Tonquellen für die Zeit vom Deutschen Kaiserreich bis zur Gegenwart bietet das Deutsche Historische Museum Berlin unter der Adresse: http://www.dhm.de/lemo/.

Die Internetrecherche bietet den Vorteil, dass Schüler sich hier auf eigene Faust Informationen zu einem Unterrichtsthema besorgen können. Sie können so ihr Fachwissen erweitern und vertiefen, ohne dass es des Drucks der Unterrichtenden bedarf. Das Vernetztsein der Dokumente über mehrere Ebenen hinweg (Hypertext) erlaubt es den Schülern, sich so intensiv, wie sie es für richtig und nötig halten, in einen Sachverhalt einzuarbeiten.[125] Darüber hinaus können sich Schülerinnen und Schüler über das Internet zu einem schnellen Meinungsaustausch in Diskussions- und Chatforen einklinken und auf diesem Weg zu weiteren Informationen gelangen. Von Nachteil könnte es sein, dass die Schüler von der unendlichen Informationsflut, die das Internet bereithält, überwältigt werden und beim Surfen gleichsam „vom Hölzchen aufs Stöckchen“ kommen. Beim Unterricht im Computerraum sollte der Unterrichtende über eine Software zur Schülerüberwachung verfügen, um sich jederzeit – vom Schüler unbemerkt – in jeden Schülercomputer einlinken zu können. Per Split-Screen kann er sich mehrere Bildschirme auf einmal anzeigen lassen und so feststellen, ob die Schüler bei ihrer Recherche sich gleichsam noch „auf dem Pfad der Tugend" bewegen. Denn mit oft nur wenigen Links gelangt man von dem ernsthaftesten Gegenstand auf rechtsradikale, Gewalt verherrlichende oder pornographische Web-Seiten.

Will man in einer Einstiegsphase eine Internetrecherche starten, so versteht es sich von selbst, dass dies Unterfangen nicht mit fünf bis sieben Minuten abgetan ist. Eine Internetrecherche als Einstieg in eine Einzelstunde ist also nicht sinnvoll. Nur zur Einführung in eine mehrstündige Unterrichtseinheit oder im Rahmen eines Projekts, wenn man wenigstens 20 Minuten für ein solches Verfahren zur Verfügung hat, macht eine Internetrecherche Sinn.

Vor einigen Monaten habe ich mit Studierenden einen Einstieg simuliert, der die Möglichkeiten der neuen Medien nutzt. Eine Gruppe von gut zwanzig Studenten begab sich in einen Computerraum, in dem für jeden Seminarteilnehmer ein Rechner zur Verfügung stand. Mit Hilfe einiger vorher von mir vorbereiteter Hinweise begannen die Studierenden eine Internet-Recherche zum Thema „Anne Frank". Mehr als eine Stunde lang surften die Teilnehmer im Internet und fanden die Homepages der Amsterdamer Anne-Frank-Stiftung (http://www.annefrank.nl/ned/default2.html), der Steven-Spielberg-Stiftung bzw. die Shoa Visual History Foundation (http://www.vhf.org/index.htm), des United States Holocaust Memorial Museums (http://www.ushmm.org), des Diaspora-Museums in Tel Aviv=Beth-Hatefutsoth-Museum of the Jewish People (http://www.bh.org.il), des Museums Yad Vashem in Jerusalem (http://www.yad-vashem.org.il) und zahlreiche Dokumenten- und Textsammlungen zu Anne Frank, die von Privatpersonen ins Internet gestellt wurden. Wie die Internetadressen zeigen, weitete sich die Recherche der Studierenden sehr schnell auf den Komplex „Holocaust" aus. Mehrfach unterbrachen wir das Surfen und informierten uns wechselseitig über besondere Internetseiten, die dann von den anderen Teilnehmern aufgerufen wurden. Das Vorgehen macht deutlich, dass eine derartige offene Recherche Schüler überfordern würde. Nach etwa einer Stunde vereinbarten wir bestimmte Themenaspekte, die für die weitere Recherche bestimmend sein sollten: Lebenslauf Anne Franks bis zum Untertauchen in Amsterdam; das Leben im Versteck; die Festnahme und Einlieferung in die KZ's Westerbork und Bergen-Belsen; ihr Tod in Bergen-Belsen; die Schrift: „Das Tagebuch der Anne Frank" und ihr Nachleben. Die weiteren Ergebnisse der Recherche zeigten, dass zu allgemeinen Aspekten des Themas Judenverfolgung, also zu den Themen Juden in Deutschland bis 1933, beginnende Ausgrenzungsmaßnahmen (April-Boykott; Nürnberger Gesetze; Arisierungen; Auswanderung), November-Pogrom 1938, Deportation und Vernichtung usw. im Internet überreiches Material vorhanden ist. Adressen, die für die weitere Unterrichtsarbeit brauchbar erschienen, wurden notiert, dazu Vermerke angelegt, wo im Internet hierzu besonders ergiebige Hinweise gefunden wurden; manches wurde ausgedruckt, um es ggf. als Quellenmaterial im Unterricht zu verwenden. Erste Überlegungen, wie die Vielfalt des Materials geordnet werden könnte und welche Adressen etwa in einer längeren Gruppenarbeit zu Teilthemen gezielt aufgesucht werden sollten, schlossen sich an.

In einer abschließenden Diskussion wurde diskutiert, ob eine Internetrecherche als Einstieg angesichts des immensen Zeitaufwands und des unsicheren Ergebnisses, vor allem aber wegen der kaum zu strukturierenden Materialfülle überhaupt sinnvoll sei. Man kam zu der Überzeugung, dass bei größeren Unterrichtsvorhaben – vor allem im Rahmen eines Projekts – eine solche Recherche als eine Art Brainstorming durchaus anregend sein würde. Die Studierenden machten ferner die wichtige Erfahrung, dass eine Internet-Recherche sehr viel zeitaufwendiger ist als ein traditioneller Einstieg und auch umfangreicherer Vorarbeiten der Lehrerin/des Lehrers bedarf. Zur Vorbereitung der Unterrichtenden gehört es auch, Überlegungen anzustellen, wie es ausgeschlossen werden kann, dass Schüler beim Surfen im Internet per zwei/drei Links auf Web-Seiten kommen, die unerwünscht sind. Außerdem bedarf es noch genauerer Überlegungen, wie man die Fülle der im Internet aufspürbaren Informationen systematisch festhält und wie die nachfolgende Gruppenarbeit mit dem Rechner bzw. mit den aus dem Internet bezogenen Informationen sinnvoll betrieben werden kann.

8. Zusammenfassung

Am Ende dieser Beispielesammlung festzustellen, daß dem Unterrichtseinstieg besondere Bedeutung zukommt, mag trivial erscheinen. Wäre dem nicht so, hätte es dieses Büchleins nicht bedurft. Natürlich ist das Kernstück einer jeden Unterrichtsstunde die Arbeitsphase, in der den Schülerinnen und Schülern ein neuer Lerninhalt vermittelt wird. Daneben muß aber der Stundeneinstieg (wie übrigens auch der Abschluß einer jeden Geschichtsstunde) mit genau derselben Sorgfalt geplant werden, denn hier entscheidet sich in den meisten Fällen, ob es gelingt, die Lernenden für den Lerngegenstand zu gewinnen, wie es in der abschließenden Unterrichtsphase darauf ankommt, die Ergebnisse der Stunde zusammenzufassen und zu sichern bzw. die Schüler für die nachfolgenden Stunden zu „öffnen“ oder gar neugierig zu machen. Ob in der Einstiegsphase der Inhalt der letzten Geschichtsstunde nachbereitet, vertieft oder fortgeführt wird, auf welche Art und Weise in das neue Thema eingeführt wird, um die Schülerinnen und Schüler für den neuen Lerngegenstand zu gewinnen, wie eine produktive Arbeitsatmosphäre erzeugt werden kann, ist eine Entscheidung, die mit Bedacht getroffen werden will. Wer in seiner Unterrichtsvorbereitung hierüber keine ernsthaften Überlegungen anstellt, erschwert sich das Unterrichten ohne Not. Ein Einstieg kann als gelungen bezeichnet werden, wenn die Schülerinnen und Schüler auf einen (neuen) Unterrichtsinhalt neugierig geworden sind, oder – anders ausgedrückt – wenn sie zu der Überzeugung gelangen, daß das, was sie in der Unterrichtsstunde tun (sollen), für sie – gleichgültig, ob in emotionaler, kognitiver oder materieller Hinsicht – lohnend ist. Die Voraussetzung dafür, daß Schüler den „Lohn“, den ihnen eine Unterrichtsstunde einträgt, überhaupt erkennen können, hängt wesentlich vom Einstieg ab. Hier soll die Lust am Aufspüren vergangener Sachverhalte provoziert und die Voraussetzung für das Finden und Erkennen der Ursachen, Abläufe und Zusammenhänge geschaffen werden.

Die Vielfalt der hier vorgestellten Einstiegsfiguren – jede Lehrerin und jeder Lehrer wird darüber hinaus eigene Einstiegsvarianten parat haben – sollte Mut machen, den „sterotypen Einstieg“ (Stephan Lipski), wie er jedem Unterrichtenden bekannt ist und wie er eingangs skizziert wurde, zugunsten geeigneterer Formen aufzugeben.

9. Anmerkungen

1 Ähnliche Unterrichtssituationen sind vielfach beschrieben worden; vgl. etwa Uwe Hoppenworth: Einfangen oder anfangen? Der Unterrichtsanfang als methodisches Problem und pädagogische Herausforderung, in: Pädagogik 10/1992, S. 34f.; Ingo Scheller: Erfahrungsbezogener Unterricht, Königstein/Ts. 1981, S. 30f.

2 Klaus Bergmann/Klaus Fröhlich/Annette Kuhn/Jörn Rüsen/Gerhard Schneider (Hrsg.): Handbuch der Geschichtsdidaktik, 5., überarbeitete Aufl. Seelze-Velber 1997.

3 Klaus Bergmann/Gerhard Schneider (Hrsg.): Gesellschaft-Staat-Geschichtsunterricht. Beiträge zu einer Geschichte der Geschichtsdidaktik und des Geschichtsunterrichts von 1500 bis 1980, Düsseldorf 1982; Siegfried Quandt (Hrsg.): Deutsche Geschichtsdidaktiker des 19. und 20. Jahrhunderts. Wege, Konzeptionen, Wirkungen, Paderborn usw. 1978; Horst Gies: Geschichtsunterricht unter der Diktatur Hitlers, Köln usw. 1992; Ulrich Mayer: Neue Wege im Geschichtsunterricht? Studien zur Entwicklung der Geschichtsdidaktik und des Geschichtsunterrichts in den westlichen Besatzungszonen und in der Bundesrepublik Deutschland 1945-1953, Köln/Wien 1986; Hans-Jürgen Pandel: Historik und Didaktik. Das Problem der Distribution historiographisch erzeugten Wissens in der deutschen Geschichtswissenschaft von der Spätaufklärung zum Frühhistorismus (1765-1830), Stuttgart-Bad Cannstatt 1990; ders.: Mimesis und Apodeixis, Hagen 1990.

4 Hans-Jürgen Pandel/Gerhard Schneider (Hrsg.): Handbuch Medien im Geschichtsunterricht, Neubearbeitung, Schwalbach 1998 (im Druck).

5 „Praxis Geschichte“ (Braunschweig); „Geschichte lernen“ (Seelze-Velber); „Geschichte – betrifft uns“ (Aachen). „Geschichte aus erster Hand“ (Schwalbach/Ts.)

6 Vgl. etwa die nur beiläufigen Hinweise bei Hans Ebeling: Zur Didaktik und Methodik eines kind-, sach- und zeitgemäßen Geschichtsunterrichts, Hannover usw. 3. Aufl. 1968; ebenso Kurt Fina: Geschichtsmethodik. Die Praxis des Lehrens und Lernens, München 1973, S. 65 und S. 234; ausführlicher und mit vielen Beispielen: Hans Glöckel: Geschichtsunterricht, Bad Heilbrunn 2. Aufl. 1979, S. 244ff.; Wolfgang Hug: Geschichtsunterricht in der Praxis der Sekundarstufe I. Befragungen, Analysen und Perspektiven, Frankfurt/M. usw. 1977, S. 107-109. Joachim Rohlfes: Geschichte und ihre Didaktik, Göttingen 1986, geht zwar ausführlich auf auch für die Eingangsphase geeignete Methoden

und Arbeitsformen sowie auf Medien ein, thematisiert den Unterrichtseinstieg aber nicht explizit. Vgl. auch die Hinweise zu „Einstiegen" in der in Kapitel 2 erwähnten geschichtsdidaktischen Literatur.

7 Nach den Untersuchungen von Klaus Hage u.a.: Das Methoden-Repertoire von Lehrern. Eine Untersuchung zum Schulalltag der Sekundarstufe I, Opladen 1985, S. 79, beginnen 75% aller Unterrichtsstunden frontal; zur nur gering entwickelten empirischen Unterrichtsforschung auch bezüglich der Effektivität der verschiedenen Einstiegsformen s. Liane Paradies/Hilbert Meyer: Einstieg in den Unterrichtseinstieg, in: „Pädagogik" Heft 10/1992, S. 7f. („Empirische Forschung – Fehlanzeige"). Vgl. jetzt auch: Johannes Greving/Liane Paradies: Unterrichts-Einstiege. Ein Studien- und Praxisbuch, Berlin 1996.

8 Vgl. Bodo von Borries: Zur Praxis „gelungenen" historisch-politischen Unterrichts. Ein quasi-empirischer Ansatz für Analyse und Beurteilung von Schulstunden, in: Geschichtsdidaktik 9 (1984), S. 317f.

9 Glöckel (wie Anm. 6), S. 252.

10 Knapp hierzu Karl Just: Formal-Stufen, in: Encyklopädisches Handbuch der Pädagogik, hrsg. v. Wilhelm Rein, Bd. 2, Langensalza 1896, S. 282-286. Nach Herbarts Überzeugung dürfe der Unterricht, wenn er gut und erfolgreich sein soll, nicht Zufälligkeiten und persönlicher Willkür überlassen werden, es müsse vielmehr „die bildende Kraft eines geordneten Denkens gefordert werden" (zit. nach Karl Stöcker: Neuzeitliche Unterrichtsgestaltung, München, 10. Aufl. 1960, S. 228; dort, S. 229ff., auch berechtigte Kritik am Schematismus der Formalstufen).

11 Neuere Artikulationsschemata, wie sie von der allgemeinen Unterrichtslehre entwickelt wurden, finden sich zusammengestellt bei Waldemar Pallasch: Entwurf einer Unterrichtsstunde, in: Wolfgang Schmidt (Hrsg.): Unterrichtsgestaltung, München usw. 1978, S. 141f. Kritik an den älteren Artikulationsschemata bei Hans-Jürgen Pandel: Methodik, in: Handbuch der Geschichtsdidaktik (wie Anm. 2), S. 387. Für die Unterrichtsplanung im Fach Geschichte hat Annette Kuhn ein Artikulationsschema mit folgenden Phasen entwickelt: Entwicklung von Arbeitshypothesen – historische Aufklärung – Handlungsrelevanz (=Konfrontation der Hypothesen mit der historischen Aufklärung); s. Annette Kuhn: Unterrichtsplanung, in: Handbuch der Geschichtsdidaktik (wie Anm. 2), S. 457-463 (mit Hinweisen auf die Verlaufsplanungsmodelle von Heinz Dieter Schmid und Karl-Ernst Jeismann). Zu dem von Peter Knoch entwickelten Verlaufsplanungsmodell für entdeckendes Lernen s. Gerhard Henke-Bockschatz: Entdeckendes Lernen, in: ebd., S. 409.

12 Wolfgang Marienfeld/Wilfried Osterwald: Die Geschichte im Unterricht. Grundlegung und Methode, Düsseldorf 1966, S. 230. – Auch in der allgemeinen Unterrichtslehre jener Zeit wurde für die sachkundlichen Fächer (Erd-, Naturkunde und Geschichte) als Einstiegsfigur die „Hinführung zum Stoffgebiet; Anknüpfung, Problemstellung" empfohlen (vgl. Stöcker, wie Anm. 10, S. 240). – In seinem Aufsatz „Wider den stereotypen Einstieg" (in: Geschichtsdidaktik 6 [1981], S. 397f.) schildert Stephan Lipski mehrere solcher traditioneller Einstiegsvarianten („In der letzten Stunde haben wir ... durchgenommen" oder „waren wir bei ... stehengeblieben" oder „waren wir bis ... gekommen. Heute wollen wir nun ..."). Nach diesem Muster beginnt auch der von Ingo Scheller (wie Anm. 1, S. 31f.) protokollierte Ablauf einer Geschichtsstunde. Kritik an derartigen Einstiegsritualen bei Gerald Niemetz: Praxis Geschichtsunterricht. Methoden-Inhalte-Beispiele, Stuttgart 1983, S. 31.

13 Erhard Schmidt: Grundriß des Geschichtsunterrichts, 4. Aufl. Bochum o.J., S. 88.

14 Geschichtsbuch 1. Lehrerband, hrsg. v. Jochen Martin und Norbert Zwölfer, Berlin 1989, S. 8.

15 Wolfgang Schlegel: Geschichtsunterricht in der Volksschule, 2. Aufl. München usw. 1964, S.107f.

16 Hermann Giesecke: Methodik des politischen Unterrichts, München 1973, S. 116.

17 Hilbert Meyer:UnterrichtsMethoden II: Praxisband, Frankfurt/M., 6. Aufl. 1994, S. 123.

18 Ebd., S. 122.

19 Vgl. (auch zum Nachstehenden) Hug: Geschichtsunterricht (wie Anm. 6), S. 107.

20 Vgl. Kuhn: Unterrichtsplanung (wie Anm. 11), S. 457-463. – In einer weit verbreiteten allgemeinen Unterrichtsmethodik werden folgende Unterrichtsphasen unterschieden: 1. Vorbereitungsphase, 2. Einstiegsphase, 3. Erarbeitungsphase, 4. Auswertungsphase; vgl. Meyer: UnterrichtsMethoden II (wie Anm. 17), S. 406f.

21 Vgl. hierzu auch die Beispiele bei Lipski (wie Anm. 12), S. 404.

22 Vgl. zusammenfassend Rainer Krieger: Motivation und Betroffenheit, in: Politische Bildung. Ein Handbuch für die Praxis, hrsg. v. Wolfgang W. Mickel und Dieter Zitzlaff, Bonn 1988, S.176-181.

23 Zur Überforderung durch Betroffenheitsdruck s. Gerhard Schneider:

Über den Umgang mit Quellen im Geschichtsunterricht, in: GWU 45 (1994), S. 73-90, hier v.a. S. 85ff.

24 Zum genetischen (d.h. dem Entstehen nachgehenden) Lernen s. Hans Christoph Berg: Genetisch lehren mit Wagenschein und Willmann, in: Neue Sammlung 30 (1990), S. 15-22.

25 Vgl. hierzu auch das, was Meyer unter den Stichwörtern „Verfremden" und „Provozieren" abhandelt; Meyer, UnterrichtsMethoden II (wie Anm. 17), S. 141ff. Zur Provokation als Unterrichtsmethode s. auch Giesecke, Methodik (wie Anm. 16), S. 66-74.

26 Vgl. hierzu Kuhn: Unterrichtsplanung (wie Anm. 11). S. 461.

27 Giesecke: Methodik (wie Anm. 16), S. 114.

28 Paradies/ Meyer: Einstieg (wie Anm. 7), S. 7; sie beziehen sich dabei auf den Grundsatz der Bauhaus-Architekten: „Form follows function".

29 Den von Grell/Grell kritisierten „Erarbeitungs-Motivierungsversuch-Unterrichtsbeginn" (sic!) einer Rechtschreibstunde halte ich allemal für besser als die von ihnen vorgeschlagene strohtrockene Alternative; s. Jochen und Monika Grell: Unterrichtsrezepte, Weinheim und Basel 59.-63. Tsd. 1990, S. 154.

30 Ebd., S. 144. An anderer Stelle sprechen Grell/Grell gar von Täuschung der Schüler in der Eingangsphase (S. 142). Wahrscheinlich würden Grell/Grell den von Martin Wagenschein praktizierten stummen Einstieg – Beobachtung eines Wasser-Staubgemischs unter dem Mikroskop – ebenfalls als Hokus-Pokus bezeichnen (über Wagenscheins Versuch berichtete zuletzt Horst Rumpf: Gegen die Verstopfung der Köpfe. Über Einstiege in der Lehrkunst Martin Wagenscheins, in: Pädagogik 10/1992, S. 21f.). – Auch bei Giesecke taucht der Täuschungsvorwurf auf. Er unterscheidet „Einstieg" und „Aufhänger": „Der ‚Aufhänger' täuscht die Lernenden: Man will etwas Bestimmtes lehren, weiß aber, daß die Jugendlichen daran nicht interessiert sind. Also greift man zu einem Stoff, der mit dem, was man unterrichten will, zwar nicht viel zu tun hat, aber das Interesse der Jugendlichen trifft ... . Wenn der Aufhänger dann das Interesse gebührend mobilisiert hat, geht man zum ‚Eigentlichen' über, in der Hoffnung, daß das mobilisierte Interesse diesen Übergang mitvollziehe. Auf diese Weise nimmt der Pädagoge weder das Interesse der Jugendlichen ernst noch die Sache, der das Interesse gilt. Die Aufdekkung einer solchen Täuschung kann die pädagogische Kommunikation erheblich gefährden" (Hermann Giesecke: Didaktik der politischen Bildung, München, 11. Aufl. 1979, S. 199).

31 Uwe Hoppenworth: Einfangen oder anfangen? Der Unterrichtsanfang

als methodisches Problem und pädagogische Herausforderung, in: Pädagogik 10/1992, S. 35f. Der metaphernreiche Aufsatz bleibt dort recht unverbindlich, wo man die konkreten Vorschläge des Autors für Einstiege erwartet hätte. Denn wie macht man das eigentlich, in der Anfangsphase etwa einer Deutsch- oder Geschichtsstunde am konkreten Thema „Verbindlichkeit herzustellen" (S. 37)?

32 Klaus Prange: Bauformen des Unterrichts, Bad Heilbrunn 1983, S. 174.

33 Grell/Grell, Unterrichtsrezepte (wie Anm. 29), S. 143. – Ähnlich auch S. 106: „Der Informierende Unterrichtseinstieg beruht auf der Annahme, daß Menschen gern etwas Sinnvolles tun und daß daher mehr Schüler ihre Lernbereitschaft von sich aus einschalten werden, wenn sie Ziel und Sinn der Arbeit kennen."

34 Ebd., S. 135.

35 Gottfried Korff: Die Popularisierung des Musealen, in: Museum als soziales Gedächtnis? Kritische Beiträge zu Museumswissenschaft und Museumspädagogik, hrsg. v. Gottfried Fliedl, Klagenfurt 1988, S. 16. Die beiden Benjamin-Zitate finden sich in den Aufsätzen „Jahrmarkt des Essens" (in: Walter Benjamin: Gesammelte Schriften, 11. Bd., Frankfurt/M. 1980, S. 528) und „Bekränzter Eingang" (in: ebd., S. 560).

36 Grell/Grell, Unterrichtsrezepte (wie Anm. 29), S. 118.

37 Ebd., S. 153.

38 Ebd., S. 154-156.

39 Sämtliche nachstehenden Zitate sind folgendem Aufsatz von Horst Rumpf entnommen: Gegen die Verstopfung der Köpfe. Über Einstiege in der Lehrkunst Martin Wagenscheins, in: Pädagogik10/1992, S. 21-24.

40 Vgl. Lipski (wie Anm. 12), S. 400.

41 Mihalyi Csiksentmihalyi: Das flow-Erlebnis. Jenseits von Angst und Langeweile: im Tun aufgehen, Stuttgart 1985; zum „flow" gibt es von demselben Autor mehrere weitere Schriften, auch auf deutsch.

42 S. hierzu zuletzt das Heft „Spuren suchen spezial" zum Jubiläum des Schülerwettbewerbs: 1973-1998. 25 Jahre Schülerwettbewerb Deutsche Geschichte um den Preis des Bundespräsidenten (1998).

43 Zu den Gedanken Wagenscheins zum Einstieg s. Wolfgang Klafki: Das pädagogische Problem des Elementaren und die Theorie der kategorialen Bildung, Weinheim, 4. Aufl. 1964, S. 356ff.

44 Hug: Geschichtsunterricht (wie Anm. 6), S. 108f.

45 Den Begriff der „historischen Ansteckung" hat Heinrich Roth in die Diskussion gebracht (Kind und Geschichte. Psychologische Voraussetzungen des Geschichtsunterrichts in der Volksschule, München 5. Aufl. 1968, S. 72ff.).

46 Auf Praxisbeispiele für Einstiege in ein Projekt habe ich, abgesehen von ein paar marginalen Hinweisen, hier verzichtet; s. hierzu Johannes Bastian: Projektunterricht anfangen, in: Pädagogik 10/1992, S. 26-30, der gut siebzig Projekt-Praxisberichte im Hinblick auf Einstiege gesichtet hat und die entsprechende Literatur (dort S. 30 Anm. 2) verzeichnet.

47 Nach Prange (wie Anm. 32), S. 174f.

48 Auf die Vorstellung von Lücken- und Lügentexten wird hier verzichtet, da diese sich wegen ihrer spezifischen Orientierung am jeweiligen Unterrichtsstoff hier nicht in exemplarischer Form präsentieren lassen.

49 Vgl. hierzu auch den Vorschlag zum selben Thema für die gymnasiale Oberstufe unter „5. 3. Einstieg mit kontroversen Quellen".

50 Einen knappen Überblick, der zur Interpretation der Graphik herangezogen werden kann und den ich hier zusammenfassend wiedergegeben habe, bietet Klaus J. Bade: Die deutsche überseeische Massenauswanderung im 19. und frühen 20. Jahrhundert: Bestimmungsfaktoren und Entwicklungsbedingungen, in: Ders. (Hrsg.): Auswanderer-Wanderarbeiter-Gastarbeiter, Bd. 1, Ostfildern, 2. Aufl. 1985, S. 265-269.

51 Joachim Rohlfes: Und noch einmal: Quellen, in: GWU 34 (1983), S. 333. Vgl. auch Schneider: Über den Umgang mit Quellen (wie Anm. 23), S. 73-90, v.a. S. 77ff. (hier wird verwiesen auf Überdrußreaktionen der Schülerinnen und Schüler wegen des oft mangelnden Schwierigkeitsgrades und wegen mangelnder Affektivität der Quellen, ferner wegen der methodischen Einförmigkeit der Quellenarbeit und des oft allzu starken Betroffenheitsdrucks auf Schüler).

52 Hier handelt es sich um eine eher für die gymnasiale Oberstufe geeignete Variante des oben unter „5. 1. Einstieg zur Festigung des Gelernten" (5. Beispiel) ausgeführten Vorschlags.

53 Natürlich können nicht alle nachstehenden Texte in einer Einstiegsphase behandelt werden; es dürfte ausreichend sein, wenn der zeitgenössischen Äußerung Schillers ein späterer Text oder der Text von Mazauric jenem von Furet/Schulin gegenübergestellt wird. Ggf. ist es auch bereits schon ausreichend, wenn nur ein Text zum Einstieg ausgewählt wird. - Es sei hier nur angedeutet, daß ein derartiges Kaleidoskop von Urteilen

über die Französische Revolution natürlich auch als Materialien zur Lernkontrolle am Ende einer Unterrichtseinheit verwendet werden können. Daß sie unterschiedlichen Zeiten und unterschiedlichen „Wissenschaftslagern“ entstammen und zudem unterschiedliche Textsorten darstellen, ist durchaus erwünscht.

54 Denkbar wäre es auch, die erste Folge der Fernsehserie „Roots“, die nach dem gleichnamigen Roman Alex Haleys entstand, als Einstieg in dieses Thema zu verwenden.

55 Zur Zigeuner-Forschung s. Joachim S. Hohmann (Hrsg.): Handbuch zur Tsiganologie, Frankfurt/M. 1996.

56 Vgl. etwa Jörg Müller: Alle Jahre wieder saust der Preßlufthammer nieder oder Die Veränderung der Landschaft, Frankfurt/M., 17. Aufl. 1990; ders.: Hier fällt ein Haus, dort steht ein Kran und ewig droht der Baggerzahn oder Die Veränderung der Stadt, Aarau 1976.

57 Vgl. hierzu auch: Detlef Briesen/Michael Sauer: Stadtentwicklung und Stadtleben im Kartenbild. Düsseldorf 1834 und 1914, in: Geschichte lernen Heft 63 (1998), S. 21-23.

58 Ein analoges Beispiel (Veränderungen durch den Dreißigjährigen Krieg) findet sich bei Lipski (wie Anm. 12), S. 404. Kartenarbeit als Einstieg empfiehlt auch Glöckel (wie Anm. 6), S. 248f.

59 Vgl. das Bildmaterial in dem Aufsatz von Cornelia Julius: Marga S. und Grete N. Die Töchter kleiner und feiner Leute, in: Praxis Geschichte 5/1994, S. 40-43.

60 S. etwa Heilwig Schomerus: Die Wohnung als unmittelbare Umwelt. Unternehmer, Handwerker und Arbeiterschaft einer württembergischen Industriestadt 1850 bis 1900, in: Wohnen im Wandel. Beiträge zur Geschichte des Alltags in der bürgerlichen Gesellschaft, hrsg. v. Lutz Niethammer, Wuppertal 1979, S. 211-232; Renate Kastorff-Viehmann: Kleinhaus und Mietskaserne, in: Ebd., S. 271-291.

61 S. die Beispiele in: Puppe, Fibel, Schießgewehr. Das Kind im kaiserlichen Deutschland, Ausstellung in der Akademie der Künste [Berlin] vom 5.12.1976 bis 30. 1. 1977, Berlin 1977.

62 Vgl. Gerhard Huck (Hrsg.): Sozialgeschichte der Freizeit. Untersuchungen zum Wandel der Alltagskultur in Deutschland, Wuppertal 1980;

63 Vgl. Gottfried Korff: Puppenstuben als Spiegel bürgerlicher Wohnkultur, in: Wohnen im Wandel (wie Anm. 60), S. 28-43.

64 Vgl. auch Ulrich Müller: Sozialer Wohnungsbau im 19. Jahrhundert, in: Geschichte lernen Heft 63 (1998), S. 24-27.

65 Der Aufsatz von Armin Flender: Großstadtfeindschaft und -faszination

(in: Geschichte lernen Heft 63 [1998], S. 56-64) enthält geeignete Texte und Bilder, um „Städtisches Wohnen" und „Ländliches Wohnen" kontrastiv gegeneinander zu stellen. Gleichzeitig bietet dieses Material die Möglichkeit, zeitgenössische Urteile über Großstadtfeindschaft auf der einen Seite und Agrarromantik auf der anderen Seite kennenzulernen und - ausgehend von diesen gegensätzlichen Urteilen - die Ursachen für derartige Einschätzungen auf dem Hintergrund des Modernisierungsprozesses zu analysieren. In verschiedenen Aufsätzen des Heftes „Schauplätze im Kaiserreich" (Praxis Geschichte 4/1998) findet sich ebenfalls geeignetes Bildmaterial. Vgl. hierzu auch grundlegend Klaus Bergmann: Agrarromantik und Großstadtfeindlichkeit, Meisenheim 1970. Ferner: Wolfgang Sofsky: Schreckbild Stadt. Stationen der modernen Stadtkritik, in: Die alte Stadt 13 (1986), S. 1-21; Dirk Schubert: Großstadtfeindschaft und Stadtplanung. Neue Anmerkungen zu einer alten Diskussion, in: Die alte Stadt 13 (1986), S. 32-41. – Grundlegend zur Geschichte des Wohnens: Geschichte des Wohnens in fünf Bänden, Band 3: 1800-1918. Das bürgerliche Zeitalter, hrsg. v. Jürgen Reulecke, Stuttgart 1997.

66 Verschiedene Ansichten von Burgen finden sich in dem Aufsatz von Rüdiger Glockemann: Auf den Burgen des Mittelalters, in, Praxis Geschichte 5/1988, S. 14-18 und in dem opulent ausgestatteten Bildband: Blüte des Mittelalters, hrsg. v. Joan Evans, München/Zürich 1966, v.a. S. 133-177.

67 Glöckel (wie Anm. 6), S. 256: „Dieses Verfahren (Anstoßen der Besinnung durch Verunsicherung, G.S.) ist in besonderem Maße auf Reflexion angelegt. Vorschnelle Stellungnahme soll verhindert, besonnenes Abwägen, Ringen um Urteil, Einsicht in die Bedingungen und Grenzen unseres Wissens sollen gefördert werden."

68 Vgl. Lipski (wie Anm. 12), S. 402.

69 Auf eine Rede Bismarcks im preußischen Abgeordnetenhaus erwiderte Graf von Schwerin am 13. März 1863 unter anderem: „Deshalb eben erkläre ich hier, daß ich den Satz, in dem die Rede des Herrn Ministerpräsidenten kulminierte: ‚Macht geht vor Recht ...' nicht für einen Satz halte, der die Dynastie in Preußen auf die Dauer stützen kann..., daß dieser vielmehr umgekehrt lautet: ‚Recht geht vor Macht.'" Bismarck, der bei dieser Erwiderung nicht anwesend gewesen war, hat sich später dagegen verwahrt, einen solchen Satz gesagt zu haben (vgl. Georg Büchmann: Geflügelte Worte und Zitatenschatz, Stuttgart 1958, S. 391).

70 König Friedrich II. von Preußen hat tatsächlich mehrfach einen Satz

dieser Art (immer in französischer Sprache) gesagt: „Un prince est le premier serviteur (an anderer Stelle: domestique“ bzw. „premier ministre“) et le premier magistrat de l'État.“ Vgl. hierzu Büchmann (wie Anm. 69), S. 375.

71 Eine derartige (abzulehnende) Provokation beschreibt Prange (wie Anm. 32), S. 180f.

72 S. hierzu auch das Themenheft „Politische Karikaturen“ (= Geschichte lernen 18/1990), das zahlreiche Abbildungen und geeignete didaktische und unterrichtspraktische Hinweise enthält.

73 In Wilhelm Buschs Bildergeschichten gibt es zahlreiche politische Anspielungen; s. hierzu: Karl Wiechert: Es ist auch allerlei Politisches drin. Wilhelm Busch einmal so betrachtet, in: Wilhelm-Busch-Jahrbuch 1964/65, S. 7-31.

74 Diesen Begriff wählte Wolfgang Niedecken, der Kopf der Kölner Rockgruppe BAP, für das von ihm ausgewählte Photo vom Einrücken amerikanischer Soldaten in das zerstörte Köln (ZEITmagazin Nr. 12/1998, S. 10).

75 Beiläufig sei erwähnt, daß im Buchgewerbe vor kurzem mit einer vergleichbaren Methode auf die Neugier des Lesepublikum gesetzt wurde. Der Roman „Laras Tochter“ von Alexander Mollin sei (so ein Gerichtsurteil aus dem Jahr 1996) eine Fortsetzung des Romans „Doktor Schiwago“ von Boris Pasternak, würde an den Stoff der Vorlage unmittelbar anknüpfen und diesen fortführen. Offensichtlich gab es seitens des Verlags die begründete Hoffnung, daß Interesse und Kauflust jenes Publikums, das den „Doktor Schiwago“ bereits kennt, auch dem „Fortsetzungsroman“ zuteil würden. - Zum Erzählen im Geschichtsunterricht s. Gerhard Schneider: Geschichtserzählung, in: Handbuch der Geschichtsdidaktik (wie Anm.), S. 434-440 (mit der älteren Literatur); ferner: Hans-Jürgen Pandel: Historisches Erzählen, in: Geschichte lernen 2/1988, S. 8-12, sowie das Themenheft (=GWU 48 [1997], Heft 12).

76 Die Erzählung ist entnommen aus: Bodo von Borries: Erzählte Hexenverfolgung. Über legitime und praktikable Medien für die 5. bis 8. Klasse in: Geschichte lernen 2/1988, S. 49; über die Wirkung und Schwächen dieser in einer 6. Klasse als Einstiegsmedium erprobten Lehrererzählung s. ebd., S. 45.

77 Reichliches Bildmaterial hierzu findet sich in dem von Karl-Heinz Kohl herausgegebenen Bildband „Mythen der Neuen Welt. Zur Entdeckungsgeschichte Lateinamerkas“, Berlin o.J. (1982), ferner in dem von Arne Eggebrecht herausgegebenen, allerdings sich nur auf die

Azteken beziehenden Ausstellungskatalog: „Glanz und Untergang des Alten Mexiko", 2 Bde., Hildesheim/Mainz 1986.

78 Vgl. hierzu die Texte in: Aus dem großen Krieg. Schilderungen und Berichte von Augenzeugen, ausgewählt und bearbeitet von Gerhard Krügel, Leipzig o.J. (vor 1930); in dieser Sammlung sind Texte von Hans Jakob Christoffel von Grimmelshausen, Hanß Michael Moscherosch, dem Magdeburger Oberstadtschreiber Daniel Friese, dem Magdeburger Bürger Otto von Guericke, dem Pfarrer Martin Bötzinger und aus dem Theatrum Europaeum und der Magdeburger Chronik enthalten.

79 In diesem Fall entspräche der Einstieg dem, was ich weiter unten als Feature bezeichnet habe.

80 Dieses Beispiel wurde von den Studenten der Pädagogischen Hochschule Freiburg, D. Kreisl und M. Jendritzki, erarbeitet und erprobt.

81 Hier denke ich z.B. an die im Oktober 1997 bzw. Oktober 1998 aus Anlaß der Verleihung des Friedenspreises des deutschen Buchhandels in der Frankfurter Paulskirche gehaltenen Reden von Günter Grass und Martin Walser.

82 Vgl. in diesem Zusammenhang auch die von dem damaligen CSU-Generalsekretär Edmund Stoiber im Vorfeld des Bundestagswahlkampfes von 1980 propagierte Gleichsetzung von Sozialismus und Nationalsozialismus; s. hierzu Hans Mommsen: Sozialismus und Nationalsozialismus. Anmerkungen zu einer verfehlten Debatte, in: Geschichtsdidaktik 5 (1980), S. 1-7. Vergleichbar auch die Äußerung des damaligen Bundesministers für Jugend, Familie und Gesundheit, Heiner Geißler, der am 15. Juni 1983 im Bundestag sagte, der Pazifismus der 30er Jahre habe Auschwitz „erst möglich gemacht". S. zu dieser wenig später von Geißler modifizierten Äußerung: Hans Mommsen: Appeasement und Auschwitz, in: Geschichtsdidaktik 8 (1983), S. 217-220.

83 Jeden Morgen wird im Frühstücksfernsehen von ARD und ZDF auf Ereignisse hingewiesen, die sich an diesem Tag jähren. Gesetzt den Fall, ein Lehrer/eine Lehrerin zeichnet sich über ein ganzes Jahr hinweg Tag für Tag diese Hinweise auf, dann verfügt er über ein umfassendes Repertoire, um Einstiege nach diesem Muster durchzuführen. Auch sog. Themenabende im Fernsehsender ARTE nehmen regelmäßig Bezug auf sich jährende Ereignisse. Es besteht die Möglichkeit, solche Sendungen bei ARTE direkt auszuleihen.

84 Am Rande der Weltwirtschaftskonferenz in Genua (10.4. bis 19.5.1922) waren deutsche Delegationsmitgieder unter der Leitung von Außenmi-

nister Rathenau mit russischen Delegierten in dem nahe bei Genua gelegenen Rapallo zusammengetroffen und haben dort am 16.4.1922 mit der Sowjetunion einen Vertrag abgeschlossen. In dem Vertrag verzichteten das Deutsche Reich und die Sowjetunion auf alle wechselseitigen finanziellen Forderungen (Ersatz von Kriegskosten und Kriegsschäden), vereinbarten die sofortige Aufnahme diplomatischer Beziehungen und beschlossen eine wirtschaftliche Annäherung. Dieses Zusammengehen überraschte die Weltöffentlichkeit und ließ eine Ostorientierung des Deutschen Reiches befürchten.

85 Zit. nach Katherina Oehler: Geschichte in der politischen Rhetorik. Historische Argumentationsmuster im Parlament der Bundesrepublik Deutschland, Hagen 1989, S. 194. Weitere Beispiele finden sich auch bei Wolfgang Bach: Geschichte als politisches Argument. Eine Untersuchung an ausgewählten Debatten des Deutschen Bundestages, Stuttgart 1977; Karl-Georg Faber: Zur Instrumentalisierung historischen Wissens in der politischen Diskussion, in: Objektivität und Parteilichkeit in der Geschichtswissenschaft (=Beiträge zur Historik, Bd. 2), hrsg. v. Reinhart Koselleck u.a., München 1975, S. 270-316.

86 Otmar Faltheiner/Karin Figala: Vom Königsmantel zur Blue Jeans oder: Der Siegeszug des Indigo, in: Kultur & Technik 1/1985, S. 13.

87 Wolfgang Hug: Der „Historikerstreit" als Chance für den Geschichtsunterricht, in: Historikerstreit und politische Bildung, hrsg. v. Klaus Oesterle und Siegfried Schiele, Stuttgart 1989, S. 156-168. Den „Nachvollzug der offenen Entscheidungssituation" als Einstieg zu nehmen, empfiehlt auch Glöckel (wie Anm. 6), S. 263f. Anders als Hug handelt es sich bei ihm aber nicht um einen wirklich offenen Sachverhalt, über den die Schüler frei debattieren können, weil dieser Sachverhalt tatsächlich noch nicht endgültig geklärt ist oder in der Öffentlichkeit gegensätzlich diskutiert wird. Glöckel möchte erreichen, daß die Schüler sich in die Rolle der Protagonisten am Vorabend einer wichtigen historischen Entscheidung versetzen und dann „Vermutungen über den Weitergang" anstellen. Danach „folgt die Information über den tatsächlichen Verlauf der Dinge. Der Kontrast zwischen Hypothesen und Wirklichkeit regt erneut zur Besinnung an und macht die Unverfügbarkeit der freien Entscheidung und des Zusammenspiels der Schicksalsfaktoren [sic!] einsichtig" (ebd., S. 263). Letztlich geht es hier also nicht um eine „offene Entscheidungssituation", sondern nur um deren Simulation.

88 Zu dieser und anderen historischen Kontroversen (etwa auch zu dem oben erwähnten „Historikerstreit") s. Lutz Niethammer: Über Kontroversen in der Geschichtswissenschaft, in: Geschichtsbewußtsein und

historisch-politisches Lernen, hrsg. v. Gerhard Schneider, Pfaffenweiler 1988 (=Jahrbuch für Geschichtsdidaktik, Bd. 1), S. 205-230.

89 Ein paar willkürlich gegriffene Beispiele: Peter Alter u.a.: Grundriß der Geschichte, Bd. 2, Stuttgart 1984 (Klett), S. 214ff.; Zeiten und Menschen, Ausgabe K, Bd. 3, hrsg. v. Werner Grütter, Paderborn 1989 (Schöningh/Schroedel), S. 318; Geschichtsbuch 3, Ausgabe A, hrsg. v. Hilke Günther-Arndt und Jürgen Kocka, Berlin 1986 (Cornelsen), S. 212f.; Asmut Brückmann: Die europäische Expansion. Kolonialismus und Imperialismus 1492-1918 (Historisch-politische Weltkunde, Kursmaterialien Geschichte, Sekundarstufe II), Stuttgart usw. 1993 (Klett), S. 154ff.; Der Erste Weltkrieg und der ihm folgende Friede, hrsg. v. Berthold Wiegand (Arbeits- und Quellenhefte für die Kollegstufe), Berlin 1982 (Cornelsen), S. 31ff.

90 Vgl. hierzu auch Klaus-Ulrich Meier: Der Geschichte auf der Spur. Ein handlungsorientierter Beginn des Geschichtsunterrichts, in: Geschichte lernen, Heft 62 (1998), S. 47-51. Der Autor beschreibt das Ergebnis seiner Aufforderung an die Schüler, „zur nächsten Stunde einen als ‚historisch‘ eingeschätzten tragbaren Gegenstand mitzubringen“ (S. 48).

91 Über ein solches am Oberstufenkolleg in Bielefeld durchgeführtes Lokalprojekt berichtet Hans-Georg Pütz: Sie blieben Fremde ... . ZwangsarbeiterInnen, Displaced Persons und Heimatlose. AusländerInnen in Bielefeld und Umgebung, in: Handbuch Projektunterricht, hrsg. v. Dagmar Hänsel, Weinheim und Basel 1997, S.138-154. Anstoß für dieses Projekt gab die Absicht der Bielefelder Stadtverwaltung, eine Siedlung in Schlichtbauweise abzureißen bzw. zu sanieren. Eine Bürgerinitiative wehrte sich dagegen u.a. mit einem Plakat „Vertreibung ‘80“, auf dem das bekannte Photo vom Abtransport jüdischer Männer, Frauen und Kinder aus dem Warschauer Ghetto zu sehen war. Was sich zunächst wie eine Geschmacklosigkeit ausnahm, erhielt im nachhinein seinen Sinn dadurch, daß in dem in Frage stehenden Stadtviertel Anfang der fünfziger Jahre „Displaced Persons“ untergebracht waren. Alte und neue Bewohner hatten nach Ansicht der Bürgerinitiative ein gemeinsames Schicksal: sie waren Fremde in der Stadt.

92 S. zur Verwendung von (allerdings gedruckten) Kriegstagebüchern Wolfgang Emer/Rosa Rosinski/Jörg Werner: Spurensuche – Jugend- und Schulsituation im „Dritten Reich“ am lokalen Beispiel, in: Methodenvielfalt im politischen Unterricht, hrsg. v. Wolfgang W. Mickel und Dietrich Zitzlaff, Schwalbach/Ts., 3. Aufl. 1995, S. 252ff.

93 S. hierzu die Beispiele bei Gerhard Schneider: Sachzeugnisse. Steine zum Reden bringen, in: Spurensucher. Ein Praxisbuch für historische Projektarbeit, hrsg. v. Lothar Dittmer und Detlef Siegfried, Weinheim/Basel 1997, S. 92-109, hier v.a. S. 97-100; ferner: Gerhard Schneider: Wie der Krieg in die Heimat kam. Alltag im Ersten Weltkrieg, in: Praxis Geschichte 3/1995, S. 10-15.

94 Vgl. hierzu Gottfried Korff im Anschluß an Walter Benjamin in seinem Aufsatz: Die Popularisierung des Musealen, in: Museum als soziales Gedächtnis? Kritische Beiträge zu Museumswissenschaft und Museumspädagogik, hrsg. v. Gottfried Fliedl, Klagenfurt 1988, S. 16.

95 Vgl. hierzu auch das oben, Anm. 91, beschriebene Beispiel aus Bielefeld.

96 Ähnlich Lipski (wie Anm. 12). S. 403. – In dem Ausstellungskatalog „Die Hanse. Lebenswirklichkeit und Mythos", hrsg. von Jörgen Bracker, Bd. 2, Hamburg 1989, S. 577-635, findet man zahlreiche Belege für das Nachleben der Hanse; vgl. dort v.a. S. 635 die Zusammenstellung von Produkten und Werbeträgern der Dienstleistungsbranche, die sich allesamt der Begriffe „Hansa", „Hanse" oder „hanseatisch" bedienen.

97 Vgl. hierzu die entsprechenden Anregungen bei Klaus-Ulrich Meier: Der Geschichte auf der Spur. Ein handlungsorientierter Beginn des Geschichtsunterrichts, in: Geschichte lernen, Heft 62 (1998), S. 48f. (hier auch Hinweise zu den bei Zeitzeugenbefragungen auftauchenden Probleme wie Wahrheitsgehalt des Berichteten, „Begradigung" des eigenen Lebenslaufes usw.). Ich halte nicht viel davon, die von Zeitzeugen erhaltenen Informationen, politischen Einschätzungen und Behauptungen nachträglich zu korrigieren. Vielmehr sollten sie als das genommen und gewürdigt werden, was sie sind: als verarbeitete Erinnerung! Da Schüler zu solchen interpretatorischen Leistungen aber nur sehr selten in der Lage sein werden, sollte Zeitzeugenbefragung nur dort betrieben werden, wo die Erinnerung an rhythmisierte, Jahr für Jahr oder gar Tag für Tag wiederkehrende Verrichtungen in Erfahrung gebracht werden soll (z.B. Leben auf dem Lande, Schülersein früher), selbstrechtfertigende Äußerungen weitgehend entfallen und Schüler nicht ständig aufgefordert (und überfordert) sind, die verarbeiteten geschichtlichen Erfahrungen der Zeitzeugen mit den tatsächlichen Abläufen und den wissenschaftlich abgesicherten Einschätzungen in Beziehung setzen zu müssen.

98 Meyer, UnterrichtsMethoden II (wie Anm. 17), S. 133.

99 S. hierzu die Praxiserfahrungen von Lehrerinnen und Lehrern verschiedener Schulstufen und Fächer, abgedruckt bei Hubertus Halbfas: Religionsunterricht in der Grundschule, Lehrerhandbuch 3, Düssel-

dorf, 4. Aufl. 1992, S. 117-122. Neuerdings wird die Phantasiereise auch für den Biologieunterricht empfohlen; s. Christiane Piepenbrock: Der Stundeneinstieg, in: Walter Kleesattel (Hrsg.): Die Fundgrube für den Biologie-Unterricht. Das Nachschlagewerk für jeden Tag, Berlin 1997, S. 23f. Weitere Literatur zur Phantasiereise: Horst Kasper: ... unterwegs zur Kreativen Schulpraxis. Schüler und Lehrer verändern das Lernen, Lichtenau 1993, S. 64-75 (der Autor unterscheidet gelenkte, halbgelenkte und freie Phantasiereisen); Doris Müller: Phantasiereisen im Unterricht, Braunschweig 1994; Klaus W. Vopel: Zauberladen. Phantasiereisen für kleine Kinder von 3 bis 6 Jahren, Salzhausen 1995 (der Autor unterscheidet Rätsel-, Wunsch-, Abenteuer-, beschützende und Gute-Nacht-Phantasien); Johannes Greving/Liane Paradies: Unterrichts-Einstiege. Ein Studien- und Praxisbuch, Berlin 1996, S. 221-225.

100 Ich will nicht so weit gehen, wie ein namentlich nicht genannter hannoverscher Professor für Berufspädagogik, der Traum-/Phantasiereisen und Kerzenmeditationen als ein „okkultes Ritual" bezeichnet, deren sich vor allem Psycho-Sekten bedienten; vgl. den Artikel „Schulaufsicht unterstützt Lehrerin bei ‚Traumreisen'" (Hannoversche Allgemeine Zeitung Nr. 42 v. 19. 2. 1997, S. 15).

101 Daß eine Stille-Übung mehr sein soll als ein Disziplinierungsmittel beschreibt Hubertus Halbfas in seiner Schrift: Religionsunterricht in der Grundschule, Lehrerhandbuch 1, Düsseldorf, 5. Aufl. 1991, S. 46. Er verweist auf Maria Montessori; sie habe bereits die „Übung der Stille" praktiziert (ebd., S. 47f.). Vgl. auch: Ders.: Religionsunterricht in der Grundschule, Lehrerhandbuch 2, Düsseldorf, 4. Aufl. 1991, S. 81-100.

102 Diese Phantasiereise wurde von Burghart Kaiser, Lehrer an der Hauptschule Kirchzarten bei Freiburg, erarbeitet und erprobt. Der übliche Vorspann („Wir werden allmählich ruhig ... . Wir schließen die Augen ..." usw.) wie auch der übliche Abspann („Allmählich kehren wir wieder in die Gegenwart zurück ... . Wir öffnen wider die Augen ..." usw.) sind hier weggelassen worden.

103 Rita Deterding u.a.: Leben im Mittelalter. Ein Flächenprojekt in der Eingangsstufe, in: Handbuch Projektunterricht, hrsg. v. Dagmar Hänsel, Weinheim/Basel 1997, S. 95-116, hier S. 98.

104 Jedem Unterrichtenden ist bekannt, daß es zu Stundenbeginn in der Klasse oft recht unruhig ist und einig Zeit vergeht, bis Ruhe eingekehrt ist und mit der Arbeit begonnen werden kann. Beim Einstieg in Form eines Features kann sogleich mit dem Auflegen der Folien begonnen werden, ohne daß auf den Grad der Ruhe in der Klasse Rücksicht

genommen wird. Die Befürchtung, vielleicht etwas Neues und Außergewöhnliches nicht mitzubekommen (die relativ schnelle Abfolge der gezeigten Bilder fördert diesen Eindruck), veranlaßt die Schüler im allgemeinen, sich sogleich dem Gezeigten, also dem Unterrichtsgegenstand zuzuwenden.

105 Es gibt weitere Sprichwörter derselben Provenienz: z.B. „Jemandem die Stange halten“, „wieder auf die Beine kommen“, „einem unter die Arme greifen“, „jemanden im Stich lassen“, „sich aus dem Staub machen“.

106 Solches Bildmaterial findet sich etwa bei Hans-Dieter Schmid/Gerhard Schneider/Wilhelm Sommer (Hrsg.): Juden unterm Hakenkreuz, 2 Bde, Düsseldorf 1983; Dieter Aschoff: Die Juden in Münster. Von den Anfängen bis zur Gegenwart, Münster 1981 (die Mappe enthält auch faksimilierte Zeitungen und Archivalien); Angelika Voigt/Falk Wiesemann: Juden in Düsseldorf. Die Zerstörung der jüdischen Gemeinde während der nationalsozialistischen Herrschaft, Münster 1983 (Gestaltung wie vorstehende Mappe von Aschoff); Helmut Eschwege (Hrsg.): Kennzeichen J. Bilder, Dokumente, Berichte zur Geschichte der Verbrechen des Hitlerfaschismus an den deutschen Juden 1933-1945, Frankfurt/M., 2. Aufl. 1979.

107 S. hierzu zuletzt Ulrich Mayer: Handlungsorientierung, in: Handbuch der Geschichtsdidaktik (wie Anm. 2), S. 411-416 (mit weiterer Literatur).

108 Wie ein solches Flechtwerk aussieht, zeigt etwa das Photo eines Fachwerkhauses in Schotten/Hessen in dem Artikel von Gottfried Kiesow: Wand kommt von gewunden, in: Monumente 1-2 (1998), S. 50.

109 Vgl. z.B. Birke Grießhammer: Von der Vorgeschichte bis zum Frankenreich (Ein Schuljahr im Museum), in: Geschichtsdidaktik 2 (1977), S. 212-223; hier werden verschiedene vorgeschichtliche Techniken der Steinbearbeitung demonstriert (S. 221ff.). Hermann Kaiser/Helmut Ottenjann: Museumsführer Cloppenburg (mit Anhang zur Vor- und Nachbereitung des Museumsbesuchs), Cloppenburg 4. Aufl. 1984, S. 141f. (Mähen), S. 144f. (Dreschen mit dem Dreschflegel), S. 161ff. (Spinnen und Weben), S. 167f. (Färben und Bedrucken von Stoffen); Frank M. Andraschko u.a.: Geschichte erleben im Museum. Anregungen und Beispiele für den Geschichtsunterricht, Frankfurt/M. 1992, S. 30 (Herstellen von Flechtwänden). Ferner: Frieder Stöckle: „Wenn es nicht so herum geht, dann eben anders herum. Gehen muß es!“ Beobachtungen und Untersuchungen zur Mentalität alter Handwerksmeister, in: Krisen und Geschichtsbe-

wußtsein. Mentalitäts- und didaktische Beiträge. Zum Gedenken an Peter Knoch, hrsg. v. Dieter Brötel und Hans H. Pöschko, Weinheim 1996, S. 302-326. Hier wird u.a. der von Peter Knoch und anderen entworfene Plan für das Museum der Stadt Schorndorf vorgestellt. Dieser Plan berücksichtigt ausführlich das lokale Handwerk (Töpfer/Hafner, Zimmermann, Schreiner, Wagner, Küfer, Korbmacher, Gerber usw.). Im Museum soll den Besuchern die Möglichkeit geboten werden, sich in den präsentierten alten Handwerkstechniken selbst zu versuchen.

110 Gänsekielfedern kann man selbst herstellen, wobei man darauf achten muß, daß der Anschnitt der Feder schräg (etwa 30°) erfolgt; in gut sortierten Schreibwarengeschäften kann man solche Federn auch kaufen.

111 Auch das Deutsche Museum in München demonstriert auf mehreren Dioramen die verschiedenen Arbeitsschritte der früheren Papierherstellung; s. hierzu auch Lutz Michel: Stampfgeschirr und Halbzeug. Die Herstellung handgeschöpften Papiers, in: Kultur &Technik 2/1990, S. 32-38 (mit Abbildungen der Dioramen und verschiedener Schöpfgeräte). Vgl. auch das Museum Papiermühle (PLZ 97855) Homburg (Main-Spessart-Kreis), in dem sich auch eine Werkstatt befindet, in der das Papierschöpfen vorgeführt wird; s. den Bericht in der Zeitschrift „Monumente" 7 (1997), Nr. 11/12, S. 42.

112 S. hierzu Ingo Scheller: Erfahrungsbezogener Unterricht, Königstein/Ts. 1981, v.a. S. 63ff.

113 S. hierzu Gerhard Schneider: Kriegerdenkmäler, in: Handbuch Medien im Geschichtsunterricht, hrsg. v. Hans-Jürgen Pandel und Gerhard Schneider, Schwalbach 1999.

114 Vgl. hierzu auch Barbara Böttger-Gable: Eine Stadtrallye durch das mittelalterliche Lübeck, in: Praxis Geschichte, Heft 2/1994, S. 50-53; Meier (wie Anm. 90), S. 49f.

115 Natürlich kann ein derartiges Spiel bzw. eine Spurensuche auch in kleineren Gemeinden und in Dörfern durchgeführt werden: Erkundung der Reste eines römischen Kastells und des Limes; Aufsuchen eines alten Bauernhofes mit Wohnhaus, Backhaus, Stallungen und Scheunen, dazu ggf. Landarbeiterhäusern (Zeichnen des Grundrisses der Hofanlage, Erforschen der Dacheindeckung, der Beschaffenheit der Wände usw.) – falls man letzteres nicht in einem Freilichtmuseum erforschen möchte; Erkunden einer ländlichen Klosteranlage (etwa der Zisterzienser: Loccum, Maulbronn), einer Burg, eines Waschhauses, eines Bergwerks, einer Schleusenanlage zur Wiesenbe-

wässerung usw. Auch jüdische Friedhöfe eignen sich für derartige Erkundungen.

116 Im Neuen Rathaus zu Hannover befinden sich drei Stadtmodelle, die das Aussehen der Stadt am Ende des 17. Jahrhunderts, nach dem Zweiten Weltkrieg (Zustand 1945) und heute veranschaulichen. Der Vergleich dieser drei Modelle führt bei Schülern zu spontanen Fragen hinsichtlich der Ursachen der Veränderungen.

117 S. hierzu auch die zahlreichen Anregungen in dem Buch: Spurensucher. Ein Praxisbuch für historische Projektarbeit, hrsg. v. Lothar Dittmer und Detlef Siegfried, Weinheim/Basel 1997. Vgl. auch Wolfgang Emer/Uwe Bielefeld Horst/Karl Peter Ohly (Hrsg.): Wie im richtigen Leben ... . Projektarbeit für die Sekundarstufe II (=AMBOS 29), 1991, v.a. S. 151-186.

118 S. o. S. 137ff.

119 Die oft publizierte Karikatur wird ganz unterschiedlich datiert: Dieter Brückner (Hrsg.): Das waren Zeiten 2, Bamberg: Buchner 1998, S. 199 (hier in Farbe abgedruckt): „um 1820"; Joachim Rohlfes: Staat und Nation im 19. Jahrhundert, Stuttgart: Klett 1990: „um 1830"; Michael Klant: Die Universität in der Karikatur. Böse Bilder aus der kuriosen Geschichte der Hochschulen, Hannover: Fackelträger 1984, S. 45: „um 1825".

120 Die Abbildung muss so vergrößert werden, dass der Text auf der Karikatur gelesen werden kann.

121 Stud. paed. Philipp Zürcher (Pädagogische Hochschule Freiburg) hat mit Anregungen und Empfehlungen wesentlich zu diesem Beispiel beigetragen.

122 Ein hilfreicher Führer zur Nutzung des Internets, zu Suchmaschinen und Katalogen, ferner zu Adressen, die Geschichtslehrerinnen und Geschichtslehrern, aber auch Schülerinnen und Schülern hilfreich sein können, s. Waldemar Grosch: Geschichte im Internet. Tipps, Tricks und Adressen, Schwalbach 2002. Vgl. auch Vadim Oswalt: Geschichte am Computer. Multimediale Programme im Geschichtsunterricht, Schwalbach 2002; Waldemar Grosch: Computerspiele im Geschichtsunterricht, Schwalbach 2002.

123 Peter Diebold: Bildungsserver, in: Lernort Multimedia. Jahrbuch Telekommunikation und Gesellschaft, hrsg. v. Herbert Kubicek u.a., Heidelberg 1998, S. 148.

124 Zum Beispiel für Baden-Württemberg: http://www.bw.schule.de.

125 Seit drei Jahren finden sich im Internet unter der Adresse htpp://www.

deuframat.de Darstellungen und Unterrichtsmaterialien zur deutsch-französischen Beziehungsgeschichte. Diese sind für den Geschichts-, Geographie- und Gemeinschaftskundeunterricht ab der Sekundarstufe I geeignet. Manche Beiträge sind weit ins Internet hinein vernetzt.

10. Bibliographie

GLÖCKEL, HANS: Geschichtsunterricht, Bad Heilbrunn, 2. Aufl. 1979, S. 244ff.

GREVING, JOHANNES/PARADIES, LIANE: Unterrichts-Einstiege. Ein Studien- und Praxisbuch, Berlin 1996

HUG, WOLFGANG: Geschichtsunterricht in der Praxis der Sekundarstufe I. Befragungen, Analysen und Perspektiven, Frankfurt/M. usw. 1977, S. 107-109

LIPSKI, STEPHAN: Wider den stereotypen Einstieg, in: Geschichtsdidaktik 6 (1981), S. 397-407

LIPSKI, STEPHAN: 1848/49 – Zwei Einstiege, in: Geschichte, Politik und ihre Didaktik 29 (2001), S. 111-114

PRAXIS GEOGRAPHIE 11 (1981), Heft 8 (Themenheft „Einstiege“)

„UNTERRICHTSEINSTIEGE“ (=Pädagogik Heft 10/1992)

11. Index der Themenbeispiele (chronologisch geordnet)